高等学校公共课教材

大学生创业管理与实践

苏健涵 主编

中国轻工业出版社

图书在版编目（CIP）数据

大学生创业管理与实践 / 苏健涵主编. -- 北京：中国轻工业出版社, 2024.12. -- ISBN 978-7-5184-5104-3

Ⅰ. G647.38

中国国家版本馆 CIP 数据核字第 2024AE7838 号

责任编辑：马　妍　　责任终审：劳国强
文字编辑：黄小艳　　责任校对：朱　慧　朱燕春　　封面设计：锋尚设计
策划编辑：马　妍　　版式设计：砚祥志远　　　　　　责任监印：张京华

出版发行：中国轻工业出版社（北京鲁谷东街 5 号，邮编：100040）

印　　刷：三河市万龙印装有限公司

经　　销：各地新华书店

版　　次：2024 年 12 月第 1 版第 1 次印刷

开　　本：787×1092　1/16　印张：15.75

字　　数：393 千字

书　　号：ISBN 978-7-5184-5104-3　定价：48.00 元

邮购电话：010-85119873

发行电话：010-85119832　010-85119912

网　　址：http://www.chlip.com.cn

Email：club@chlip.com.cn

版权所有　侵权必究

如发现图书残缺请与我社邮购联系调换

240312J1X101ZBW

本书编写人员

主　　编　苏健涵

副 主 编　曹　伟
　　　　　　耿银行

参　　编（按姓氏笔画排列）
　　　　　　叶一江
　　　　　　刘　敏
　　　　　　刘　强
　　　　　　邹晓丹
　　　　　　陈　菁
　　　　　　陈文滔
　　　　　　郑端生
　　　　　　柯祥德

PREFACE | 前言

当前，人类文明新形态的到来，迫切要求社会生产力从低质向高质、从旧质向新质转型升级，新一轮科技革命和产业变革蓄势待发，创新创业已成为我国经济持续发展动力和国家竞争力的源泉。2024年，全国两会政府工作报告中，"大力推进现代化产业体系建设，加快发展新质生产力"被列为政府工作十大任务之首。新质生产力是经济新常态下出现的生产力新质态。大学生在新质生产力发展中扮演着重要角色，要激发大学生的创新活力，充分发挥大学生在创新驱动发展战略中的重大作用。

顺应时代发展和现实要求的创新创业教育在当下显得尤为重要。这种教育不仅强调学生创造意识、创新精神和创业能力的提升，更是推动高等教育改革、促进大学生全面发展和社会进步的关键所在。创业课程是大学生创新创业的主阵地，向大学生传授创业知识、培养大学生创业意识与创业精神、锻炼大学生的创业能力是高等院校培育新一代中国领军人才的一种积极有效的探索。因此，结合学校实际，组织一批具有丰富创业实践经验的高校教师编写了《大学生创业管理与实践》教材，以期能对高校创新创业教育的进一步开展有所帮助。

《大学生创业管理与实践》根据普通本科学校创业教育教学基本要求，从大学生创业实际出发，结合农林院校特色，主要设置了创业理论、政策、实践三个部分，全书共14章，内容包括大学生创新意识与创业素质养成、创新创业组织者、现代农业创业概述、创业机会把握与创业风险评估、组建优秀创业团队、商业模式设计与开发、创业计划与创业计划书撰写、创业资源获取与整合、创业融资与创业投资、新创企业设立与建设、新创企业管理、新创企业市场营销、大学生创新创业政策、大学生创业案例。按照认识创业、创业前准备、创业手续、创业管理四个维度组织编写，力求让大学生在创业前对创业有一个较为完整的认识。

本教材的主要创新点如下。

①强化思创融合：教材不仅注重培养学生的创新创业技能，更强调将家国情怀融入其中。这有助于学生在创业过程中始终保持对国家和社会的责任感；

②强化专创融合：教材通过解读具有农林特色的创业案例，使学生能够更好地理解创业过程中的实际问题，提高创业成功的可能性；

③强化产创融合：教材通过介绍相关产业和行业的知识，使学生能够更好地了解市场需求和产业趋势，为创新创业提供有力支持。

此外，本教材还根据教学需要，配套提供了信息化立体教学资源，内容丰富，形式多样，注重融入校内外、国内外创业案例，用身边事教育身边人，加强教材内容与社会发展、学校特色、大学生实际的联系，体现专业性、实践性，激发学生的学习热情，拓宽学生的知识面。

本教材不仅能够作为高等学校公共课教材，还可作为相关专业研究生的参考教材。

教材由福建农林大学食品科学学院党委书记苏健涵担任主编，福建农林大学学生工作部副部长、学生创新创业中心副主任曹伟和创业指导科科长耿银行担任副主编，福建农林大学叶一江、刘敏、刘强、邹晓丹、陈菁、陈文滔、郑端生、柯祥德参与编写。编写分工如下：第一章、第二章由刘强、苏健涵编写；第三章、第七章和第十二章由叶一江、柯祥德编写；第四章由陈菁编写；第五章、第六章由邹晓丹编写；第八章、第九章由郑端生、刘敏编写；第十章、第十一章由陈文滔编写；第十三章由刘敏、郑端生编写；第十四章由曹伟、耿银行编写。本教材还得到了福建农林大学学生工作部、学生创新创业中心、教材处、食品科学学院等的指导和帮助，在此表示衷心的感谢和敬意！

本书在编写过程中，借鉴并参考了国内外创新教育与创业指导研究方面的书籍、文献资料以及专家学者的理论与观点，在此一并表示感谢。

由于编者水平有限，本书难免有疏漏之处，还望广大读者海涵，敬请指正。

编者

2024 年 4 月

CONTENTS 目录

第一章 大学生创新意识与创业素质养成 ... 1
第一节 创新创业概念、特征与分类 ... 2
一、创新创业基本概念 ... 2
二、创新创业特征、分类 ... 3
第二节 大学生创新创业内涵与类型 ... 5
一、大学生创新创业重要意义 ... 5
二、大学生创新创业专属特征 ... 6
三、新时代新经济创新创业机遇与挑战 ... 8
四、农林专业大学生创业 ... 10
第三节 大学生创业机遇转化为创业实践与创业风险的挑战 ... 12
一、大学生创业机遇转化为创业实践 ... 13
二、大学生创业时机的选择 ... 16

第二章 创新创业组织者 ... 19
第一节 创新创业者所具备的能力与素质 ... 20
一、创新创业者独特的能力禀赋 ... 20
二、创新创业者的社会责任与创业伦理 ... 26
第二节 创业者面临的风险与挑战 ... 28
一、创业者面临的风险 ... 28
二、涉农产业创业风险评估与防范 ... 30

第三章 现代农业创业概述 ... 37
第一节 农业概述 ... 38
一、农业分类 ... 38
二、农业地位与功能 ... 38
三、农业1.0到4.0划分 ... 40
第二节 现代农业产业发展趋势 ... 43
一、我国农业领域存在的问题 ... 43
二、现代农业的发展趋势 ... 44
三、新型农业产业主要类型 ... 45
第三节 现代农业创业特殊性 ... 47
一、农业现代化一般规律 ... 47
二、中国特色农业现代化 ... 47
第四节 国家级现代农业产业园现状 ... 49

一、国家现代农业产业园发展现状 ……………………………… 49
　　二、国家现代农业产业园发展特点 ……………………………… 50
　　三、国家现代农业产业园发展问题 ……………………………… 50
　　四、国家现代农业产业园建设的路径探索 ……………………… 51

第四章　创业机会把握与创业风险评估 …………………………… 53
第一节　新形势下创业机会把握 …………………………………… 54
　　一、创业机会内涵与类型 ………………………………………… 54
　　二、创业机会识别 ………………………………………………… 55
　　三、创业机会评价 ………………………………………………… 57
第二节　创业风险客观评估 ………………………………………… 61
　　一、创业风险概述与特征 ………………………………………… 61
　　二、创业风险评估 ………………………………………………… 62
　　三、创业风险类型与防范 ………………………………………… 63
第三节　创业失败探因 ……………………………………………… 67
　　一、创业失败类型 ………………………………………………… 67
　　二、创业失败原因 ………………………………………………… 68
　　三、创业失败分析与学习 ………………………………………… 71

第五章　组建优秀创业团队 …………………………………………… 75
第一节　创业团队内涵与构成 ……………………………………… 76
　　一、创业者和创业团队 …………………………………………… 76
　　二、创业团队基本要素 …………………………………………… 76
　　三、创业团队特点与类型 ………………………………………… 77
第二节　创业团队组建 ……………………………………………… 79
　　一、创业团队组建原则 …………………………………………… 79
　　二、创业团队搭建 ………………………………………………… 80
　　三、创业团队分工 ………………………………………………… 80
第三节　创业团队管理技巧与策略 ………………………………… 81
　　一、创业团队沟通 ………………………………………………… 81
　　二、创业团队激励 ………………………………………………… 83
　　三、领导力提升策略 ……………………………………………… 84

第六章　商业模式设计与开发 ………………………………………… 87
第一节　商业模式内涵 ……………………………………………… 88
　　一、商业模式概念 ………………………………………………… 88
　　二、商业模式价值 ………………………………………………… 89
　　三、商业模式迭代与进化 ………………………………………… 90
第二节　商业模式设计 ……………………………………………… 90

　　　　一、优秀商业模式分析 91
　　　　二、商业模式设计思路 92
　　　　三、商业模式设计与评估 94
　　第三节　商业模式创新 95
　　　　一、商业模式创新导航 95
　　　　二、未来商业模式展望与布局 96

第七章　创业计划与创业计划书撰写 101
　　第一节　创业计划概念与作用 102
　　　　一、创业计划概念 102
　　　　二、创业计划作用 103
　　第二节　创业计划书撰写 103
　　　　一、创业计划书构成要素 104
　　　　二、创业计划书撰写原则与技巧 110

第八章　创业资源获取与整合 113
　　第一节　认识创业资源 114
　　　　一、创业资源内涵与特性 115
　　　　二、创业资源分类与评价 115
　　第二节　创业资源获取 116
　　　　一、创业资源获取途径 116
　　　　二、创业资源获取策略 117
　　第三节　创业资源整合 117
　　　　一、创业资源整合的概念与特征 117
　　　　二、创业资源整合方式与方法 118
　　　　三、创业资源管理原则与技巧 119
　　　　四、创业资源管理实例 119

第九章　创业融资与创业投资 123
　　第一节　创业融资资金分析 125
　　　　一、创业融资概述 125
　　　　二、创业融资类型 125
　　　　三、创业融资过程 126
　　　　四、创业融资分析 127
　　　　五、创业融资实例 127
　　第二节　创业融资资金来源与测算 129
　　　　一、创业融资资金来源 129
　　　　二、创业融资资金测算 131
　　　　三、创业融资资金来源与测算的实例 134

第三节　创业投资 135
一、创业投资概述 135
二、影响创业投资的因素 137

第十章　新创企业设立与建设 139
第一节　企业设立方式选择 140
一、创办企业法律问题 140
二、企业组织形式选择 140
三、企业名称设计及选址 144
第二节　企业注册流程及相关事务 145
一、企业注册流程 146
二、开立企业银行账户 147
三、办理税务登记 149

第十一章　新创企业管理 151
第一节　企业管理基本职能与方法 152
一、企业管理基本职能 152
二、企业管理原理与方法 153
第二节　企业危机与危机管理方法 156
一、企业危机概念 156
二、企业危机分类 157
三、企业危机管理策略 158

第十二章　新创企业市场营销 163
第一节　市场营销 164
一、市场细分 164
二、市场定位概念及作用 166
三、目标市场选择 167
第二节　传统营销策略 168
一、产品策略 169
二、定价策略 172
三、渠道策略 173
四、促销策略 175
第三节　现代营销策略 176
一、网络营销 176
二、绿色营销 179
三、服务营销 181

第十三章 大学生创新创业政策 ······ 185
第一节 国外大学生创新创业促进制度 ······ 185
一、美国 ······ 185
二、欧洲 ······ 187
三、日本 ······ 188
第二节 我国大学生创新创业政策 ······ 189
一、国家综合性政策 ······ 189
二、地方政府政策 ······ 191
第三节 大学生农村基层创业 ······ 194
一、大学生农村创业现实意义 ······ 194
二、返乡创业就业政策 ······ 195

第十四章 大学生创业案例 ······ 203
第一节 创新创业竞赛获奖案例 ······ 203
案例一 北斗海丝团队 ······ 203
案例二 得芯科技团队 ······ 205
案例三 菌肥管家团队 ······ 206
案例四 环保菌基团队 ······ 207
案例五 点草成金团队 ······ 209
案例六 智创新乡团队 ······ 211
案例七 "小菌菇，大产业"团队 ······ 212
案例八 乐龄学堂团队 ······ 214
案例九 蔗乡有礼团队 ······ 215
第二节 毕业生创业案例 ······ 217
案例一 青年勇担科技兴农使命，创新赋能饲草产业发展 ······ 217
案例二 小小创业种子，大大创业梦想 ······ 219
案例三 用绿色虫害防治技术振兴乡村 ······ 222
案例四 科技助农，奏时代强音，做新时代"三农"青年 ······ 224
案例五 兴农报国作表率，不忘初心助"三农" ······ 226
案例六 做中国自己的共轴直升机 ······ 228
第三节 乡村振兴头雁计划创业案例 ······ 229
案例一 泉州台商投资区洛阳镇前园村稻香园农场 ······ 229
案例二 福建新中闽园艺发展公司 ······ 230
案例三 福建省汀水瑶文旅有限公司 ······ 231
案例四 泉州市南安市丰州镇西华村童年的故事生态农场 ······ 232
案例五 漳州市芗城区天宝镇月岭村天润玉农业合作社 ······ 232

参考文献 ······ 236

本书数字资源索引

资源名称	二维码	章节	页码	资源名称	二维码	章节	页码
创新与创意方案1		第一章	18	商业模式的定义与类型		第六章	99
创新与创意方案2		第一章	18	商业模式的构成要素		第六章	99
创新与创意方案3		第一章	18	商业模式的设计思路		第六章	99
创新与创意方案4		第一章	18	商业模式的盈利逻辑		第六章	99
创业者		第五章	85	访谈商业呈现		第七章	112
团队组建		第五章	85	访谈实践总结		第十四章	235

第一章

大学生创新意识与创业素质养成

学习目标

1. 了解创新创业的内涵,厘清创新与创业的关系。
2. 描绘创业、公司创业、创新创业型企业的特质。
3. 分析中国式现代化视域下创新创业五大机遇与挑战。
4. 了解农林类专业领域创新创业的特殊性,初步寻找合适的创业类型。

学习重点与难点

1. 重点是结合自身专业,分析中国式现代化视域下创新创业五大机遇与挑战。
2. 难点是了解农林类专业领域创新创业的特殊性,初步寻找合适的创业类型。

导入案例

在中国网络纸箱包装行业,1987年出生的王佳荣被称为"纸箱男孩"。2008年在浙江义乌工商学院读大一的王佳荣,看到身边的学长与同学开网店赚钱,也想参与其中。王佳荣开了个卖丝绸的网店,两个月宣布关张。第一次创业的失败让王佳荣十分郁闷,不过他很快注意到身边的同学们无论是卖化妆品、饰品还是别的东西,都需要用纸箱"打箱"发货,但是周围却没有人卖纸箱。很快,王佳荣的网店又开起来了,这次卖的是网店发货用的纸箱。校园里的学生店主对于纸箱需求量很大,而当时学校里只有王佳荣一家卖纸箱的。

王佳荣的网店开张第一天就卖了几十只纸箱。王佳荣的店铺就这样起步了,不到两个月就开始盈利。然后,他又将业务范围扩大到封口胶带、气泡膜、记号笔等"快递发货必需品",销售的范围也逐渐从校园扩展到校外。一系列"纸箱革命"下来,2013年王佳荣开办的"亮程旗舰店"年销售额高达2000万元。

思考与讨论

1. 王佳荣的创业过程经历了哪几个阶段?
2. 王佳荣具备哪些创业精神?

第一节　创新创业概念、特征与分类

在当今全球经济一体化、信息化、多元化的时代，国家和民族的竞争实质是人的竞争，准确地说是人才的竞争，精英人才的学识、素质、能力、创造力是国家和民族发展的关键动力。中国正处在建设中国式现代化关键时期，大量精英人才投身于创业活动，已经成为推动国家经济高质量发展的有效途径之一。坚持创新在我国现代化建设全局中的核心地位，并对加快实施创新驱动发展战略进行部署。大学生积极进行创新创业活动不仅有利于培养自身的创新意识，锻炼克服困难的坚强意志，增强个人综合素质，同时也有利于建设创新型国家。

一、创新创业基本概念

1. 创新的核心概念

创新，即"创造新生事物"，是进入 21 世纪互联网时代使用最频繁的词汇之一。创新是人类经济社会发展阶段的普遍现象，是正在蓬勃发展的新质生产力的根本特征。对于创新的核心概念，古今中外经济界、科技界、学术界观点不一，但均非常一致地强调创新是把一种新的生产要素和生产条件进行耦合勾连，引入生产体系。从经济学、社会学的角度看，创新是指在前人工作的基础之上，以新视域、新意识、新思维、新发明、新描述为特征的概念化过程，包含更新、改变与改造。例如，提出新理念构思、新技术工艺、新设计、新衍生等行为均属于创新。主要包含以下 5 种情况。

（1）采用新的产品　即消费者还不熟悉的产品或某种产品的一种新的品质。

（2）采用新的生产方法　即制造部门在实践中的未知悉的生产方法，这种新的方法不需要建立在科学新发现基础之上；并且可以是商业上对一种商品进行新的处理与运作。

（3）开辟一个新的销售市场　也就是国家的相关制造部门以前不曾进入或把控的市场，这个市场以前可能存在，也可能不存在。

（4）获得原材料或半制成品的一种新的供应来源，不论这种供应来源是否业已存在（过去没有注意到或者认为无法进入），还是需要创造出来。

（5）实现一个新的组织　如造成一种垄断地位，或打破一种垄断地位。

2. 创业的核心概念与要素

"创"字在中国古代汉语中就有"开始""开始做""突破"的字义；"业"字有"职业""行业""事业"的字义。"创业"的本义释意为"开创基业"，特别是帝王将相，如三国蜀汉诸葛亮《出师表》曰："先帝创业未半，而中道崩殂……"；"创业"一词在中国传统语义中多代表在某一领域中"前无古人后无来者"的创举、变革、发明、奠基、文化等。《孟子·梁惠王下》中载有"君子创业垂统，为可继也"，即是指创立功业，传给后代子孙。

创业分为狭义和广义。狭义的创业又分为两种：一种是指创办新企业或改造老企业，也是国际上普遍对创业的理解；另一种是指科技创新。广义的创业是指开创事业，包括创办企业、科技创新，同时也包括就业后取得一定成就。

创业者与团队必须在推进业务的过程中，在模糊和不确定的动态创业环境中培养捕捉商机、整合资源、构建战略和解决问题的能力。

二、创新创业特征、分类

（一）创新的特征

在新时代加快形成促进创新的体制架构，塑造更多依靠创新驱动、更多发挥先发优势的引领型发展，必须把创新作为引领发展的第一动力。这充分反映了对发展动力机制演变的规律把握，体现出科学技术在整个经济社会发展中处于不可或缺的核心地位。当前，我国经济已由高速增长阶段转向高质量发展阶段，迫切要求不断提升发展的质量和水平，满足消费需求升级需要，推动经济结构不断优化。

创新以扎实的专业技术知识与科学进步、管理跃升为基础，以艰苦卓绝的精神劳动为途径，以敏锐的观察力、丰富的想象力、深刻的洞察力为导向，反映符合事物发展要求的基本规律，是一种富有规律的实践活动。创新是突破性的实践活动。它不是一般的重复劳动，更不是对原有内容的简单修补，而必须具有突破性的发展、根本性的变革、综合性的创造。创新是继承的升华，继承是创新的必要。创新具有以下特征：

1. 人人可创新

创新，不分年龄大小，正常人和残疾人，也不分智商高低，更不存在什么内外行、条件好坏之分。但人们在实际社会生活中常常因为自身条件不足而认为没有能力也无法创新。以下是几个常见的认识误区：

事实上有些生理有残疾的人，往往会有惊人的创新成果，常常令生理健全的人为之汗颜和羞愧。例如，英国科学家斯蒂芬·威廉·霍金十三四岁时已下定决心要从事物理学和天文学的研究，17岁入读牛津大学。后转到剑桥大学攻读博士，研究宇宙学。1963年，21岁的他不幸被诊断患有运动神经细胞病，被禁锢在轮椅上，疾病使他的身体严重变形，头只能朝右边倾斜，肩膀左低右高，双手紧紧并在当中，握着手掌大小的拟声器键盘，两脚则朝内扭曲着，只要略带微笑，马上就会现出"呲牙咧嘴"的样子，这已经成为他的标志性形象。他不能写字，却在助手的帮助下写下了世界名著《时间简史》《果壳中的宇宙》。

影响创新的最主要、最关键的因素并不是人的智力因素，而是人的非智力因素，如情商与逆商。创业承认智商的重要性，但不把它当作唯一，即"承认天赋，不唯天赋"。智力并不等于创新能力，高智力更不等于高强的创新能力。

案例分享

李兴平，出生于1979年，老家在粤东兴宁县的偏僻农村，念完初中就开始打工生涯。1999年，网络在中国逐渐普及，刚学会上网的李兴平在兴宁县网吧找了份网管工作。因为互联网刚刚开始流行，不少文化水平不高的网民根本记不住英文字母的网址。文化程度不高的李兴平也同样记不全那些常用网址，于是他设计了个人网页，把常用网站搜集在一起，并和它们建立链接。一开始叫"网址大全"（后改名为"网址之家"）。随着访问流量增大，广告也随之而来。2004年，百度以1190万元人民币及4万股股票收购"网址之家"。

创新与年龄也没有必然关系。许多大器晚成的事例说明，创新成功与年龄无关。"肯德基爷爷"哈兰德·大卫·桑德斯在65岁时才开始从事肯德基事业。

外行与门外汉也可以创新。淘宝创始人马云曾是英语老师，发明电话的贝尔是语言教师，发明电报机的莫尔斯是个画家，发现天体运动规律的开普勒是一个职业编辑，近代遗传学的奠基人格雷戈尔·孟德尔是一名职业神父……这些例子表明，创新并不一定直接受行业知识的影响，有时外行创新更令行家惊叹。

2. 时时可创新

创新本身不受时间与空间限制，或许是一次闲谈，或许是在看剧，或许是在聊天、逛街的时候……只要保持一份善于联想、勤于思考的思维习惯，好的创意随时会如"思想闪电"的到来。产生最佳创意的那一刹那间，让自己暂时休息一下，离开桌子去倒杯水，走到别的同学宿舍，放下自习室里的书本，看看校园内的景色……忠实的爱国者、"两弹一星"元勋钱学森教授，有着广泛的兴趣和爱好——音乐、诗词、书法、国画、摄影，使他成长为一个充满灵性和活力、具有创造性的人。这些艺术修养，不仅加深了他对艺术作品中诗情画意和人生哲理的深刻理解，也让他学会了艺术上大跨度的宏观形象思维。

3. 处处可创新

日常生活中，处处可见创新。例如，书报上的字太小，老年人看不方便，就借助放大镜来看。放大镜的作用，就是把字"扩一扩"。再如，原来的电视屏幕较小，看电视节目费力，所以 LED 屏幕问世。这是把屏幕的面积和电视的体积"扩一扩"。在生活中，人们也经常使用一些"袖珍"物品，如袖珍小电筒、折叠雨伞等，它们都是通过"缩一缩"技法研制出来的。缩小后的东西体积小、便于携带，给人们生活带来了很大方便。"缩一缩""减一减"，这也是一种可行的发明思路。

案例分享

胡振远是个地地道道的北京农民，一次去韩国旅游，买了不少泡菜想带回国。因为拎着泡菜的手被塑料袋勒得很难受，就顺手折下一段松树枝做提手——被韩国警察发现，以破坏公物与生态环境为由处罚他。他开动脑筋解决购物袋勒手的现象，发明了一种小提手。提手小巧玲珑，携带方便，即使上面挂上十几斤重的物品也不会太勒手。很多大爷大妈试用后，觉得用它买菜购物十分方便，提再重的东西也毫无勒手的感觉。胡振远开了一家小工厂专门制作小提手。后来，这种叫"不勒手"的小提手出口到韩国，很受欢迎。

（二）创新的分类

国际上一般将创新分为 4 类：产品创新（Product innovation）、工艺创新（Process innovation）、营销创新（Marketing innovation）和组织创新（Organizational innovation）。

1. 产品创新

产品创新可分为全新产品创新和改进产品创新。全新产品创新成果是指产品用途及原理有显著的变化。改进产品创新成果是指在技术没有重大变化的情况下，基于市场需要对现有产品进行功能上的扩展和技术上的改进所取得的成果。

2. 工艺创新

工艺创新是指企业通过研究和运用新的方式、方法和规则体系等，提高企业的生产技术水平、产品质量和生产效率的活动。工艺创新的方法主要有：使用信息化手段，使用先进设备，使用集成技术，使用优化理论。创新成果在这里包括技术、设备和软件上的重大改变的成果。

3. 营销创新

营销创新是指新的营销方式的实现，包括产品的设计、包装、分销渠道、促销方式以及定价等方面的重大变革。营销创新成果旨在更好地满足消费需求，开辟新市场，或重新配置企业在市场上的产品，以提高企业的销售额。

4. 组织创新

组织创新是指企业的运营策略、工作场所组织或外部关系等方面新的组织方式的实现。组织创新成果可以用于减少管理成本或交易成本，提高工作的满意度和劳动生产力，获得不可交易资产（如未被编撰的外部知识）或减少供应成本以提高企业的绩效。

第二节 大学生创新创业内涵与类型

《中国合伙人》是 2013 年上映的一部剧情片，该影片主要讲述了 20 世纪 80 年代至今，大时代下三个年轻人从学生年代相遇、相识，拥有同样的梦想共同创办英语培训学校的创业励志故事。

大学生创业，是指大学生在校期间或毕业后不通过就业渠道谋取职业，而是凭借所拥有的学识智慧、科技发明、专利成果等资源，通过各种形式开创自己的事业的心路历程。随着中国式现代化高质量经济社会发展的不断加速，越来越多的大学生投身新时代创业浪潮，成为"新·中国合伙人"中的一股强有力的后备力量。

一、大学生创新创业重要意义

1. 为社会提供更多的就业岗位

就业是最大的民生。就业问题不仅是一个世界性问题，更是我国目前要实施就业优先战略，强化就业优先政策，必须系统性、全局性解决的问题。面对如此庞大的就业大军，是不可能由政府解决的；这就迫切需要企业特别是创新型企业来解决。一句话，企业无论大小，数量越多吸纳的就业人员也就越多。

2. 为社会创造新的生活

为了获得创业的成功，创业者必然要为社会推出新的产品、新的服务和新的经营方式。这一系列经营创新的结果都必将带给人们生活方式的改变和生活质量的提高。

3. 促进社会的精神文明

大学生创业中体现出来的创新精神、开拓精神、奉献精神、科学精神、拼搏精神和合作精神必将成为实现中国式现代化征程中的创业力量，鼓舞着人们奋力向前。大学生在创业过程中进行的一次次公共关系活动，也变成了整个社会不可或缺的奋斗过程和文化生活的重要组成部分。

4. 为我国的经济带来新的活力

一般来讲，大学生创业特别是留学归国人员创业有以下主要特点：产品技术含量比较高；管理观念比较新；带回资金和人才；便于及时跟踪世界高新技术发展，有利于开展国际合作。而这四个方面恰恰是大学生创业最具活力的东西。

科技创业是大学生创业为我国经济带来的第一个活力。从"把互联网带到中国"的丁健、田潮宁，到成功开发出中国第一个打入国际市场的"星光中国芯"的中星微电子董事长邓中翰，到具有自主知识产权、覆盖防病毒和反黑客两大领域的网络安全产品研发与生产的启明星辰CEO严望佳，几乎每一个成功的大学生创业企业都选择了科技创业之路。可以说，中国IT业发展的每一步，都离不开科技创业大学生的辛勤付出与努力探索。

大批专业精英人才进入经济领域，是大学生创业为我国经济带来的第二个活力。高科技、新经济、全球化、信息化改写了新时代企业的游戏规则，纵观大学生成功创业的CEO，几乎全部出自IT、现代金融、新媒体传媒这些高利润、高附加值的新兴行业。在这些领域里，新知识、新体系、新模式不断出现；中国企业领导人"英雄时代"的史诗已近尾声，接下来是职业经理人时代、专技人才时代、MBA时代，新时代中国企业将不可避免地由新一代的企业领导接棒。

解决了企业与风险资本的对接问题，是大学生创业给我国经济带来的第三个活力。在创业的大学生中活跃着一大批金融领域专家，为中国企业带来巨大的投资，像华平投资的孙强，美林的刘二飞，信中利的汪潮勇，中国创业的赵军，德意志银行的张红力，高盛的胡祖六，易凯资本的王冉等，都在为中国企业带来更多的资金。除了国外的风险投资，国内现在也开始出现了一些有影响力的风投公司。当然，目前最缺乏的还是风险投资的退出机制。风险投资在中国的发展还任重道远。

采用新的管理模式，是大学生创业为我国经济带来的第四个活力。随着大学生创业大潮的到来，在某种程度上缓解甚至化解了这一危机。因为除了采用众多尖端技术，海外归国的创业者把"现代经济元素"——企业的管理模式带回中国，同时带来了对企业管理的重视和促进了新的管理理念的传播。

将中国市场融入全球，是大学生创业给中国经济带来的第五个活力。中国凭借庞大的市场和完备的制造业供应链体系，持续吸引跨国公司在制造业领域投资，对全球制造业跨国投资作出了突出贡献。学贯中西文化，熟悉国际化运作的海归青年，成为跨国企业在中国与世界经济连接的桥梁和主力。

5. 营造创业型文化

大学生创业的文化精髓就是创造，其中分为两个层次：一是自己发展自己，自己创造新事业，自己创造新生活，就是把原来家长、学校掌握把控大学生的命运变为大学生自己主宰自己的命运；二是不仅要发展自己，还要通过创业改变社会、振兴社会，中国大学生在创新创业中增长智慧才干，在艰苦奋斗中锤炼意志品质，在亿万人民为实现中国梦而进行的伟大奋斗中实现人生价值，用青春书写无愧于时代、无愧于历史的华彩篇章。

二、大学生创新创业专属特征

1. 社会性与个体性相统一

创业从表面上看是个人或小团体的行为，背后却处处体现着社会性的价值要求。作为青年中具有一定学识和热情的精英群体，大学生创业是围绕追求收益展开的，但这种收益不仅仅是个人财富的增加和知识的转化，更重要的是个人理想和社会价值的实现。大学生在创业过程中，往往会主动寻求社会性和个体性的有机统一避免陷入极端个人主义的泥潭，符合社会经济发展互动与个人价值实现的需要。

2. 长远发展与短期效应相伴随

大学生创业是利用现有的知识、技能、信息、资源等条件，突破束缚，创造经济价值和社会价值的一种活动；过程必然伴随着很多不可预测的未知因素，具有一定的复杂性和艰巨性。这就决定了大学生创业必将是一个不断规划、尝试甚至是纠正与试错的复杂过程，需要创业者既要注重眼前利益，又要考虑长远发展。大学生随着创业时间的推移、创业规模的发展，最初的多彩泡沫和光环激情渐渐褪去，长远规划的必要性将凸显。短期效益和长远规划之间既紧密联系、相辅相成，又存在后者对前者的否定和超越。如果只有短期效应，大学生创业可能会暂时获得财富和掌声，而对于转型时期中国社会和大学生自我价值的实现来说，创业绝不仅仅是小富即安、停滞于现状，而是面向未来的自我超越，在长远规划中发展壮大，从而体现出两者的动态平衡。

3. 微小规模与多样发展相一致

大学生是一个掌握专业知识与科学技能的社会特殊群体，这个群体的受教育程度高，但是社会经验不足，思想活跃且不失理性思维，但也存在非理性思维。他们往往会根据投入、难度、市场资源等因素确立创业定位。一方面大部分在校大学生和刚刚踏出校门的大学生，经济实力不强，融资能力有限，大多选择微小规模的创业项目，家教、网店、工坊、工作室等都可以成为他们创业的起点。另一方面个体的差异性又决定了大学生创业的发展模式是多种多样的。例如，"以赛带创"型，大学生"挑战杯"创业计划大赛、中国国际大学生创新大赛等推动一批大学生走上创新创业的道路；"政策支持"型，充分利用政府与学校创建的青年创业孵化园、大学生创业基地等开展创业；"自雇创业"型，自己寻求市场商机或者掌握专业技术，突破资源束缚，主动开展创业；"合作创业"型，三五个志同道合的好友联合创业；"微创业"型，随着互联网的发展，作为互联网时代"原住民"利用微信、微博创业等。实事求是、追求实效的创业定位和多层次、多视角的发展模式相结合是大学生创业的重要特征。

4. 传统观念与现代意识相交织

传统观念与现代意识是创业精神的两个层面，传统观念如吃苦耐劳、团结合作、勤奋务实等，现代意识如不惧风险、敢于挑战、勇于创新等。创业与传统观念和现代意识密切相关，而这种相关性又非两者的机械相加，而是一种有机融合。它所呈现的是传统美德与时代精神的有机统一。当代大学生是一个充满生机活力的创业群体，他们有青春和热情，乐于接受新鲜事物，这是创业的动力；他们有较好的知识背景和较高的素质水平，具有担当精神，这是创业的基石。传统观念和现代意识在他们身上既有矛盾也有融合。大学生创业的关键在于自己，这是新时代大学生多样化就业观念所致的一种正常社会现象。大学生创业不仅解决了自己的就业问题，实现自己的梦想，还给别人创造了就业机会和就业岗位，是一举多得。但是另一方面社会、政府、高校要建立有效的导向机制、激励机制和帮扶机制，为大学生创业提供基本的教育、服务和支持。

大学生创业要做好的几件事如下。

(1) 要了解创业者应该具备的素质，自我比照、分析后，有针对性地提高。
(2) 要了解优秀创业团队的特征，通过各种途径练习组建并管理团队，锻炼自己的领导力。
(3) 要全面了解和评估创业环境，熟悉并利用相关的创业政策与法律法规。
(4) 要多渠道、多途径寻找商机，客观评估，学会整合资源。
(5) 要先用加法做商业计划书、再用减法做融资路演的报告。
(6) 要准确预测创业资金需求。
(7) 企业的选址要根据实际情况进行，切莫盲目决定。
(8) 企业的生存离不开合适的组织设计、精准的产品开发、迅速的市场营销、精细的财务管理和干练的人力资源。
(9) 企业的成长要有系统的战略部署。

三、新时代新经济创新创业机遇与挑战

（一）新时代新经济的概念

新经济就是创新创业的经济，是以数据为资源的经济，是传统工业经济发生重大变革后的经济，现在的新经济有四大重点领域，分别是数字经济、分享经济、平台经济和智能经济，所追求的目标是企业非线性爆发式成长。新经济在新一轮科技和产业革命推动下，从生产、交换、消费到分配各个环节，新经济模式对旧经济模式的替代与再造经济模式，必然带动生产的进步和经济结构的进化。其内涵与外延主要表现如下（表1-1）。

1. 新的投入要素

新的投入要素主要表现为以数据和信息投入为核心的数字经济。原经济体系中，投入要素主要指土地、劳动力、资本、技术等。新经济条件下，除上述要素外，数据和信息等新要素成为经济发展的重要投入，以大数据、云计算为代表的数字经济正在崛起。以数字为主要驱动因素的企业，其边际成本为零，较易实现产业跨界和爆发式成长。

2. 新的组织形式

新的组织形式主要表现为资源组织成本极低的平台经济。新经济背景下，平台成为企业、市场之外第三种有效的资源组织形式，其组织成本远小于企业和市场，将企业间、市场中的供应、买卖、竞争关系转变为合作、分享关系，是产业生态的主要组织形式。

3. 新的资源配置

新的资源配置主要表现为能够将闲置资源最大化利用的共享经济。新经济背景下，共享经济通过云计算、大数据、网络与智能终端等力量的聚合，形成全新资源配置方式，使得人人都能分享资产和服务，实现了社会闲置资源的最优化配置。

4. 新的生产工具

新的生产工具主要表现为能够实现生产、生活和社会治理效率几何级数提升的智能经济。新经济背景下，以人工智能、虚拟现实、增强现实等技术为代表的智能技术与经济社会各领域深度融合，催生出自组织、自学习、自调整的智能经济，为生产、生活和社会管理提供了全新生产工具，使生产、生活和社会治理的效率在原来基础上实现几何级数的提高。

5. 新的空间形态

新的空间形态主要表现为以突破空间限制的虚拟空间、虚拟产品为代表的虚拟经济。新经济则突破了空间限制，以虚拟经济为代表的新经济形态极大减少了空间对人才、技术等要素的束缚。

6. 新的产业边界

新的产业边界表现为实现价值网络交互协同的跨界经济。新经济条件下，产业跨界融合发展，价值链上下游的分工转变为价值网络上的交互协同，产业内部的精耕细作转变为跨界的组合式创新，产生集成不同行业优势的新业态。"互联网+""互联网""金融科技"都是跨界经济的典型代表。纵观全球产业链的三次运动，便能发现中国取得现有产业优势的原因。

表 1-1　　新经济的内涵与外延

新经济的内涵与外延	具体表现
新的投入要素	以数据和信息投入为核心的数字经济
新的组织形式	资源组织成本极低的平台经济
新的资源配置	将闲置资源最大化利用的共享经济
新的生产工具	实现生产、生活和社会治理效率几何级数提升的智能经济
新的空间形态	以突破空间限制的虚拟空间、虚拟产品等虚拟经济
新的产业边界	实现价值网络交互协调的跨界经济

（二）新时代新经济的特征

新经济主体的成长方式是跃迁式成长，而非传统主体渐进式的线性成长。新经济条件下的企业呈现出"创业企业—瞪羚企业—独角兽企业—龙企业"的跃迁式成长路线，具体表现为：一个技术突破或是模式创新可以促成一个产业出现大量的瞪羚企业和独角兽企业，它们成为新时代的产业引领者；3~5 年内出现一个引领世界高技术大公司。在当前中国式现代化转型升级和新常态下，拥有爆发式成长机制的瞪羚企业和独角兽企业是带动新时代经济快速增长的高推进力引擎。一个地方出现独角兽企业意味着出现了跨界融合，出现了新业态，出现了爆发式成长，已经具备了较好的创新创业生态，说明这个区域经济与社会发展走在新经济的前沿。工业经济与新经济的对比见表 1-2。

表 1-2　　工业经济与新经济的对比

维度	工业经济	新经济
源头	技术创新	技术创新、商业模式创新
动力	要素驱动、投资驱动	创业驱动
成长方式	线性成长	跃迁式成长
培育土壤	制造业、服务业全球化	开放式跨界融合生态

（三）经济转型与创业热潮的关系

当前中国经济转型是以创新为第一动力，形成高科技的生产力。科技创新深刻重塑生产力基本要素，催生新产业新业态，推动生产力向更高级、更先进的质态演进，是创业热潮兴起的深层次原因。推进经济增长是经济转型的核心问题，经济转型是指经济体制的更新、经济增长方式的转变、经济结构的不断调整与提升。创业活动产生的主观因素是利用个体的创新思维、意愿、能力从事以经济活动为主体的实践活动。创业活动产生的客观因素是社会经济转型、结构调整的市场经济发展的要求，同时也是促进市场经济发展的重要内容。经济体制转型与经济结构转型是经济转型的主要类型体系，尤其是从传统到现代、从农业到工业、从封闭到开放的经济结构转型是改革的重点所在。只有将包括产业结构、技术结构、市场结构、供求结构的经济结构转型处理好，才能更好地实现经济增长方式的转变。经济结构的调整离不开提高核心竞争力。核心竞争力的提高需要培养自主创新能力。深入实施创新驱动发展战略，牢牢扭住自主创新这个"牛鼻子"，推动劳动资料迭代升级；充分发挥国家作为重大科技创新组织者的作用，以国家战略重大需求为导向，整合科技创新资源，集聚各方力量进行原创性、引领性科技攻关，打造更多引领新质生产力发展的"硬科技"。

四、农林专业大学生创业

"推进中国式现代化，必须坚持不懈夯实农业基础，推进乡村全面振兴"。农业是国民经济的基础，农业现代化是中国式现代化的关键，要以加快农业现代化更好推进中国式现代化。在此背景下，创业成为农林类高校毕业生实现人生梦想的重要选择之一。一般来讲，从农林类专业大学生创业机会优劣和创业资源多少的两个维度，将创业模式划分为生存型、复制型、机会型、创新型4种类型。

（一）"互联网+农业"背景下大学生创业的新模式

1. 生存型

在资源少而又缺乏机会的条件下，大学生为什么还选择创业？原因在于随着高等教育与中国经济社会转型，高校毕业生就业走向"大众化"；农林类高校毕业生自然而然产生了自主创业的动机。新生代大学生具有冒险精神，勇于挑战，加之目前从政府、社会、家庭、个人等不同层面对创业普遍持支持态度，外部环境鼓励创业，农林类高校毕业生有选择门槛低、限制少进行创业的优势。尽管初始阶段回报可能较低，但是可以积累资源，锻炼商业运作能力、机会识别能力、组织领导能力，为进行创业模式的升级做准备。王福如出生在福建省上杭县的一个贫困农民家庭，幼年王福如头部80%的皮肤被滚烫的豆浆烫伤，两只外耳也没了，那时的他一度感觉自卑。高中时，他建议父亲注册一家自己的果业公司，实行标准化种植，做大做强才溪脐橙品牌。之后，父亲在他的建议下，种植了大面积的脐橙，并注册了公司和商标，逐渐成为当地有名的种植大户。王福如考上了福建农林大学，把创业当成自己人生的一个动力和方向；通过整合营销，帮助家乡人民大幅提高了收入。将学校里学到的知识用到公司运营中，一年销售了10多万公斤脐橙，为家乡繁荣昌盛贡献一份力量。

2. 复制型

这是常见并且简单的创业模式。创业者拥有资金、人脉等创业资源，但是缺乏创业机会，采取复制商业模式、加盟等方式，进入发展中但尚未饱和的市场，借助大学生的知识、创造性，寻找利基点，发现新的顾客需求，实现商业模式的创新，促进创业的成功。福州芒果科技有限公司的郭清国，是下文机会型创业模式案例中刘靖宇的大学同学，两人大学期间经常在一块学习，在心中萌生了创业的念头。在了解了刘靖宇公司的运作模式之后，郭清国认为跨境电商的市场需求还非常大，他决定复制刘靖宇的成功模式，开始自己的创业之路，将国内的优势产品，利用新的全球电商平台，销往世界各地。

3. 机会型

大学生接受到更多、更完整的创业教育，也有更多的计划参与实践，因此机会识别、开发能力更强。凭借创造性思维和独特眼光，大学生能够发现新的商机。机会型创业成为农林类高校大学生创业最常见的模式。福州范特普贸易有限公司的刘靖宇，在福建农林大学学习期间就敏锐地发现了新一轮全球化带来的机会，选择了跨境电商作为自己创业的方向。伴随着这个趋势性的力量以及国家的政策红利，刘靖宇开创的公司发展迅速，利用国内的优势资源不断将产品销往世界各国，公司由原来1个人拓展到10个人，为社会提供了就业岗位，其营业规模更是在2016年达到了6000万元。

4. 创新型

创业机会好、创业资源多是创新型创业模式的特点。这种模式下创业者受到的限制少，拥有创新型的概念、专利、技术，能够带来新的市场需求，获得更多创业资源的支持，创业者拥有超前的眼光和冒险精神，实现将智力资产迅速转化为一种新的商业模式，这种模式收益高，但也伴随高风险。福建农林大学本科生梁小妹利用农大丰富的植物资源，将普通的树叶变成创业的资源。她用树叶作为原材料，DIY叶脉相片，赚取了人生第一桶金，并注册了一家文化传播公司。

（二）"互联网+农业"背景下大学生创业的好方向

（1）"互联网+休闲农业" 近年来，乡村旅游与休闲农业是一种新型产业形态和消费业态，"互联网+休闲农业"模式通过高质量的产品或服务吸引用户，形成社群，沉淀出粉丝用户，再通过订单交易实现流量变现，进而实现营利目的。当代大学生，特别是农村学生，应该借此机会充分调研家乡的人文景观和地理位置，依靠"线上+线下"两个平台（线上通过互联网整合出售当地农民的农产品，促进乡村旅游；线下集合有机种植与农业观光于一体的生态观光农场实体经济），不仅局限于开农产品直营店、进超市等传统的线下直销方式，还要顺应"互联网+乡村旅游"的热潮，进一步探索发展乡村旅游的潜力，例如，建立采摘园、农业旅游+特产销售、农家乐+特产销售等，在吸引眼球的地方把农产品附带进行销售。结合互联网，根据不同的市场需求衍生出更多的新玩法、新模式，建立生态农业观光园实体项目和电子商务平台，发展家乡农业、带动当地村民致富。

（2）农产品微商 微商是互联网时代所特有的低门槛、宽进入的初期创业方式——只要会用智能手机，有互联网，就会有人上门咨询成交。2023年，全球范围内中国微信用户数量为14亿，微信月活跃用户约9亿，占智能手机的90%以上。而且他们史无前例地统一到了一个客户端，这是一个非常庞大的市场。大学生创业选择微商的原因可总结为以下两点：一方面大学生创业的启动资金往往较少，缺乏融资渠道，抵御风险的能力较差，而微商的特性就是具有较强的灵活性和相对较低的门槛；另一方面，大学生是社交平台中的活跃群体，长期积累了大量的网络社交关系，与此同时大学生视野开阔，乐于表达和分享，是"原住民"感觉的自媒体者。大学生微商充分利用移动互联网的特性，成功引爆了朋友圈，让无数生鲜农产品顺利走出山区，走向城市。农产品微商已经逐渐有了雏形，例如，福建茶叶、烟台大樱桃、云贵火龙果、赣南脐橙等特色果蔬产品已经开始慢慢进入大家的视野。这种全新的推广模式对传统营销带来巨大冲击，也必然会带来更多新的机遇。

（3）农村O2O服务平台创业　O2O电子商务（Online线上网店Offline线下消费），是建立村级服务站的重要网络，信息通过在线网店传播得更快、更广、更远，消费能力可以瞬间被聚集。O2O服务对于村级服务站来说具有重要的意义，拥有足够大的商业机会。将O2O村级服务站在全国农村范围内全方位建立将具有重要的商业价值，是时代发展的必然趋势。大学生应该抓住此商机，以服务农村家庭消费为入口，建立除了物流服务之外，也包括提供家电送装、以旧换新的综合服务平台，并且衍生出代购等服务，在农村家庭的消费入口赢得更多的商业机会。

（4）"共享农庄"　"共享农庄"是利用农村闲置的土地和房屋、宅基地，以及宅基地上的农房及建设用地，通过"互联网+"，实现农村闲置的房屋、宅基地资源和农房等财产、设施的共享使用，并向社会公众提供租赁、买卖、交换、转让等服务。利用"互联网+"构建生态共享农庄，将这些闲置资源与城市居民或企业对接起来，从而达到提高双方利益的目的。"共享农庄"使更多用户体验到了农业、旅游等业态给传统农业带来的全新价值。

（5）农村新型职业农民培育　随着农业现代化进程的加快，越来越多的农民成为现代新农民。为了进一步提高农民素质，发展现代农业，人才已成为农业现代化发展的重要保障。为了提高和适应当代农村新经济和新业态发展的需要，政府开展了相关新型职业农民培育项目，目的是为广大农村培养大批高素质新型职业农民。目前，主要有四大类型：一是专业合作社带头人；二是大学生村官；三是致富能手；四是种养大户。主要通过对种植、养殖、农村社会组织与服务机构人员的培训，提升农民综合素质和经营管理能力以及带动农户发展生产和合作共赢的能力。

第三节　大学生创业机遇转化为创业实践与创业风险的挑战

2011年，毕业于北大的董生辉在工作五年后决定创业，他将目光瞄准了新农业。获得了300万的风险投资之后，他在老家湖北省恩施市创立了名为"巴山农夫"的农产品品牌。然而，项目运作差不多3年，巴山农夫创业项目失败了。分析巴山农夫的失败原因，其中最核心的一环就是规划不合理，贪大求全，这个直接影响到市场开拓的进程。如果听到说，做生态农业规模很大的，那绝对有问题。因为只有小范围才能做精致，而且规模大了一定是按照工业化的流程去操作，那这个东西还谈何生态呢？所以这个教训一定要切记。现在流行轻资产型模式，做到小、美的话，对于传统的农业而言也就是变相的轻资产企业。

纵观中国农业，会发现在当前城镇化大潮背景下，现代农业的出路已经显而易见了，或许个人对个人（Person to Person，P2P）模式可能才更符合生态农业的本质。做好中间的品控，做好现金流，做好服务和物流，这个模式就是很新的一种模式，相对来说管控也很简单。

如果这个模式批量复制开来，很有可能改变传统农业的市场。希望各位创业者无论在多么乐观的状况下，都要保持一颗谨慎之心，甚至可以说是敬畏之心。小米科技有限责任公司董事长兼首席执行官雷军在创业成功之后说过："我对创业仍有敬畏之心。"创业不易，且行且珍惜。

一、大学生创业机遇转化为创业实践

创业就是发现创业机遇，用一定的方式将创业机会转化为创业实践，创业实践是创新的落脚点。接下来，从人才创新、模式创新、市场创新3个方面分析如何将创业机遇转化为创业实践。

（一）人才创新：强化创业动力

随着中国式现代化道路越走越深入，中国经济不断融入世界经济体系并逐渐走到世界舞台的中央，归根结底，人才的竞争才是企业的核心竞争力，培养育人的土壤才是留人的最好方法。创业人才的创新应当从吸引人才和激励人才两个方面进行。

1. 吸引人才

（1）扩大招聘渠道　扩大人才招聘渠道有许多新颖、高效的方法，可以发动内部员工进行推荐，鼓励员工在自己的社交网络或业务网络中挖掘人才，内部员工对企业的文化、价值观更加了解，能够招募到符合企业发展要求的人才。

（2）灵活用工　灵活用工就是不拘泥于传统意义上的雇用方式方法，根据创业的实际需求灵活地聘用人才。灵活用工提升了创业的灵活性、降低了人工成本，是初创企业未来的发展趋势。灵活用工已广泛应用于一些流动性较强的行业。常见的灵活用工形式（图1-1）包括劳务派遣，招募管培生、实习生，返聘退休人员进入企业和共享员工（不同的企业达成协议，从富足的企业将员工暂时"借"给员工紧缺的企业）。

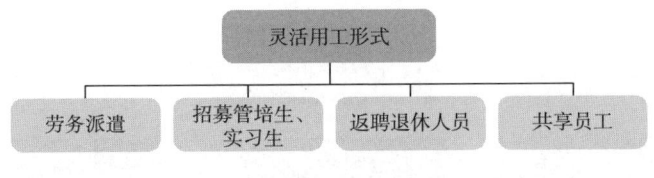

图1-1　灵活用工的主要形式

2. 激励人才

（1）创新员工福利体系　员工福利逐渐成为企业薪酬体系的标配，采用新颖独特、针对性强的福利措施会对人才激励产生奇效。

（2）事业合伙人制度　创业者可以邀请部分重要员工、核心员工成为企业的事业合伙人，这些员工以参股、投资公司创业项目、独立经营项目等形式成为创业的合伙人，与企业共担责任、共享收益，会让这类核心员工产生一种"与企业共命运"的意识。如果创业项目盈利与否与自身利益息息相关，合伙人会发自内心地希望通过自己的努力促进创业的成功，从而激发个人的工作积极性和促进工作能力的提升。

（3）股权激励　股权激励是在初创企业中非常流行的一种激励手段，成为互联网企业、高科技企业避免人才流失的长效激励机制。企业将股份权益分给员工，员工与企业间的关系

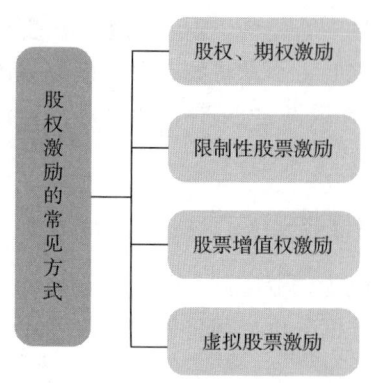

由单纯的雇佣关系变为利益共同体。股权激励的形式有许多种，有限制性股票激励、股票增值权激励、虚拟股票激励，以及股权、期权激励，如图1-2所示。限制性股票激励是指企业业绩达成一定程度之后，企业将自己的股权赠送或低价出售给员工，创业初期的企业同样可以通过股权激励的方式留住重要人才。企业暂时没有上市也可以用虚拟股票和期权形式的股权进行股权激励，向人才描述一种美好的愿景，获得了期权的员工在企业上市之后就会成为企业的股东。

图1-2 股权激励的常见方式

（二）模式创新：突破创业瓶颈

初创企业最常见的创业模式是传统意义上的"白手起家"，创业者招揽一个创业团队，成立公司，从产品开发到产品销售一步一个脚印地进行，逐渐积累利润和资源，发展壮大起来。大部分企业都是这样发展起来的，但这样的发展模式容错率较低，企业发展过程中容易遇到风险和瓶颈。为了突破创业瓶颈，可以在创业模式上开辟新路，找到一个成功率最高、最安全、最适合自己的创业模式。

1. 市场创业模式

市场创业是以创业机会和想法为产品的创业模式。创业者发现了一个商机，对商业模式进行一个初步设计，这时创业者完全可以不亲自创业，而是把自己想到的创业机会和商业模式设计出售给想要以此为创业蓝本（案子）的其他创业者，赚取"想法的价值"。

2. 互联网+创业

互联网+创业是现在最流行、门槛最低的创业模式，模式有很多，常见的方式包括电子商务、网上加盟、利用网络平台提供服务及自媒体、公众号运营，如图1-3所示。

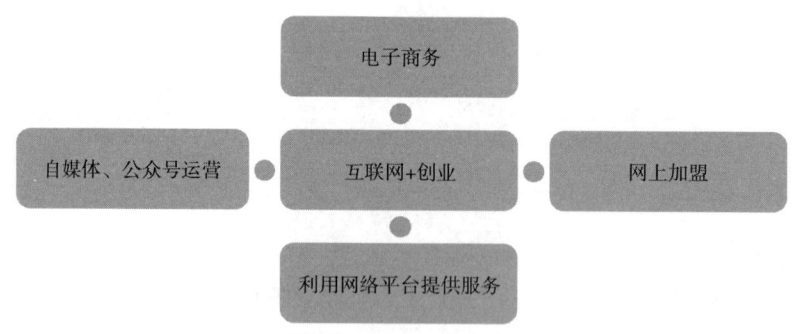

图1-3 互联网+创业的模式

3. 知识型创业

知识型创业是指将高新技术领域知识转化成应用型商业成果。一方面，个人的知识和技能可以成为一种商业成果的原型，创业者为有需求的人提供知识咨询、技术支持，知识型创业的过程就是使商业成果转化路径变得更加清晰、服务过程更规范化。

4. 模拟孵化创业

社会为有意向创业的人（特别是大学生或大学毕业生）提供了许多模拟创业的机会，创业大赛就是一种典型的模拟孵化模式。

（三）市场创新：避开创业红海

1. 创业红海

红海是指市场竞争格外激烈的领域。红海是人们熟知的市场领域，产品的同质化程度比较高，规则和商业模式已非常清晰，创业者在红海中面临着激烈的竞争，由于产品差别较小，只能寄希望于和竞争对手打价格战，因此卷入红海市场的企业往往两败俱伤。一般来说，企业进入红海市场后，有3种生存战略，一是采取成本领先战略；二是采取差异化战略；三是采取专注化战略，如图1-4所示。

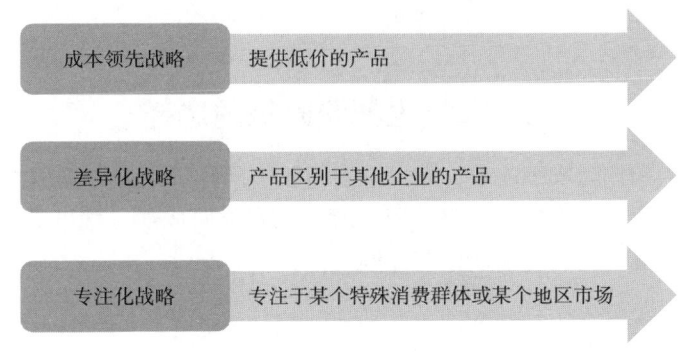

图1-4 红海市场的生存战略

2. 创业蓝海

一般思维看，蓝海是红海的反义词，是指目前仍然不存在或开发程度较低的市场，意味着将产生大量的市场机会和利润空间。创业者一旦进入蓝海市场，就意味着成为"第一个吃螃蟹的人"。与进入红海市场的创业者相比，进入蓝海市场的创业者必须具备一定的创新能力和信息获取能力，具有敏锐的市场观察力，面对新生事物的态度更开放，可以更容易、更低成本地获取用户、进入市场，从无到有地打开局面。创业红海与创业蓝海的对比如图1-5所示。

图1-5 创业红海与创业蓝海的对比

3. 远离红海，投身蓝海

红海市场与蓝海市场之间可以发生转化，如图1-6所示，同样说明了创业者应当投身蓝海市场。因为在许多情况下蓝海市场产生于红海市场,当红海市场的利润增长空间开发殆尽时,一部分竞争者会继续在红海市场里挣扎,而另一部分竞争者会在红海市场的内部挖掘可以扩展的市场方向,从某一个具体的方向开始扩展,在这个过程中就会发现新的消费者需求,一个全新的蓝海市场诞生了。也就是说,蓝海市场的产生本身就是逃离红海市场的结果,这等于充分说明蓝海市场应当是创业者的首选。

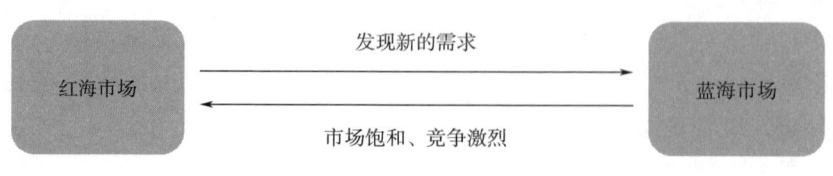

图 1-6　红海市场与蓝海市场的转化

二、大学生创业时机的选择

天时、地利、人和作为成事之道,在大学生创业中同样适用,创业者如果将这 3 方面的挑战处理好,那么创业进程将畅通无阻,创业就会顺利走向成功,这里需要着重指出,创业时机、时刻关注行业或产品的发展周期要高度重视。

(一)创业时机

创业时机对创业成功与否影响较大,具体的影响在于每一个不同的时间点都会有不同的创业环境,同样的商业模式在不同的创业环境中产生的效果是完全不同的。对创业时机的选择就是选择合适的创业环境,当创业环境恰好处于一个创业难度低、有利于创业的状态时,就意味着好的创业时机近在眼前,创业者应当立刻把握天时,果断地开启自己的创业之路。

(二)时刻关注行业或产品的发展周期

一个行业或产品往往会经历 4 个发展周期,每一个发展周期都会呈现出不同的特点和创业难度,识别一个产品正处于哪个发展阶段,然后再整合自己的实力、资源,就可以把握住创业时机,如图 1-7 所示。

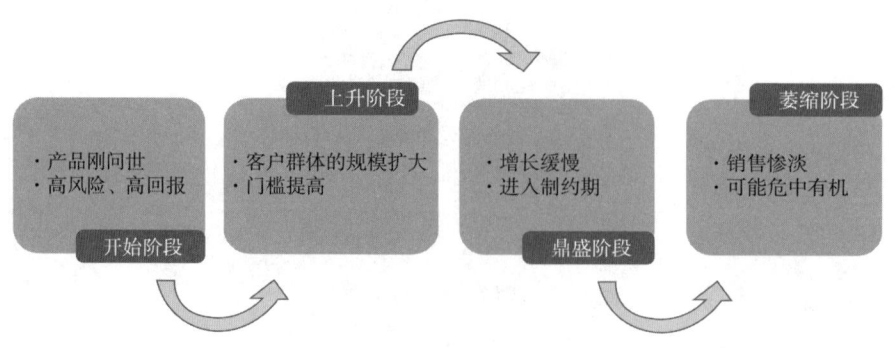

图 1-7　行业或者产品的发展周期

1. 开始阶段

开始阶段就是某种产品或服务刚问世,开始推广的阶段或者市场上还没有该种类产品或服务的阶段,选择这阶段进行创业的特点是高风险、高回报。产品或服务问世初期,没有消费者了解新产品与服务,而新产品与服务的研发与推广需要投入大量的宣传与推广成本,如果产品市场反响很差,消费者不能接受这种产品,就意味着"第一时间"失败,所有的前期投入都等于白费。许多创业者与团队往往在创业早期就把全部希望寄托于一种产品研发与服务创新上,聚所有力量开发一种,那么这一产品与服务的失败与没有被市场接受就等于给企业宣判了死刑。

2. 上升阶段

企业上升阶段产品的受众群体,已经形成了一定的规模且仍在逐渐扩大,市场总体上呈供不应求的局面,但市场空白逐渐被填补,许多企业认为该产品或服务方式有利可图,于是也投身于该领域。这一阶段是创业者创业的最佳时机,已经有人证实这是一个有潜力的市场,创业风险合理且市场尚未饱和,创业者可以在该领域得到市场。但是在这个阶段,越早进入市场的创业者就越有利,且市场发展到一定规模,就会出现跟风现象,主要的几家企业占据绝大多数市场份额,行业的性价比就不如开始阶段,且行业的进入门槛也随之提高。

3. 鼎盛阶段

鼎盛阶段的市场已经相当成熟,增长不温不火,可以说是缓慢。随着产品的迭代升级,不同企业提供的产品同质化程度较高,且产品成本都控制在较低的水平,市场格局几乎固定,不同企业在产品价格、宣传促销手段方面努力,竞争进入白热化。选择这一时期进行创业是非常不明智的,一个初出茅庐的创业者与团队在实力方面根本无法与成熟企业相媲美(通常情况下)。

4. 萎缩阶段

萎缩阶段的表现就是市场不可逆转地萎缩,有大量的企业退出,产品利润降低。一般来说,处于衰退时期的市场是不适合创业者进入的,但这并不绝对,衰退的背后可能蕴藏着巨大的机会,因为任何行业都是周期性发展的,产品的衰退也有可能是周期性的,和地区、季节、社会环境有一定的联系。因此,对产品进行适当调整或者保存力量静观其变,等待下一个产品的上升期,同样可以获得创业的成功。

本章小结

本章主要探讨新时代的大学生创业环境和创新特点,介绍了创新创业的基本概念、创业管理的基本概念和创业的主要过程,并详细分析了当前的创业新选择。从互联网时代的发展、数字化转型的挑战和高质量发展3个方面介绍了新时代的创业风险与机会。创业是在信念指引下,体现创新性与开拓性的社会活动过程,既能实现创业者的个体价值,又有利于推动社会发展。创业需要机会、团队、资源等基本要素,经过机会识别、资源整合、创办新企业、新企业生存和成长4个主要阶段。创业活动离不开创业精神,创业精神的本质主要指勇于创新、敢担风险、团结合作、坚持不懈等内容;创业精神有助于为创业者提供战胜挫折的精神动力;创业精神的培育离不开知识的培养与社会条件的支持。本章特别介绍了农林类专业大学生创业的两个维度与四种类型。同时在中国式现代化高质量发展的新时代,将创新机遇转化为创业实践,创新化的创业实践要从人才创新、模式创新、市场创新和政策创新入手。针对大学生创业机遇转化为创业实践与创业时机的挑战,重点介绍创业者与团队可能面临挑战的实战与案例,并提出了合理的应对方式。

思考题

1. 在众多的创业活动中,你喜欢哪种或哪些类型的创业?为什么?
2. 大学生创业机遇转化为创业实践与创业风险的挑战分别是什么?
3. 农林类专业大学生创业的两个维度与四种类型是什么?请结合创业案例分析。

延伸课堂

创新与创意
方案 1

创新与创意
方案 2

创新与创意
方案 3

创新与创意
方案 4

第二章
创新创业组织者

学习目标

1. 了解创业者内涵。
2. 掌握成功创业者应具备的基本素质,树立主动培养创业者素质的意识。
3. 熟悉人们决定成为创新创业者的三个主要原因。
4. 了解创业过程中要具备风险意识,开展相应的措施,降低和避免风险。

学习重点与难点

1. 重点是掌握成功创业者应具备的基本素质,树立主动培养创业者素质的意识。
2. 难点是创业过程中要具备风险意识,开展相应的措施,降低和避免风险。

导入案例

"汽车玻璃大王"曹德旺的早期创业史

曹德旺,1946年5月出生,福建省福州福清市人,福耀玻璃集团创始人、董事长。1987年一手创立福耀玻璃集团,目前是中国第一,世界第二大汽车玻璃供应商。9岁才上学、14岁就被迫辍学的曹德旺,一日两餐,食不果腹,在歧视者的白眼下艰难谋生,尝遍了常人难以想象的艰辛。1983年曹德旺承包了福清市高山镇异形玻璃厂这家年年亏损的乡镇小厂;1985年曹德旺将主业迅速转向汽车玻璃,用自己生产出来的汽车玻璃替代了日本的汽车玻璃,彻底改变了中国汽车玻璃市场100%依赖进口的历史。那时候一块挡风玻璃成本大约为100元人民币,但可以卖1500~2000元。福耀结束了中国汽车玻璃完全靠进口的历史,也赚下了第一桶金。这为日后福耀汽车玻璃王国奠定了成功的基础。

思考与讨论

1. 曹德旺成为"汽车玻璃大王",关键是什么精神特质?
2. 曹德旺与一般管理者有哪些不同特质?

第一节　创新创业者所具备的能力与素质

　　创业者是指某个人发现某种信息、资源、机会或掌握某种技术，利用或借用相应的平台或载体，将其发现的信息、资源、机会或掌握的技术，以一定的方式，转化、创造成更多的财富、价值，并实现某种追求或目标的过程的人。创业搭档是创业者，而创业合伙人不一定是创业者。创业者一词由法国经济学家坎蒂隆（Cantillon）于1755年首次引入经济学。1800年，法国经济学家萨伊（Say）首次给出了创业者的定义，他将创业者描述为将经济资源从生产率较低的区域转移到生产率较高区域的人，并认为创业者是经济活动过程中的代理人。著名经济学家熊彼特则认为创业者应为创新者。这样，创业者概念中又加了一条，即具有发现和引入新的更好的能赚钱的产品、服务和过程的能力。

一、创新创业者独特的能力禀赋

　　长期以来，创业成功与否往往取决于创业者的天赋，这样的观点在互联网时代的今天仍然很有市场，由此引发的观点是创业者无法培养，创业者是天生的英才。能通过创业培训课程培养出来马云、任正非、马化腾、俞敏洪吗？如果乔布斯、盖茨、戴尔、扎克伯格继续大学学习，必然造就出来微软、戴尔、Facebook这些公司吗？米雯娟如果不去长江商学院读书就不会创建VIPKID吗？——其实，她在高中没毕业的时候创建的第一家儿童英语培训机构就已经很成功。这些例子似乎的确难以辩驳，甚至可以引发对高等教育的思考。大多数有影响力的创业者在其以往的经历中，总有某方面或某些方面的过人之处，比如胆识、毅力、眼光、吃苦耐劳的精神等，这更加重了关于创业者与非创业者之间的差异、创业者是否"天生特殊"等问题的争论。

　　有一些人，只要不存在严格的限制条件就会成为创业者（天生的创业者），而有一些人，即使在有利的条件下也不会踏上创业的征途（天生的非创业者）；至于大部分人，在某种条件下，他们可能会成为创业者，而在其他条件下，他们可能不会成为创业者。应思考的问题是"应该创造什么条件，帮助这大部分中间分子克服障碍，成为创业者"。事实上，天生的创业者和天生的非创业者所占的比例都很小，就像"二八定律"一样，应该承认创业者特质在创业活动中的作用，但不能过分放大少数天生创业者的特质影响。所有的人天生就具备创业素质，连婴儿也有创业素质，"如果你见过婴儿爬到不该爬的地方，你就会知道他们是毫不畏惧的"。乔布斯可不是在创业以前就想到了要开发一种从小学生到资深商业人士都能使用的微型电脑，从而改变人们的生活。不是所有的创业者天生都具有预见性的眼光，包括乔布斯在内的很多人都是在了解公司的现状和未来以后才慢慢形成这种洞察力的。

（一）创业者素描

　　非常有意思的是，从广义的创业概念理解，绝大多数人（甚至包括残障人士与智力障碍人士）都可以成为创业者；除人口统计特征外，学术界、经济界还专门系统研究了创业者的心理特征，而且发现创业者的心理特征比天生特质重要得多，心理特征或素质在一定程度上可以改变和培养。创业者区别于一般人的特征表现为以下6个方面。

1. 创新

既然创新是创业精神的本质所在，创业者往往趋向于那些具有创新精神的人就不足为奇了。换句话说，他们创造新的方法迎接人生不同的挑战。

2. 目标导向

创业者几乎无例外都是目标导向型的，他们很自然地设定个人目标并且坚持到底，确保成长以完成这些目标。

3. 独立自主

创业者非常独立自主。他们大多数都高度地自我依赖，并且他们中的许多人都很自然地偏向于独立工作来完成他们的任何目标——无论大或小，长远或阶段性的。

4. 掌控命运的意识

创业者很少把自己看成是周边环境的受害者，而是自己掌控自己的命运。这可能是由于他们具有把消极的环境看作机会而不是威胁的趋向。

5. 低风险厌恶

虽然没有证据证明任何理性人（包括创业者）为了风险带来的利益而去寻找风险，但是有证据表明创业者对风险有更多的包容性，并且在找到方法减轻风险方面更具有创造性。

6. 对不确定性的包容

创业者总是比其他人对动态变化且不是特别明确的情况更加适应。

（二）成功创业者的特质

创业者的行为方式千差万别，但成功创业者拥有一些共同的行为特征。如图 2-1 所示，那些创办新企业和在创业型企业中任职的人都具有这些特质。

图 2-1　成功创业者的 4 个主要特征

1. 对企业充满热情

无论在新创企业还是成熟企业中，成功创业者共有的第一大特征是，他们对企业充满热情。通常，正是对创意的满腔热情使得企业延续并度过困难时期。许多社会企业的主要动力就是改变人们的生活，这些企业通常是由那些放弃了稳定工作去追求社会目标的人创建的。热情对于营利性和非营利性创业型组织而言都特别重要。尽管会有回报，但无论是创业还是建立营利性公司或社会企业都需要一个过程。图 2-2 列出热情对创业重要的 5 个主要原因。每个原因都反映了热情所激发的个人特质。无论缺少哪一特质，都会使创办并维持成功的创业型组织更加困难。

原因	解释
学习和借鉴能力	创始人不是全知全能的。他们需要热情和动力以征求反馈,作出必要的改变,并向前迈进。所需的改变并不总是那么明显,热情能够使寻觅答案的过程更加令人振奋和有趣
长期努力工作的意愿	创业者的工作时间通常比从事传统工作的人更长,如果要长期保持这种工作强度,就必须对自己的工作充满热情
战胜挫折和被拒绝的能力	在建立创业型企业或社会企业时,很少有创业者不曾遭遇挫折或不曾听到潜在客户、投资者或其他人"不"。此时,继续前进的动力就来自对创意的热情
针对组织和自己的局限性,听取反馈的能力	在整个过程中,创业者将遇到很多人,其中有些人心存善意,有些人却不是。一些人会为创业者如何改进组织以及如何完善自己提供建议。创业者必须乐于听取善意的意见并在其确有帮助的情况下作出改变。同时还必须屏蔽恶意的反馈,不要受其影响
困难时期的恒心和毅力	恒心和毅力来自热情,创业者也会有失落的时候。建立创业型组织充满挑战,热情能够使创业者拥有渡过难关的动力

图 2-2　在创办成功的创业型组织时,保持热情的 5 个重要原因

2. 专注于产品/客户

专注于产品/客户是成功创业者的第二个特征。虽然管理、市场营销、财务等方面都很重要,但企业没有满足客户需求的优质产品,那么这些职能都派不上用场。专注于产品/客户同样需要努力发现机会并将创意转化为现实。例如,20 世纪 80 年代初,当史蒂夫·乔布斯和其他几名苹果员工一起参观施乐(Xerox)研究中心时,产生了苹果 Macintosh 的创意。在看到可以显示图标和下拉菜单的计算机时,尤其是看到用户还可以通过一个叫作"鼠标"的小型带轮设备在计算机桌面进行导航,乔布斯大吃一惊。乔布斯决定用这些创新技术来制造第一台用户友好型计算机 Macintosh。

3. 坚韧不拔的自信心

因为创业者通常都在尝试新事物,所以存在失败的可能。不仅如此,在一定程度上,开展新业务就如同科学家在实验室中做实验一样。以化学家为例,通常在找到能够实现特定目标的最佳组合之前,他们必须尝试多种化学物质的不同组合。同样的道理,若要成功地开展新业务,可能也需要一定程度的尝试——在此过程中,挫折和失败是难免的,也是必需的。此时,创业者承受挫折和失败的能力就是一块试金石。

这里要说明的是,作为创业者,另外一点也很重要,创业者需要坚韧不拔的精神来克服个人与专业障碍。其中一个例子就是 Grace & Lace 的创始人瑞克·希南特和梅丽莎·希南特,2010 年悲剧降临在这对夫妇身上,他们失去了一个未出生的孩子;梅丽莎在住院期间,想用钩针给她未能出生的孩子编织一条毯子,这使她燃起了缝制衣服的欲望。这一经历造就了 Grace & Lace,该公司现已成为一家成熟的女装公司。

4. 经营执行的智慧

成功创业者的重要特征之一就是能够将实实在在的创意变成可行的业务。这种能力通常被认为是执行的智慧。在通常情况下,执行的智慧是决定初创企业能否成功的关键因素。有效地执行商业创意意味着开发商业模式、组建新的企业团队、筹集资金、建立合作伙伴关系、管理财务、领导和激励员工等。此外,还需要将思想、创造力和想象力转化为行动和可衡量的结果。

（三）创业者的知识储备与能力要求

1. 创业知识

（1）通用性知识　通用性知识包括当前社会政治经济与经济发展的相关政策趋势、商业活动的游戏规则、企业经营管理和科学现代管理的知识方法、法律法规、综合人文知识等。

（2）经验性知识　经验性知识包括自身参与实践所获得的直接经验以及亲人、专家等传授的间接经验。也有一部分成功创业者，通过课余时间参加社会实践活动积累了许多直接经验，特别是在校大学生创业者；也有一部分创业者是家族式创业，从亲朋好友的设身处地耳濡目染地接受许多间接经验，此外还有一部分创业者受周围人的影响或某个导师、励志故事的影响，醍醐灌顶激发了创业热情。

（3）专业性知识　专业性知识是指与所要从事的创业活动密切相关的本行业的相关专业知识，国民经济每一行业都有其自身的规律及特殊性，具备本行业的专业知识，将在创业中事半功倍、如虎添翼。

2. 创业能力

（1）创新能力　创业就是创造一个新事物的过程，其本身就是一项创新活动。在激烈的市场竞争中，改革和创新永远是企业活力与竞争力的源泉。企业的发展不仅需要产品和服务创新，更需要创业者具有很强的创新能力。高质量发展的本质就是创新的发展，就是促使个人的才能得到充分发挥。要鼓励所有人在一切可能的方向上创新，创新与速度是新时代企业高质量发展的真正内涵，是市场竞争的不败法则。

（2）决策能力　创业是需要不断决策的过程，任何一个阶段都离不开创业者的决策，包括创业项目的选择、创业机会的识别、企业产品的定位、企业的运营模式、企业的发展战略、企业的用人模式与客户关系等，都需要进行准确的判断。创业者的领导决策能力直接关系着企业的生存与发展。

（3）经营管理能力　经营管理能力是指根据企业内外部环境、社会发展趋势、社会需求对自身及社会资源的有效利用、合理配置、统筹规划，对企业所拥有的社会资源，企业经营活动的各个方面、各个环节进行有效管理能力与控制力。创业者的经营管理能力是创业成功的核心能力。

（4）人际协调能力　人际协调能力是创业者发展和巩固其人脉资源的重要保障。在社会分工日益细化的信息化时代，创业者很难只靠个人取得成功，需要大量的人脉资源。人际协调既包括处理与政府部门、新闻媒体和客户联络之间的关系，当然也包括处理与企业成员之间的企业内部关系。企业与外界的联系越多，对企业发展越有帮助，同时对创业者的人际协调能力的要求也越高。

（5）可持续学习能力　可持续学习能力是贯穿于人生各个历程、涵盖个人发展各个方面的一种积极、主动、自觉地自我学习、自我完善的能力。人类已进入"知识数据数字化、瞬时化、模块化、碎片化"经济时代，终身可持续学习将成为一种重要的生存方式和生活方式，将成为个人可持续发展的重要手段。可持续学习的价值就在于培养终身的学习习惯，使人生的各个阶段都能获得相应的学习机会，不断提升自身能力和素质，应对知识经济和信息时代的挑战，实现成功创业。

在头绪繁杂的创业初期，即便是成功的创业者也不可能完全具备以上所有的素质。创业意识是保证创业开始进行的前提基础，创业品质是创业成功的最重要保障，创业知识和创业能力是可以在创业的过程中不断完善和逐渐提升的。

（四）创业者能力的训练与培养

根据 2021—2022 年全球创业观察报告研究，创业者的创业能力包括创业动机、创业动机的影响因素与创业技能 3 个方面。

（1）创业动机　人们为什么要创办企业以及他们与非创业者（或创业失败的人）有什么不同？这一问题与创业者的动机密不可分。虽然对创业者心理特征的研究还没能得出一致结果，但认识心理因素在创业过程中的作用还是十分重要。

人们选择创业的动机多种多样，调查发现，创业者最基本的创业动机有以下三个。

一是自己当老板。这是最常见的原因，然而这并不意味着创业者与他人难以共同工作，或者难以接受所谓的领导权威。实际上许多创业者想自己当老板，或是因为他们怀有要拥有一家自己的企业的恒久梦想，或是因为他们在传统工作中变得很沮丧。自己当老板的动机本质上是追求自身的"事业自由"。

二是追求自己的创意。有些人天生机敏，当他们认识到新产品或新服务的创意时，他们就渴望看到这些创意得到实现。在现存企业环境下进行创新的公司创业者，常常具有使创意变为现实的意念。然而，现存企业经常阻碍创新。当这种情况发生时，由于员工对创意的激情和承诺，他们常会决定带着未实现的创意离开雇用他们的企业，开创他们自己的企业并将其作为开发自己创意的途径。

三是获得财务回报。这种动机与前两种动机相比明显是次要的，它也常常不能达到所宣称的那种目的。平均来看，与传统职业中承担同样责任的人相比，创业者并没有赚取更多的金钱，甚至比被别人雇用还少，又辛苦得多。创业的财务诱惑在于它的上升潜力。很多功成名就的创业者从创建企业中获得了数以亿计的收入——但这些成功创业者却坚持认为，金钱并非他们从事创业的主要动机。

（2）创业动机的影响因素　从短期看，创业者的需求层次及其影响因素的共同作用形成了创业者不同的创业动机，不同的创业动机导致创业者创业行为过程与行为结果的差异；同时，创业者的创业活动使创业者的现实需求得到满足。从长期看，由于需求在时间上的连续性，已有需求的满足又会导致新需求的产生，从而形成一个循环，最终表现为创业精神对经济增长的贡献与经济的繁荣。由此可见，决定创业者行为差异的深层次原因是创业者的需求层次及其影响因素。

成为创业者的决定是各种因素共同作用的结果。一方面，这些因素包括创业者的个性特征、个人背景、商业环境、个人目标和可行的商业计划。另一方面，创业者将预期的结果同自己的心理期望相比较。此外，创业者还关心在创业中付出的努力与可能的收获之间的关系。图 2-3 是一个反映与分析创业动机形成过程及其影响要素的模型。

创业者最初的期望和最终的结果会极大地影响到他们创立和维持一家企业的思想与行动动力。当企业的经营业绩达到或超出期望时，创业行为就会被正面加强，创业者将有动力继续创业。而到底是留在现在的企业墨守成规还是创建另一家新企业就依他们的创业目标而定。当实际结果难以达到预期时，创业者的动力就会下降并相应地影响是否继续创业的决定。这些对未来的预期同样会影响到后面的公司战略、战略的实施和公司的管理。

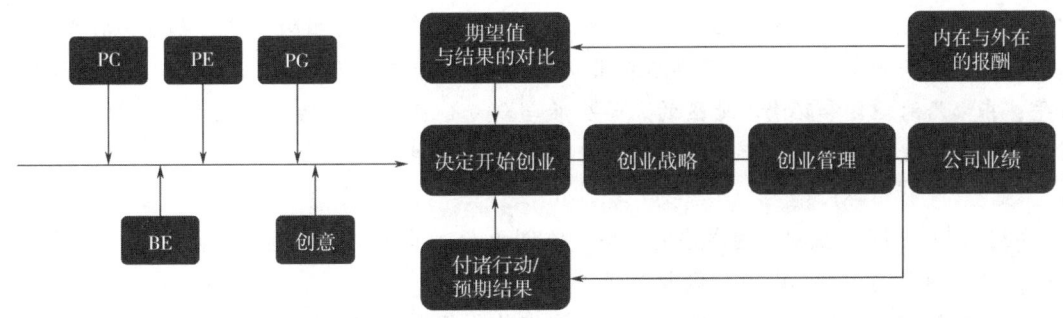

图 2-3　创业动机模型

PC—个性特征　PE—个人背景　PG—个人目标　BE—商业环境

从直接影响创业动机形成的原因看，依据马斯洛的需求层次理论，当人的某一层次需求得到相对的满足后，较高层次需求才会成为主导需求，并最终形成优势动机，成为推动行为的主要动力。创业者的需求层次不同，由此产生的创业动机也存在差异。机会拉动型创业者的需求层次比生存推动型创业者高，机会拉动型创业者的创业动机受自我实现需求的推动，因为机会拉动型创业者大多没有生活压力，具备一定的知识、经验和能力，敢于承担风险，并相信能通过创业活动来实现自己的价值；生存推动型创业者则处于生理需求或安全需求等较低的需求层次，生活压力是生存推动型创业者处于生理或安全需求的根本原因。由此可见，不同的需求层次决定了不同的创业动机，从而影响了创业者的行为过程与行为结果。

从间接影响创业动机形成的原因看，创业者的需求层次还受诸多具有长远意义的宏观因素的影响。一是社会保障。高水平的社会保障可以提高人们的需求层次，由于需求层次决定创业动机，从而可以得出：社会保障越高，机会拉动型的创业精神指数就越高；社会保障越低，生存推动型的创业者精神指数就越高。二是收入水平。创业者作为理性个体，短期内的收入变化不会对创业者需求层次产生显著作用，长期内的收入变化必然导致创业者需求层次的变化，长期内的收入水平提高有利于创业者需求层次的提升，反之下降。三是人口统计特征。

案例分享

从 2022 年大学生微创业行动项目分析报告看大学生创业意愿

2022 年，中国青年报社 KAB 全国推广办公室举办的 2022 年大学生微创业行动，上百所高校参与协办并推荐微创业项目，进入专题展示环节的项目涉及 284 所高校、1081 个微创业项目。通过对这些微创业项目的文本数据进行词频分析发现，"技术""服务""消费者""数字化"等词汇成为体现项目创新性的关键因素；同时，这些大学生创业者有着较为敏锐的创业洞察力，能较好地把握时代潮流，主动对接国家重大战略和重大任务，选择合适的、有发展潜力的创业领域。更难能可贵的是，这些微创业项目不仅有很好的技术能力，更体现了当代青年学生对社会的关照，充满了青春的"温度"。

从项目的高校地理分布来看，大学生微创业行动的影响遍及全国 29 个省市自治区。其中,东南沿海地区的高校最为活跃,来自福建省和广东省的参与团队最多,都在 100 个以上,仅两省的参与项目就占比高达 18.96%;其次陕西省以 70 个参与项目位居第三,数据远高于往年;东部沿海地区和环渤海地区的大学生参与创新创业项目的活力也较高,浙江省、辽宁省、北京市、黑龙江省和河北省的参与项目都在 59 个以上。

(3) 创业技能　在创业的道路上,每一位创业者都是探险家,他们面临的不仅是外在的挑战,更是内心的斗争。以下是创业者必备的四大能力。

一是控制内心冲突的能力。创业者不允许先前所犯的错误损害自己的自信,必须设法控制无时不在的内心冲突:是做一个客观怀疑论者而有所保留、还是做一个忠实信徒而完全信赖。他们必须对自己的理论和假设有极大的信心,并将这种信心传达给其他人,同时又愿意随时抛弃这些理论和假设。

二是发现因果关系的能力。创业者必须具有非同寻常的能力。创业者可能面对多种问题,比如定价不合理,产品功能失效,推销推广软弱无力,目标市场定位错误,或者运气实在太差找不到合适的顾客群体——诸多因素使得创业者难以找到真正的原因并从失败中吸取教训。这就需要创业者具有从有限且混乱的数据中发现因果关系的能力。

三是应变能力。从克服顾客、供应商、资源这些困难的一些细节中,创业者在应对资源的短缺时,会掂量每一分钱,"将一分钱掰成两半花";举个比较细节的例子,创业者在分类广告里尽量不使用"O",会占较大地方,而使用"I"和"L",可以多写几个字。

四是洞察力。有洞察力的创业者往往采取"全方位"定位,研究表明,我国的创业者首先欠缺的是创业能力以及管理创业企业的经验和知识,其次是机会识别和资源组织上的能力不足(图 2-4)。

问题	内容
问题1	在我国,许多人不知道如何创办及管理高成长型公司
问题2	在我国,许多人不知道如何创办及管理一家小公司
问题3	在我国,许多人没有创办新公司的经验
问题4	在我国,许多人不能对创办新公司的好机会迅速做出反应
问题5	在我国,许多人没有能力组织创办新公司所需的资源

图 2-4　创业技能 GEM 专家调查表

二、创新创业者的社会责任与创业伦理

1. 创业者改变世界

在改革开放之初,创业者一般表现为胆大、冒险,只要有胆量、敢于尝试别人不曾涉足的领域,基本就能成功,因为那时不缺少创业机遇,缺的是把握机遇敢于冒风险的人,冒险家就是企业家的代名词。随着中国经济深入发展,越来越多的人认识到创业成功带来的满足和喜悦,新创业者的复制、模仿、跟随接踵而来,然后是暴利机会的减少和平均利润率的下降。这时创业者更趋于理性,资本和实力开始占有重要地位。今天,单纯靠胆量、冒险和资本实力已很难再取得成功,还需要靠知识、协作精神等。因此,过去单打独斗的精神需要由团结协作、奋发向上、积极进取、不断学习的创新创业精神所替代。

案例分享

中国实业上的"敦刻尔克"创造者——卢作孚

卢作孚(1893—1952年),重庆市合川人。著名的爱国实业家、教育家、社会活动家;民生轮船公司(现民生集团的前身)的创办者,青年时期的卢作孚心怀天下,用自己独有的方式践行救国为民之路,从革命救国到教育救国,并最终选择了实业救国。

1925年,卢作孚白手起家,创办了民生实业公司,立志要"与列强从事海洋航运竞争,东至太平洋,西到大西洋,都要漂洋悬挂'民生旗'的海船"。1931年,卢作孚和他的民生公司开展"集零为整,统一川江"的行动,将不可一世的帝国主义舰船驱逐出了川江。1935年,民生实业公司已发展成为当时中国最大的民族航运企业。卢沟桥事变爆发后,卢作孚亲自指挥宜昌大撤退,短短40天将滞留宜昌的3万待运人员以及6万多吨物资全部运送到四川大后方,保存了当时中国的主要经济实力,大批工厂、物资和人员顺利转移,为中国的持久抗战提供了经济支持。据统计,整个抗战时期,卢作孚和民生公司共运送150余万人入川、270余万川军出川抗日,运输货物100多万吨,把沿海、中原数百家军工、民用工厂以及众多高等院校、文化科研机构和学术团体等西迁到大后方,为前方抗战、大后方经济发展、传承中国文脉文化、满足人民生活需要作出重大贡献。这次撤退被中国教育家、乡村建设家晏阳初赞誉为"中国实业上的'敦刻尔克'"。

中华人民共和国成立后,卢作孚于1950年6月由香港回到北京,他所组织的18艘轮船陆续从香港驶回内地,他作为特邀代表参加全国政协第一届第二次会议,并担任全国政协委员、西南军政委员会委员,北碚文化事业管理委员会主任等职。

2. 社会责任

趋利避害不是承担社会责任的唯一逻辑,承担社会责任本身就是企业价值所在。让世界更加美好应该是创业者为之奋斗的目标,也应该成为新创企业的愿景。企业社会责任问题日益受到各国政府和民众的广泛关注。新的《中华人民共和国公司法》(以下简称《公司法》)第五条明确要求,公司从事经营活动必须"承担社会责任",公司理应对其劳动者、债权人、供货商、消费者、公司所在地的居民、自然环境和资源、国家安全和社会的全面发展承担一定责任。

创业者应该在积极参与和关注企业社会责任活动的同时,从以下几个方面着手增强承担企业社会责任的意识和能力。第一,制定实施体现企业社会责任的竞争战略。突破传统的企业竞争战略,在勇于承担企业社会责任的同时,打造企业新的竞争优势,是我国新时代创业者的必然选择。第二,把企业社会责任建设融入企业文化建设中。企业文化建设其实是企业发展战略的一部分,企业文化建设既可以提高企业竞争能力,也可以使人在工作中体会生命的价值。把企业社会责任作为新时期企业文化整合和再造的重要内容,已成为国际企业文化发展的大趋势。第三,把社会责任的理念付诸实在的行动。在企业的日常经营管理过程中,不仅要对股东负责、对员工负责,还要对客户、供应商负责,对自然环境负责,对社会经济的可持续发展负责。

> **案例分享**

娃哈哈集团社会责任的心路历程

自1987年成立以来,杭州娃哈哈集团在宗庆后先生的带领下,白手起家,发展成为中国规模最大、效益最好的饮料企业。娃哈哈从一开始即明确了"互惠互利、共同发展"的方针,以造血为主、输血为辅,保证了西部贫困地区企业的健康发展,成为扶贫帮困成功的实践者和引领者。在成长过程中,娃哈哈始终抱着一颗感恩的心,回馈杭州、服务社会。从校办企业起家,对教育事业永怀一颗赤诚之心,在5.4亿元的累计公益捐赠中,对教育事业的资助逾3亿元。自创业伊始,娃哈哈就秉承"健康你我他,欢乐千万家"的企业宗旨,热心社会公益事业,应对公共危机,帮扶社会弱势群体等,为维护社会和谐稳定贡献一企之力。在国家和社会遇到自然灾害和公共危机时,娃哈哈总是第一时间捐款捐物,共渡难关。作为食品饮料企业,娃哈哈在发展中与农业、农村、农民结下了浓厚情结,从产业链条的纵向联结到促进农业结构调整,娃哈哈与三农一直保持着良性互动。40多年累计采购各类农副产品价值约800亿元,直接和间接解决了约200万农村人口的就业问题。对推动农业结构调整,促进农业增效、农民增收做出了积极的贡献。娃哈哈持续发展的同时,千百万农民受益。

3. 创业伦理

创业者的任务是创富,"君子爱财,取之有道"。创业者在创业过程中一定要遵守伦理道德,这是创业能够成功并持续发展的关键。管理学意义上的"伦理"一般也被称为"商业伦理",它是指组织处理与外界关系,处理内部成员之间权利和义务的规则,以及在决策过程中所体现的人与人之间的关系和所应用的价值观念。

与企业社会责任相比,强调伦理规范是更高层次的素质要求。伦理主要应对和处理国家法律、政策和企业制度等明文规定与约束所无法覆盖的一些问题。事实上,法律再健全的国家,也不可能对人类的一切行为都予以明确的规范,"天理、国法、人情"的顺序本身就说明了这一点。有些行为本身并不违法违规,但对健康的商业环境和优秀的组织文化不利,仍然要求创业者能够自我约束,这不仅是一种境界,也有利于企业健康可持续发展。

第二节 创业者面临的风险与挑战

创业风险是来自与创业活动有关因素的不确定性。在创业过程中,创业者要投入大量的人力、物力和财力,要引入和采用各种新的生产要素与市场资源,要建立或者对现有的组织结构、管理体制、业务流程、工作方法进行变革。这一过程中必然会遇到各种意想不到的情况和各种困难,从而有可能使结果偏离创业的预期目标。

一、创业者面临的风险

从社会正能量角度出发,大量媒体都在宣扬创业的回报、成功以及伟大成就,但必须意识到选择成为创业者必然也要应对负面危机,这些因素干扰创业者并可能影响他们的行为。了解存在的负面危机对创业者非常重要。

1. 风险与创业者

任何形式的创业都会涉及风险,因为创业者的显著特征之一就是有较高的冒险倾向。创业者要求的回报越高,风险就越大。这是他们非常仔细地进行风险评估的原因。创业者面临着各种风险,主要可以划分为以下 4 种基本类型。

①财务风险:大多数创业者会将自己的积蓄或资产的较大比例作为投入,这将导致非常危险的财务风险——这些投入的积蓄或资产极有可能全部损失,甚至创业者还有可能被要求承担超出其个人净资产的连带责任,导致彻底破产。很多人是不愿冒着失去积蓄、房产、财产以及工资的风险来创业的。

②职业风险:除义无反顾或形势所迫以外,创业者在开始时均是不断地问自己,一旦创业失败,自己能否再找到新的工作?能否再回到原来的岗位?当前拥有稳定职位与较高薪资福利的特别是高职位的主要考虑的是他们的职业风险。

③家庭与社交风险:创业需要人们投入大量的精力和时间,其中蕴含着家庭与社交风险,为了创业,他们无法尽到其他的责任,从而影响与周围人的关系。已婚的特别是有孩子的创业者,他们的家庭成员将不能时常享受到完整的家庭生活,甚至可能带来无法弥补的情感挫伤,此外因为经常在聚会时缺席,可能会令他们失去好友。

④心理风险:心理风险可能是影响创业者幸福生活与心态的最大风险。失去的资金可以再赚回,房屋可以重新购买,配偶、孩子、朋友可以慢慢理解与适应,而那些财务上遭受巨大损失的创业者,精神上的打击对他们来说才是致命的,容易从此一蹶不振,至少不能马上恢复原来的状况。

2. 压力与创业者

研究表明,即便创业者实现了目标,通常也为之付出了很多。受调查的创业者大都有颈椎病、消化不良、失眠或者头痛等症状。然而为了达到自己的目标,这些创业者必须承受压力,取得的回报只是在一定程度上弥补其付出的代价。

一般来讲,压力源自个人期望与现有能力之间的差距,以及期望与个性间的差距。如果一个人没有做到他应该做的,便会感觉有压力。当工作要求及个人期望超出创业者的能力范围时,就可能经受压力。创业这种职业本身及其所处的环境可能导致很多压力。创办和管理一家企业都需要承担相当大的风险,正如前面提到过财务、职业、家庭与社交以及心理风险。此外,创业者需要不断地与外界沟通,如客户、供应商、政府监管部门、律师、会计师、行业协会等,这些也会带来压力。

3. 自我主义与创业者

除了要经历风险与压力,创业者还将承受自我膨胀与自我骄傲所带来的负面效应。也就是,那些有助于成功的特质往往会使他们走向另一个极端。以下是可能会对创业者产生不利影响的 4 种特质。

①极强的控制欲:创业者对企业以及他们自己的命运有着很强的控制欲,这种内在的控制欲难以抑制地使他们想要控制一切。过度的自主和控制会使他们只愿在按自己意愿安排的环境下工作,这严重影响创业团队的沟通与合作。创业者将其他人的控制欲视为一种威胁、一种意愿的侵犯,因此,可促成创业成功的特质也包含了不好的一面。

②缺乏信任:为了及时了解竞争对手、客户以及政府监管的情况,创业者始终关注着周围的环境,他们试图赶在别人之前预知信息、采取行动。这种不轻易信任的状态导致他们对

项目细节的关注，失去对事实的完整把握，偏离理性与逻辑，从而采取错误的方案。缺乏信任具有两面性。

③极强的成功欲：创业者的自我主义与成功的欲望分不开，很多创业者认为自己处于生存的边缘，即使在逆境中，他们内心仍不断涌动着对成功的渴望。他们以挑战者的姿态，通过出人意料的行为否定所有微不足道的感受。他们追求成功，为成功而感到骄傲。这样就埋下了危险的伏笔。如果创业者通过为自己树碑立传来证明成功（比如修建雄伟的总部、规模壮观的工厂或者豪华阔气的办公室）——这时危险便产生了。因为他们个人的成就感可能已经超出企业本身，意识不到这一点的话，对成功的追求将会背道而驰。

④不切实际的乐观：创业者身上那股永远乐观的精神（即使处于艰难时期）是走向成功的关键因素。洋溢在他们身上的高涨的激情通过乐观的方式表现出来，这种乐观即使在不顺利阶段也能博得别人的信任。当然，若走向极端，乐观将使企业陷入不切实际的幻想中，产生一种自欺欺人的状态。在这种状态下，创业者无视发展趋势、客观事实、分析报告，盲目地相信一切尽在掌握终会好起来，这将使他们丧失把握现实的能力。

二、涉农产业创业风险评估与防范

（一）涉农产业创业商机无限

改革开放以来，随着城市经济的发展，经商和进城务工的农民日益增多，城市消费群体在不断扩大。他们不再是农业的生产者，而成为农林产品的消费者。这样一增一减，农产品的供需矛盾就会倍增。近年来，城市消费人群对食品质量、食品安全的期待不断提高，这给绿色安全的农副产品提供了很大的发展空间。而相对来讲，来自城市里的人（包括从农村来到城市里的人），对于农产品市场的需求更为敏感，在农产品经营上也有优势。伴随着农业发展的需要以及政策的春风，去农村创业这个致富的绝佳机会就摆在面前。

（二）涉农产业创业的负面影响风险

涉农林业创业群体不仅有"70后""80后"，更有许多"90后""00后"。尤其是"90后""00后"，可以说是农林事业+互联网时代的"原住民"。他们性格独立，勇于冒险，受教育程度高，也更容易接受新事物。涉农林业创业门槛虽然低但并不意味着人人都能创业成功。农林业作为第一产业，重要意义不言而喻。对于中小型农业企业而言，总体上普遍生存艰难，发展压力大，技术能力薄弱、融资困难、工作效率低，关键人才欠缺；这就需要大学生在创业初期了解风险评估的基础知识，掌握风险防控技巧与方法，学习对于创业初期的风险应对与处理，使涉农产业创业企业的发展更具潜力与可持续性。

新时代涉农专业大学生必须知道什么是创业风险，创业面临哪些风险，作为创业者应如何识别风险，各种风险对创业会产生怎么样的威胁等，从而才能更好地了解农林业创业者控制风险、规避风险的措施。

1. 农林业创业面临的风险

风险是指在一定环境及一定时段内，影响目标实现的不确定性，或某种损失发生的可能性。也就是说风险的存在意味着创业目标的实现可能会遇到意想不到的困难。农林业是个弱势产业，旱了不行、涝了不行，虫灾病害也不行，这是自然风险。遇上好年景，却不一定能赶上好行情，这是市场风险。只能通过加强农业基础设施建设来抵御天灾。市场风险，各种产品都免不了，农林产品往往更容易受价格的影响。按照风险形成的不同层次，农业生产的风险可分为以下5个方面。

(1) 自然风险　农林产品生产的周期性、自然灾害的客观存在、农林业生产力水平较低，这些都会给创业者带来风险。有些自然灾害是可避免的，有些是不可避免的，而且单家独户创业所面临的风险会更大。自然风险主要划分为两种。

①自然资源风险：自然资源风险可以理解为正常条件下的自然环境风险。例如，相关资源的短缺（水资源和土地林地资源）会严重影响农林业企业的生产运营；环境污染对资源质量所带来的不利影响会从根本上降低农业生产的经营效益；自然资源的地理位置也直接决定了农林业生产的运营成本，距离越远运输成本越高，交通不便也会使成本提高。

②自然灾害风险：自然灾害风险可以理解为异常条件下的自然环境风险。由于农林业的生产特性，自然因素对农林业的影响相比其他行业更为敏感和严重。我国幅员辽阔，气候变化大，农林业灾害种类多且发生频繁，这些都给涉农林创业带来了大损失。

(2) 市场风险　涉农林企业在农业生产中面临产品销售不畅、价格偏低、价格不稳定或者受到竞争对手的挤压，这一切都会带来市场风险。选择农业创业项目，无论是种植业还是养殖业，都客观存在着市场风险。创业者必须清醒地认识到，在现实情况下，绝大多数农民种什么、养什么，是无法统计到准确的数据，这就要求农林业创业所种养的品种在名、特、新、优上大做文章，才能在市场变化中取胜。形成市场交易风险的原因主要有：一是谈判力量不对等导致价格波动的风险。创业企业与大收购方在价格谈判力量上是极不对等的关系，加上农林产品受自然条件影响大、生产周期长等特点，在经营过程中除了一直难以摆脱市场价格波动的影响外，还会受到市场强势谈判的制约。二是市场信息不对称产生的交易风险。单个农户购买生产资料、销售自己生产加工（初加工）的农产品时，就面临着因为交易对象众多而带来的高度不确定性，而市场的不完整、市场信息不畅通、市场交易条件经常变化以及农产品市场近乎完全竞争的特征等，都在加剧这种不确定性的程度。

(3) 技术风险　技术风险是指由于创业者缺乏农业技术或某些技术在应用后产生的不确定的副作用，对农林业生产经营活动所造成的损失。技术风险带来的影响，轻的会造成减产、效益下降，严重的会造成绝收，导致血本无归。例如，学设施农业的大学生李同学经过多年的积累，连续两年大规模种植设施茄子，摸索出了一些管理经验，对茄子的主要疾病防治技术也能够基本掌握。但由于连年轮作，茄子叶片出现了大面积的茄子褐轮纹病（茄子褐轮纹病又称茄轮纹灰心病，主要危害叶片，后期中心变成灰白色，病斑易破裂或穿孔）；由于不了解致病的原因，也不太清楚如何防治，李同学只好凭自己的感觉采取试探性的办法，把多菌灵、托布津等农药都试用了个遍，结果不但不见效，反而错过了茄子的最佳生长期，造成产量大幅度下降。李同学的技术风险主要来源于设施茄子连年种植，病原在土壤中积累，并且雇用的农民仍然按照过去的经验进行防治，没有进一步研究技术问题，导致了最终的减产。

(4) 人为风险　人为风险指因人的主观因素导致的种种风险，如人为破坏农业设施、投毒盗窃、失职误判等。因为人为因素而导致的订单风险就是其中之一。农林产品订单是指农户根据其本身或其所在的乡村组织同涉农创业者之间签订订单，组织安排农产品生产的一种农业产销模式。但是农民往往处在弱势群体的地位，由此产生订单风险。例如，山东省某镇把洋葱作为主打品种，某食品创业公司的大学生黄同学是通过物流掌握洋葱出口商机，即与当地镇政府签订收购合同，每年由黄同学负责收购洋葱，镇政府组织农民种植洋葱，收获的洋葱经过简单剥皮、去杂、分拣、包装等初级加工后，通过黄同学出口到日本、韩国。洋葱的销售主体与种植户之间的连接是一个标准的订单模式，农户每年按照订单的数量和价格得到收益。2019年，双方签订了洋葱购销合同。由于国际市场特别是新冠肺炎疫情的影响，日方大量压缩订单，黄同学物流断链，由于难于承担订单的违约压力，不得不宣布破产，该镇上千公顷洋葱无人收购。最后，通过公益组织承担下农民订单风险。

在农业现代化过程中，农业订单经营主体之间的联系越来越紧密。虽然合同受法律的严格保护，但因为缺少深厚的法律氛围和公民法律意识的淡薄，导致违约时有发生。当合同签订后，如果市场价格高于合同价格，农民往往不将农产品出售给签订合同的企业，而是直接到市场上出售，从而使签约的企业遭受损失。农业订单签订主体存在诚信意识不强的问题，前端种植户是最大的风险承担者。订单的形式、内容和签订程序不规范也是导致农业订单兑现难的重要原因，所以在签订订单合同时一定要了解合同的条款。

（5）其他风险来源

①重大疫情风险：规模畜牧业、养殖业项目的最大风险就是重大疫情的发生，这将是毁灭性的风险。实施这类创业项目，就要时刻防范疫情，在创办时买份疫情保险也是不错的选择。

②种子种苗风险：农林业生产中，因种子种苗出现问题而导致减产甚至绝收的事情屡见不鲜，如果农业创业企业遇到假冒伪劣的种子、种苗，企业将蒙受重大损失。

③农林产品质量安全风险：随着农林产品市场的不断规范，国家加大了农产品质量安全的监管力度，所有农林业创业项目必须无条件接受农林产品质量的安全监管。种养业的生产环境、市场上农药和化肥的质量以及企业内部的管理等问题都会增加创业风险。一旦哪个环节出了差错，生产出来的农产品因质量安全事故被查处，该创业项目也将因此一蹶不振。

④农林业生产成本风险：农药、化肥、种子、农机等农业生产资料的价格都给农业创业项目带来了不确定的成本因素，从而增加了创业的风险程度。

综上所述，随着社会的发展和科技的进步，农林业创业过程中的风险因素越来越多。在开始创业时就要充分认识到进行风险防范和处理的必要性和迫切性。

2. 涉农林产业创业的风险识别与评估

综上所述，企业和创业者都会面临许多潜在的风险，特别是涉农林产业。对于农林业创业者来讲，识别风险是管理风险的第一步，它是指对企业面临的现实以及潜在的风险加以判断、归类并鉴定风险性质的过程。当然，存在于企业周围的风险多种多样，这些风险在一定时期和某特定条件下是否客观存在，存在的条件是什么，以及损害发生的可能性等都是创业风险识别阶段应该回答的问题。识别风险主要包括感知风险和分析风险两个方面。风险的识别对传统的经营管理有至关重要的意义，识别如经营活动、财务活动、战略活动等风险暴露来源为主的企业风险，有助于企业目标的实现，也有助于涉农林产业创业企业的健康发展。

风险评估是指在风险识别的基础上，对相关损失进行分类，进行损失概率的评估，同时对损失的规模与幅度进行分析，把风险发生的概率、损失的程度与其他综合因素结合起来考虑，确定发生风险的可能性及其危害程度，从而为管理者进行风险决策，选择最佳风险管理技术提供可靠的科学依据。

对涉农林产业新创企业来讲，风险管理是创业者对潜在的意外损失进行规划、识别、估计、评价、应对、监控的过程。风险管理应采取分类重点控制与阶段性控制相结合的方法，同时要进行风险的整体监控，建立风险监控体系，使创业风险管理更趋向系统化。风险处理是指通过不同的措施和手段，用最小的成本达到最大的安全保障的过程。风险处理的方式很多，但最常用的是避免、自留、预防、抑制和转嫁。

涉农林产业创业是一项高风险、高报酬的投资行为，大学生不仅要看到其中的报酬，也应看到其中的风险，在创业前不仅要努力学习创业知识，健全创业认知体系，树立敏锐的风险意识，不断完善自己的知识结构，还应该健全市场认知、成本认识，规避风险，建立风险预警、风险评估、风险处理机制。

（三）涉农产业创业各阶段的风险

尽管创业风险评估维度多元，表现形式多样，但对于创业者，控制在于创业相关法律风险的评估与控制，如图 2-5 所示。以下从创业各阶段的法律风险的防控角度介绍创业常见风险。

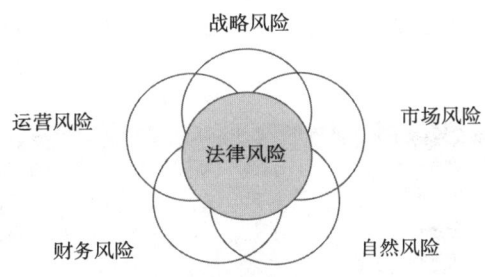

图 2-5　其他风险与法律风险的关系示意图

1. 创业预备期的法律风险

创业项目选择风险：大学生在创业预备期选择创业项目时，应注意对项目可行性进行全方位调查，包括项目本身的合法性，项目手续的合法性、主体资格的合法性。

（1）项目本身的合法性　项目领域是否合法，我国有很多农林业行业和领域是禁止私人进入的，典型的就是种植罂粟与饲养贩卖国家保护动植物；项目内容是否合法，对于国家法律明令禁止的或有悖社会公德的项目，即使有市场需求也不能介入（如贩卖赌博用斗狗斗鸡、恶搞巨臭植物等）；项目内容是否违反社会公认的道德要求。

（2）项目手续的合法性　我国对一些农林项目存在特别的规定，如特许经营项目，是指拥有注册商标、企业标志、专利专有技术等经营资源的企业（以下称特许人），以合同形式将其所有的经营资源许可其他经营者（以下称被特许人）使用，被特许人按照合同约定在统一的经营模式下开展经营，并向特许人支付特许经营费用的经营活动。企业以外的其他单位和个人不得作为特许人从事特许经营活动。因此，创业者在涉及特许经营项目时，应对项目手续的合法性进行调查。

（3）主体资格的合法性　指创业者对自身条件的检查，国家对于某些项目的准入是有特别的条件与要求的，创业者应对其是否具备该项目的准入资格进行调查。

2. 创业团队成员的选择风险

创业团队成员的结构往往影响到创业风险的大小，能够幸存的创业企业，通常非常注意团队建设。风险投资者逐渐重视创业团队的影响，他们在选择投资项目时，对创业团队的考评占总体考评的50%左右。创业团队构建的风险主要表现为以下3个方面：一是盲目照搬成功的组建模式。创业团队的组建主要有3种模式：关系驱动、要素驱动、价值驱动。不同的组建模式适用条件不尽相同，盲目照搬将给企业带来巨大的风险。二是团队成员的选择随意、偶然。英国学者贝尔宾提出理想团队的"九种角色"论，即成功的团队必须包括九种不同角色的人：创新者、实干者、协作者、推进者、信息者、监督者、凝聚者、完美主义者、专家。团队成员能力与优势重复将可能成为创业企业未来发展的阻碍与风险。三是缺乏明确和一致的团队目标，杰出团队的显著特征是具有共同的愿景与目标，这是著名心理学家马斯洛说的，如果团队成员意见冲突，或是团队成员个人目标与组织目标不一，那么创业团队将面临解散的风险。

3. 创业组织形式的选择风险

合伙企业和个体工商户等。组织设立形式不同，创业组织形式包括公司企业、个人独资企业，如图2-6所示。大学生在选择创业组织形式时，需要根据自己创业的实际情况，选择合适的组织形式。创业不一定必须开公司，以什么形式开始自己的事业——其实，最适合的才是最好的。

企业组织形式名称	是否法人	法律责任形式
一人公司	是	有限责任
有限责任公司	是	有限责任
股份有限责任公司	是	有限责任
城乡个体工商户	否	有限责任
个人独资企业	否	无限责任
合伙企业	否	通常为无限连带责任
其他	否	无限责任

图2-6 创业组织形式的类型示意图

4. 创业开办期的法律风险

①合同风险：大学生在创业过程中要签订各种合同，如买卖合同、借款合同和租赁合同等，如果对合同的相关法律知识缺乏了解，容易导致利益损失。在订立合同前，先做调查，学习《合同法》《劳动合同法》等相关规定，确保订立的合同内容合法、有效。在订立合同的形式上，应该选择书面形式，同时尽可能地把合同条款做明确约定，避免今后公司运行过程中产生歧义。口头合同在举证方面，难度较大，很容易处于被动状态。大学生在创业过程中要注意合同的内容、形式与证据是否具体、明确，要根据公司具体情况了解相关法律知识，及时采取法律措施维护自身利益，确保公司经营过程能够合法运行。

②劳动关系风险：在复杂的市场环境中，大学生创业过程劳动纠纷增多。在签订劳动合同，购置社会保险，发放劳动者薪资、社保、公积金、劳动法在公司中落实情况和解除劳动合同通知书是否及时送达本人等事宜上存在较多的法律风险。大学生在创业前对公司法、劳动法等有关法律法规的了解有所欠缺，公司就容易出现劳动关系风险。大学生创业者有效处理劳动纠纷，可以降低公司风险，维护公司的合法权益。

③知识产权风险：知识经济时代的到来，意味着知识产权时代的到来。当前，我国知识产权制度还在继续完善，在创业过程中常常出现知识产权方面的问题。大学生在创业过程中的知识产权意识比较薄弱，也会出现不可避免的麻烦，使知识产权得不到维护，或出现侵犯他人知识产权的行为。

④税收风险：依法纳税是每个企业和公民应尽的义务，大学生创业者必须学习和了解税收方面的知识。在公司开业初期，要主动依法向国家税务机关申报办理登记，履行依法纳税的义务。国家出台了一些扶持政策来鼓励大学生创业特别是农林业创业，大学生创业者在创业初期享受税收优惠政策，对大学生的税收进行减免。在期限之后，要按照规定依法纳税。大学生创业者要严格按照国家税收法律制度，防止过失性地构成偷税漏税。

5. 创业发展期的法律风险

企业经历过创始期的艰难，终于存活下来。稳定地开始步入正轨，进入成长期，这个时期的公司内部管理相对规范，这个阶段公司主要协调对外商业关系。所以对法律的需求主要表现在合同事务方面。

创业发展期内应注意完善公司制度，严格执行公司依法制定的各项规定。当企业完成一定的原始积累之后，制度缺陷、投资失控则成为企业进一步扩张的主要风险。适当地运用相关法律政策，制定相关的公司章程和管理细则，将公司的运行纳入法律的范畴中，公司在许多方面就可以得到改善。对外需要和经销商签订产品销售合同或买卖合同，服务业需要和客户签订合同或者咨询合同，自有资金不足的情况下，公司向银行申请贷款需要签订贷款合同，从股东处贷款需要签订股东贷款协议，这时都要注意合同风险的防控。

6. 创业终止期的法律风险

创业组织终止后，要按照法定程序办理注销登记手续。创业组织终止后的债务清偿要承担风险，不同的组织形式，承担的风险不同。按照创业组织形式不同，以有限责任公司终止的，大学生创业者应以出资为限承担有限责任。组织形式是个人独资企业、合伙企业和个体工商户等的，按照创业组织存在期间的债务承担无限连带责任。

（四）创业危机管理

1. 危机管理内涵

"危机管理"是于 20 世纪 60 年代初提出，首先运用于外交和政治领域，尔后引进了企业管理的范畴。所谓企业危机管理是指企业为避免或减轻危机产生的可能和危害，并保证企业处于正常运营状态，从而进行有组织、有计划、有目标的学习，制定和实施系列管理措施和策略的过程，企业管理学认为危机是指一种决策形式，在此形势下，企业的利益受到威胁，任何拖延均可能会失控而导致巨大损失。

2. 创业危机管理办法

在现代商业环境下，危机管理是应对商业不确定性的重要举措，其目的在于主动积极地发现并预防突发性、未知性因素，消解其破坏力，保证企业业务的正常运行，尽可能减少商业损失和品牌损耗。在社会化媒体环境背景下，随着消费者、竞争对手、媒体等力量的自由发展，企业对信息的传统控制力、对消费者的传统影响力正逐步弱化，危机管理问题愈发显得重要。它包括危机预防、危机处理和危机后的总结。

树立危机管理预防为主的理念。创业企业领导层是危机管理的关键者，员工是安全和风险管理的执行者。创业企业可以通过制定一系列的产品生产规章制度、责任追究制度、激励机制，通过宣传教育培养员工安全意识、责任意识、产品意识和品牌意识，使创业企业在发展过程中防患于未然，避免危机的发生。建立快速的危机反应机制，开辟高效的信息传播渠道，将危机的负面影响降至最低，甚至将危机转化为机会。

3. 危机处理后的经验与教训总结

创业者必须遵循这样一条格言：恶魔往往就躲藏在细节问题里。在危机处理完结后，创业者应及时调查分析总结经验教训，对危机的成因、预防和处理措施的执行情况进行系统的调查分析，评价危机预警系统的组织和工作程序、危机处理计划、危机决策等管理工作；对问题进行分类，改善危机管理系统，并在此基础上创新管理，整顿公司，抓住危机带来的机遇。

本章小结

创业是一种勇敢而积极的人生抉择。通过本章的学习，希望同学们对创业者形成理性的认识，纠正神化创业者的片面认识，了解创业者并不是特殊人群，创业者的技能和素质大多数是可以通过后天学习和培养获得的，每个人身上都有潜在的创业者特质。通过本章的学习，希望同学们对创业风险有一定的了解，深刻认识到创业风险是来自创业活动有关因素的不确定性。创业过程中必然会遇到各种意想不到的情况和各种困难，从而有可能使结果偏离创业的预期目标。了解无论是企业或者个人都要有风险意识，在增强风险意识的基础上，要降低和避免风险。

思考题

1. 谈一谈你身上潜在的创业者特质？
2. 你是否具备创业的能力素质？哪一些因素驱动你产生创业动机？
3. 试分析创办一家农林类企业起步阶段过程中风险来源有哪一些？如何稳妥解决？

第三章
现代农业创业概述

学习目标

1. 掌握现代农业的基本定义。
2. 掌握现代农业的发展规律。
3. 掌握农业现代化存在的问题。

学习重点与难点

1. 重点是现代农业产业的发展现状。
2. 难点是现代农业产业的发展路径探索。

导入案例

福建省安溪县现代农业产业园,创建面积 11.55hm^2,覆盖 7 个乡镇、168 个村、10.8 万农户、41.4 万人口,主导产业为茶业。近年来,安溪县以创建国家现代农业产业园为契机,以茶业数字化为突破口,促进三产融合,提升品牌效应,努力构建安溪茶产业发展新格局,推动茶业转型、高质量发展,建设现代茶业强县,助力乡村振兴。2021 年,园区涉茶总产值 140 亿元,农民人均可支配收入 2.76 万元,比全县水平高出 32%。

安溪县以"品牌引领、数字赋能、全链提升、价值再造"为主线,积极探索数字经济与茶产业发展有机相结合:数字赋能茶管理、茶生产、茶电商和茶物流,催生更多新生产方式、新产业形态和新商业模式,促进茶产业高质量发展。

大数据、物联网、互联网+、云计算等在产业管理、茶叶生产、加工、电商、物流、质量监管等方面得到有效应用,实现安溪茶安全健康全程可观、即时可感,构建了从茶园、生产到市场销售的产业链数字化体系。安溪县荣获全国县域数字农业农村发展水平评价工作先进县(位列全国第 30 位、全省第 1 位)、位列 2021 年全国农产品数字化百强县排名第一、全国"2022 年度县市电商竞争力百佳样本"榜单第 17 名。

思考与讨论

1. 安溪县的现代农业产业园以茶业数字化为突破口,这为我们提供了什么启示?
2. 安溪县通过三产融合推动茶业转型和高质量发展,这对现代农业创业有何借鉴意义?

第一节　农业概述

农业是指人类通过社会生产劳动，利用自然环境条件控制和促进生物体的生命活动过程来获取人类发展所需产品的综合性产业，即直接或间接利用土地经营、种植和饲养以获得人类衣、食、住、行所需各种物品的生产事业。人类通过对农业品种、技术、生产工具的改造、革新，改善农产品品质、减轻农业劳动强度、降低农业生产成本、节约能源和改善生态环境，为人类生存、繁衍、迁徙和从事其他类型的生产活动提供坚实的物质基础。

一、农业分类

1. 种植业

作为文明古国，我国种植业历史悠久，产值长期占农业总产值50%以上。根据发展种植业的条件、作物结构、生产布局和商品化程度，以及发展种植业生产的方向、措施，按照区内相似性与区间差异性的原则，我国农作物种植业区域划分为10个一级区和31个二级区。随着人类生产力的发展，种植业也随之不断地进步，耕作的农作物种类逐渐增多。种植业是农业的重要基础，不仅是人类赖以生存的食物和生活资料的主要来源，还为食品、纺织等工业提供原材料，为畜牧业和渔业提供饲料。

2. 畜牧业

畜牧业是指人们用放牧、圈养或两者结合的方式，饲养畜禽以获取动物产品或役畜的社会生产部门。畜牧业是通过人工饲养、繁殖，将牧草和饲料等植物能转变为动物能，以取得肉、蛋、奶、羊毛、山羊绒、皮张、蚕丝和药材等畜产品的生产部门。畜牧业除了为食品、油脂、纺织、制药等工业提供原材料外，也为人们提供了肉、乳、蛋、禽等食品，为农业提供牲畜和肥料。

3. 林业

林业是以潜在和现实森林生态系统为对象，以人类所依赖于森林生态系统及其产品和服务的福利需求为目的的实践活动。林业不仅提供了大量国民经济所需的林产品，还在保持水土、防风固沙、调节气候、保护环境、维护生态系统平衡等方面发挥着重要作用，在国民经济建设、人民生活环境和自然环境生态平衡中均有特殊的地位和作用。

4. 渔业

渔业是指人们开发和利用水域，采集捕捞和人工养殖鱼类、其他水生物以获取水产品的社会生产部门。渔业的生产是以各地区水域为基地，以具有再生性的水产经济动植物资源为对象，具有明显的区域性和季节性，初级产品具有鲜活、易变腐和商品性的特点。渔业对于我国农村发展和提高农民收入有着至关重要的作用，也是我国出口创汇的一个重要渠道。

二、农业地位与功能

（一）农业的地位

农业在国民经济中的地位是至关重要的，它是人类生存和发展的基础。农业的发展对于保障国家粮食安全、维护社会稳定、推动经济发展等方面都具有重要意义。

1. 农业是人类生存和发展的基础

农业是人类社会的衣食之源、生存之本，没有农业，人类的生存与发展就无从谈起，整个社会就将崩溃和动荡。农业是国民经济的基础产业，任何一个国家或地区要满足人们的食品需求，都必须依靠农业或其他可再生资源来提供。

2. 农业是经济发展的动力

从世界各国经济发展的历史和经验来看，农业不仅是国民经济的基础性、战略性产业，而且是推动国民经济发展的动力源泉。凡是农业发展过快，农产品出现"富余"甚至是"过剩"的时期，农业发展就受到"忽视"和"冷落"，其他产业也必然受到影响，国民经济"正常"发展速度也会随之减缓甚至出现暂时停顿。相反，当农业出现大问题、大波折时，必然引起政府和民众的重视，执政者会采取刺激措施，促进农业及国民经济的恢复和发展。

3. 农业是社会进步的阶梯

农业的发展为工业提供了原材料和劳动力，农业和工业之间存在着密切的关联。农业的出现和发展解决了人类社会的衣食温饱问题后，人们开始由单纯物质生活向着物质生活与精神生活并存的生活方式发展，逐渐推动文化发展和社会进步，从而不断推进人类社会的进步。可以说，农业既传承了社会文明和进步，又反过来助推人类社会文明的进步和发展。

（二）农业的功能

农业的功能是多方面的，特别是随着现代农业的不断发展，农业的多功能性越来越明显。人们应该注重加强农业的发展，提高农业生产效率，充分发挥农业的各项功能，为国民经济的发展和社会进步作出更大的贡献。归纳起来，农业有以下 4 个方面的功能。

1. 社会功能

农业是社会存在与发展的基础、是人类文明积淀的基础。农业的发展是解决就业问题、缩小城乡差距、维护社会稳定的重要途径之一。农业为社会提供了大量的就业岗位，从而化解城市负担，转移就业竞争矛盾，维护社会稳定。保障农村就业和确保农民生计，有助于城乡平衡发展和社会稳定。农业的发展还有助于加强国际交流与合作，促进国家或地区之间的友好关系。

2. 经济功能

农业作为第一产业，是提供农产品的主要来源。它为社会提供了丰富的粮食、蔬菜、水果等食品，以及棉花、亚麻等纺织原料，满足了人们的基本生活需求。农业的经济功能主要体现在：①为农民增收提供基本生活资料，满足日常生活需求。②为国家增收提供丰富的劳动力，满足生产过程中对劳动力的需求。③为繁荣经济提供原料和广阔的市场。

3. 生态保育功能

农业的生态保育功能主要体现在保持水土、涵养水源、调节气候等方面。主要有：①农业在吸碳放氧、净化环境和缓解全球气候变化中的作用和成效是不可低估的。②农业生产可将某些垃圾和"废物"作为作物生长发育的肥料加以利用，改善农村环境，提高农村生活质量。③农业生产中通过农业种植和养殖，可以美化环境、绿化大地，同时还可以改善土壤质量、提高土地肥力，进一步提高农产品的质量。

4. 休闲娱乐功能

随着城市生活压力的增大，越来越多的城市人选择到乡村旅游、休闲、度假，感受大自然的美妙和宁静。农业的休闲娱乐功能得到了越来越多的发挥，为人们提供了放松身心、缓解压力的机会。发展休闲旅游农业也有利于农民就业和增收。

三、农业1.0到4.0划分

回顾农业的发展历程，一般认为农业经历了4个发展阶段，形成了4种形态的农业，将其称为农业1.0到农业4.0的4个"版本"。

1. 传统农业阶段

在人类发展历史过程中，旧石器时代人类学会了制造石刀、石斧与石锥等简单的生产工具。随着人类社会从石器时代、青铜时代进入铁器时代，冶铁技术在农业中得到广泛应用，铁制农具被普遍应用于农业生产之中，这是农业1.0的萌芽。

在传统农业阶段（图3-1），铁制农具和木制农具代替了原始的石器农具，铁犁、铁锄、铁耙、风车、石磨等在农业生产中的大范围应用提升了劳动生产效率；牛、马等畜力的应用作为生产的主要动力，减轻了劳动强度；大型农田水利工程的修建改善了农业生态环境。此外，对农业生产实践经验的总结，加深了人类对土壤与物产、农时与物候等农业生产规律的认识。

图3-1 传统农业阶段

农业1.0时代，这些传统农业生产技术对人类农业生产方面产生积极的影响，但随着时代的发展，这种小农体制逐渐制约了生产力的发展。这个阶段主要以"产量高"为目标，虽然与现在规模宏大的农业项目相比是"小打小闹"，但为农业产业化奠定了基础。

2. 机械化农业阶段

在人类进入工业文明时代后，农业生产方式发生急剧变革，精耕细作的传统农业向高投入、高产出的机械化农业转型。农业2.0时代是以农场为标志的大规模农业，是以机械化生产为主、适度经营的"种植养殖大户"时代（图3-2）。农业机械化运用先进适用的农业机械装备代替人力、畜力生产工具，减轻体力劳动强度和提高劳动生产率，将落后低效的传统生产方式转变为先进高效的大规模生产方式，不断提高农业的生产技术水平和经济效益、生态效益。

图 3-2　机械化农业阶段

这个阶段以"产值高"为目标,主要表现在农副产品深加工企业或食品制造企业向产业上游延伸,或者农业生产企业向产业下游延伸,提供给市场的已经不是初级农产品,而是加工后的农副产品或者食品。因此,农业 2.0 是"一产+二产"的主流时代,追求的是农业产值的"大"。

3. 自动化农业阶段

20 世纪后期,随着信息与通信技术、自动控制技术、遥感技术、传感技术等在农业生产经营中的应用逐渐增多,农业开始进入自动化阶段(图 3-3)。农业 3.0 即自动化农业,是以现代信息技术的应用和局部生产作业自动化、智能化为主要特征的农业,通过加强农村电信网、计算机网等信息基础设施建设,充分开发和利用信息资源,促进信息交流和知识共享,使现代信息技术和智能农业装备在农业生产、经营、管理、服务等各个方面实现普遍应用。

农业自动化大致有 3 种实现方式：一是对农业机械装备的部分自动化控制,提高已有农业机械装备的作业与操作性能,提高作业效率和作业精度,减轻驾驶员的负担,节约资源等。二是对已有农业机械装备的无人自动操作,主要用在操作简单且容易实现无人运转,危险性高或是长时间重复单调过程的作业上。三是开发农业机器人。农业机器人是一种可由不同程序软件控制,能感知并适应作物种类或环境变化,有检测(如视觉等)和演算等人工智能的新一代无人自动操作机械。

图 3-3　自动化农业阶段

4. 智慧农业阶段

农业通过互联网进行资源软整合,在大数据、云计算、互联网、传感器、机器人基础之上形成智能农业,以全链条、全产业、全过程的无人系统为特征(图3-4)。农业4.0是利用农业标准化体系的系统方法对农业生产进行统一管理,所有过程均是可控的、高效的。

智能化生产工具、无人系统是智慧农业阶段的主要特征。智慧农业是将传感器、大数据、人工智能、物联网、云计算等现代信息技术应用到农业的生产、管理、营销等各个环节,实现农业智能化决策、精准化管理、无人化作业等全程智能生产经营的新兴农业阶段。

图 3-4 智慧农业阶段

相比于日本、美国等国家,我国智慧农业起步较晚,但国家高度重视智慧农业的发展,发布了多个政策文件以支持智慧农业发展。随着我国在"三农"领域多年的探索,加上近年来持续在脱贫攻坚工作上发力,如今绝大部分农村地区的温饱贫困、环境整治、吃水用电、交通设施等硬件问题已基本解决,在农业的科技研发、惠农政策补贴、农民的观念改进等方面取得了很大的进步。乡村振兴战略的实施,人们以市场需求为导向,投身农业农村的创业积极性空前高涨,特别是在大城市周边和景区周边,已经形成了诸多热点,在个别环节、个别领域和个别区域,农业4.0时代已经悄然来临。

案例分享

永安:智慧农业跑出春耕生产"加速度"

春回大地,草木萌动。眼下,正是早稻插秧的大好时机。福建省永安市大湖镇各村田间地头一派繁忙,村民们正驾着插秧机穿梭迂回,取秧、栽播、转向,给农田披上了一片片"绿装"。

不见农人忙,只闻机声隆。第一次驾驶插秧机的大湖镇百叶车村村民刘宜松在农机人员的指导下,将插秧机小心翼翼地开进田里,一行行嫩绿的秧苗从秧盘上次第滑落,整齐有序地扎根于"希望的田野"上(图3-5)。

机械化插秧高效便捷、精度高、成效好,一台机器一天能给20亩(1亩=0.067公顷)地进行插秧,是人工插秧的20倍。机械插秧既快又好,深度、株距、行距可以自动调整,加上智能施肥机同步施肥(图3-6),成本低、效率高,快速成为春耕生产的"插秧神器"。

图3-5 智能拖拉机正在耕地　　　　图3-6 智能侧深施肥机正在投放肥料

图3-7 智能无人驾驶高速插秧机正在插秧

大湖镇通过前期科学规划，高效整合土地，推动农田向集中、优质、连片生产，为大力推广农业生产机械化打下了良好的基础（图3-7）。该镇通过协助农户购置插秧机、邀请种粮大户现场指导、帮忙落实农机补贴，全程做好农技服务等有力措施，倾力为推广机械插秧牵线搭桥，解决了农户们的后顾之忧。

大湖镇通过政策扶持、技术指导、现场培训等方式，大力推进农业机械化、智能化，积极为推动农业增效、农民增收贡献科技力量。通过推广机械化耕作、科技化管田等"智慧农业"，为春耕生产"助跑加速"，有力推动了农业生产向深耕、精耕、细耕发展。

第二节　现代农业产业发展趋势

一、我国农业领域存在的问题

目前，我国农业面临的基本挑战主要来自供给和需求两个方面。一方面，由于自然资源枯竭与质量下降、全球气候变化与天灾人祸频发等给农业发展带来多重制约因素。另一方面，随着工业化和城镇化的推进，农村人口反向下降，农业领域出现了诸多问题。

1. 农业资源日益紧张

2021年8月,自然资源部在新闻发布会上公布了第三次全国国土调查主要数据成果。数据显示,我国目前的耕地面积为19.179亿亩,与第二次全国土地调查相比,耕地减少了1.13亿亩。我国人均耕地面积仅1.4亩,不到世界人均耕地面积的一半,耕地资源非常短缺。随着工业用地、城市建设用地、交通用地等面积不断增加,农业用地可能会越来越少。

2. 农业土地资源条件不断恶化

中国耕地水土流失量占世界每年耕地表土流失量的14.35%,是世界上耕地水土流失最严重的国家之一。虽然自2021年起我国耕地面积近年来有所回升,但是与2018年相比整体相差较大(表3-1)。

表3-1　　　　　　　　　　　我国耕地面积近5年变化情况

年份	耕地面积/万 hm^2
2018	14329.6
2019	12786.2
2020	10411.1
2021	12786.0
2022	12760.1

长期过度施肥会导致农田碱化,造成土地质量下降。同时西部地区现阶段水资源开发利用不合理,灌溉等管理方式比较落后,也会造成土壤复原能力差、草场退化、土地次生等问题。

3. 农村老龄化问题日益突出

现阶段,农村劳动力平均年龄不断上升,有效劳动力不断减少。截至2019年,我国农村适龄劳动力人口为3.13亿人,占农村常住人口的56.8%。这一比重不仅低于全国平均水平,更远低于城镇79.5%。在农村常住人口中,65岁以上的人口占比超过18%,远高于全国平均水平的12.6%。

4. 农业科技创新不足

我国农业科技进步对农业生产作出了巨大贡献,但仍存在农业科技财政投入力度欠缺、农业科技推广人员不足等问题。当前农业科技依然落后于实际生产需要,人员配置上急需完善,专业技术型人才较为紧缺,高新农业技术应用情况不好,影响了劳动生产率和产品质量。

5. 农村基础设施落后

一些农村地区的基础设施建设相对落后,特别是缺乏现代化的交通、水利和电力等基础设施,制约了农业生产和经济发展。农业经济的优化成为关键问题,如何保证农业可持续发展,如何通过科技创新、产业升级、拓展市场等手段,实现农业高产、优质、高效、生态、安全的协调发展,是当前亟须解决的问题。

二、现代农业的发展趋势

党和政府接连出台了《中共中央国务院关于实施乡村振兴战略的意见》《乡村振兴战略规划(2018—2022年)》《互联网+现代农业三年行动实施方案》等政策,激励引导我国农业产业发展。2019 年，中央 1 号文件更明确指出，要加快突破农业关键核心技术，推动智慧农业等领域自主创新。随后，农业农村部、中央网络安全和信息化委员会办公室印发的《数字农业农村发展规划（2019—2025 年）》提出，构建基础数据资源体系、加快生产经营数字化改造、推进管理服务数字化转型、强化关键技术装备创新、加强重大工程设施建设。

在政策红利引导、科技快速发展、人民群众需求不断提升等因素的激励下，现代农业产业的发展呈现以下趋势：

1. 可持续农业

通过提高单位农业资源的生产率，资源循环利用以养活、养好日益增长的人口及确保长期的农业可持续性，呈现集约化趋势，要求集约、节约利用农业资源，强调农业的环境友好性、社会责任和经济可行性。

2. 数字化技术

我国农业物联网已经探索出一批应用模式，涵盖了农业传感技术、射频识别（radio frequency identification，RFID）技术、地理信息系统（geographic information systems，GIS）技术、北斗导航应用技术等农业信息感知识别技术，并在大田种植、设施种植、畜禽养殖、水产养殖、质量安全追溯等领域得到了一定的推广应用，推动智能化农业发展，呈现信息化趋势，利用先进的传感器、机器学习、物联网等技术，实现农业生产的数字化和智能化。

3. 农业生态文明建设

当前，无公害食品、绿色农产品、有机农产品以及各种安全、优质、保健型农产品愈发受到消费者青睐，其产品种类日益增多、生产规模日益扩大，分布范围更加广泛，呈现健康化趋势，促进农业与生态环境的协调发展，实现农业的绿色生产。

4. 农业科技创新

农业效益大幅度提高，农业不再是弱质产业、低效产业，呈现高效化趋势，不断推动农业科技的创新，包括基因编辑、基因改良、遗传育种等，以提高农产品的产量、品质和抗逆性。

5. 多元化农业经营

多元化农业可以使土地得到科学利用，作物得到合理种植，呈现低碳化趋势，从传统的单一农业经营模式转向多元化经营，包括农业旅游、休闲农业，缓解世界能源紧张，低碳农业将在全世界广泛推广和应用，成为世界农业发展的主导模式。

三、新型农业产业主要类型

近年来，新型农业产业快速发展壮大，包括但不限于以下几种类型。

1. 智慧农业

当前智慧农业在我国还只是萌芽阶段，物联网、大数据等技术都被用于智慧农业，我国农业物联网已经探索出一批应用模式，涵盖了农业传感技术、RFID 技术、GIS、北斗卫星导航系统等农业信息感知识别技术，提高农业生产效率和质量，实现精准农业管理。

2. 绿色农业

通过推广新型农业产业形态，保护好生态环境和资源，推广生态农业技术和生态农业生产模式，做好农业废弃物资源利用，发展循环、高效的生态农业，实现未来乡村资源的有效利用，减少环境污染，保证农产品质量。绿色农业灵活利用生态环境的物质循环系统，实践农药安全管理技术、营养物综合管理技术、生物学技术和轮耕技术，保护农业环境。

3. 立体农业

立体农业又叫层状农业，即利用层叠的种植架构，在有限的空间内进行多层次种植，着重于开发利用垂直空间资源的一种农业形式。立体农业的模式是以立体农业定义为出发点，最大程度提高土地利用率，实现由物种、层次、能量循环、物质转化和技术等要素组成的立体模式的优化。

4. 循环农业

循环农业，也称为循环农业系统或循环农业生产，指在农作系统中推进各种农业资源往复多层与高效流动的活动，最大程度地减少资源的浪费，降低对外部输入的依赖，最大限度地提高农业系统的效率和环境友好性。

5. 康养农业

康养农业是将农业资源和环境与康复、健康、休闲相结合的一种农业经营模式。它强调通过农业活动、自然环境和农村景观来促进人们的身心健康，是一种结合农业、康复和休闲的综合性农业发展方式。

案例分享

科技加持，"智慧"赋能蔬菜种植

近年来，福建省农科院数字农业研究所智慧农业科技创新团队构建了适合南方地区防台风、自然降温的温室主体结构，开展潮汐式育苗、工厂化营养液膜技术栽培、椰糠基质条栽培等无土栽培模式研究，研发基于物联网及专家知识的水肥一体灌溉施肥系统以及NFT栽培槽、材料溶解混匀机、育苗盘打孔起苗一体机等配套栽培设备，打造智能"蔬菜工厂"，赋予蔬菜种植更多"科技范"（图3-8）。

图3-8 福建省农科院示范农场

福建每年夏秋季节均受到不同程度的台风影响。市面上的钢构大棚普遍抗风性较差，一次台风过境，就容易造成设施损毁。还有"温室过夏"亟须解决。通过结构力学计算，从风力导流和提高风载两个方面入手，建设了一套钢构大棚环境调控系统，以及一套温室加固抗风结构，提高温室抗台风能力，最大限度地提升温室自然通风能力，福清国家农业示范园设施蔬菜温室因此受益。

大棚里的"科技范"还有很多。近年来，智慧农业科技创新团队还研发了基于物联网及专家知识的水肥一体化系统及配套栽培设备，提升温室数字化装备水平。通过水肥一体化，不仅能实现水肥自动灌溉的相关参数监测，同时还能将监测数据作为灌溉模式优化参数的依据。同样的仪器，也能运用在果园、茶园里。种菜种果种茶，不再看天吃饭，而是看"数"种植。

第三节 现代农业创业特殊性

一、农业现代化一般规律

农业现代化的一般规律主要包括机械化、专业化和社会化。这3个方面相互关联，共同推动农业现代化的发展。

1. 机械化

机械化是农业现代化的重要基础。现代化农业的发展需要依托共性的关键科学技术，尤其是传感技术、无线传感器网络（wireless sensor networks，WSN）技术、农业云计算和农业大数据的挖掘技术等。从我国看，根据农业农村部数据，2020年小麦耕种收综合机械化率稳定在95%以上，水稻、玉米耕种收综合机械化率分别超过85%、90%，全国农作物耕种收机械化率则达到71%，我国农业机械化向着全面、全程、高质、高效发展。

2. 专业化

专业化是农业现代化的重要特征。随着农业生产规模的扩大和市场需求的多样化，农业生产逐渐形成了专业化的分工和协作。政府和社会应当鼓励高校，特别是涉农高校开办智慧农业、大数据应用等跨学科专业或研究方向，大力吸引优秀学生和具备信息技术、大数据、人工智能等"硬技能"的人才进入农业领域；积极引入虚拟现实等新兴可视化传播工具，有效调动农户学习和模仿的积极性，使农户理解和接受。

3. 社会化

社会化是农业现代化的必然趋势。随着农业生产的规模化、集约化和社会化服务体系的完善，农业生产不再局限于家庭或小规模的农场，而是形成了社会化的生产和服务体系，提高了农业生产的组织化程度和市场竞争力，促进了农业科研机构的相互合作和交流，使农业科研项目井然有序地进行，减少重复研究，强化集成创新，并统筹兼顾现代农业发展所需的各项高科技。

在农业现代化的推进过程中，还需要注重农业科技创新、农业产业化、农业可持续发展等方面。农业科技创新是推动农业现代化的核心动力，提高农业生产的科技含量和附加值。农业产业化则是实现农业生产规模化、集约化和标准化的重要途径，提高农业的整体效益和市场竞争力。农业可持续发展则是确保农业现代化可持续发展的重要保障。现代农业越来越注重市场需求，通过市场导向的生产和商业化经营，使农产品更好地适应市场需求，提高农民收入。

二、中国特色农业现代化

我国农业现代化吸收借鉴其他国家农业现代化发展中的经验教训，立足我国国情不断推进，具有鲜明的中国特色。其中比较突出的有以下几个方面：

1. 依托双层经营体制发展农业

我国小农数量众多。立足这一基本农情，我国坚持和完善以家庭承包经营为基础、统分结合的双层经营体制，同时积极培育新型农业经营主体，积极推进土地经营权流转，因地制宜发展多种形式的规模经营，形成具有中国特色的农业适度规模经营。

双层经营体制将家庭经营与集体经营有机结合，家庭经营能够激发农民的生产积极性和创造性，从而提高农业生产效率。同时，双层经营体制下的集体经营层次可以发挥统一规划、统一组织、统一管理的优势，对农业生产资源进行优化配置。通过集体经营层次的统一管理和规划，可以实现农业生产的高效、优质、低耗和可持续发展。

2. 建设宜居宜业和美乡村

坚持绿色是农业的底色、生态是农业的底盘，做到资源节约、环境友好，守住绿水青山。政策支持在绿色农业发展中起着至关重要的作用。地方政府通过提供财政补贴、税收优惠和贷款支持等政策措施为农业资金投入和技术知识产权保驾护航，维护智慧农业参与主体的权益。同时各级财政部门每年调拨一定的资金，建立重大工程专项，作为农业信息化发展的引导资金，重点用于示范性项目建设。通过奖励创新成果等方式，激励农业科技创新，有助于推动绿色农业技术的研发和应用。

3. 推动乡村物质文明和精神文明协调发展

推进农业农村现代化，就是要使农业农村发展起来，生态、乡风、治理等方面同步提升。农业现代化和农村现代化是相辅相成的，二者要一体设计、一并推进。大力弘扬社会主义核心价值观，深入挖掘优秀传统农耕文化蕴含的思想观念、人文精神、道德规范，培育挖掘乡土文化人才，弘扬主旋律和社会正气，提高乡村社会文明程度，推进乡村治理能力和水平现代化、让农村既充满活力又和谐有序。

这些方面的政策和举措，使得中国的农业现代化具有与众不同的特色，不断推动着中国农业向高质量、可持续发展的方向迈进。

案例分享

"县域工厂化"的古田食用菌

20世纪80年代中期以来，古田县相继被授予"中国食用菌之都""中国银耳之乡""全国食用菌行业先进县""全国食用菌产业化建设示范县"等称号，成功创建国家级食用菌产品出口质量安全示范区、国家级现代食用菌产业园。多年来历届县委、县政府始终牢记嘱托，坚持以"弱鸟先飞，滴水穿石，久久为功"的"闽东精神"为指引，逐步探索形成了食用菌生产"县域工厂化"古田模式。

古田县按照标准化、集约化、专业化的现代化农业生产要求，积极推进"县域工厂化"生产。政府出资建设食用菌产业园标准化厂房，推动菌包专业化、机械化生产，将菌包生产、产品初加工（烘干）环节进行集中专业化生产。目前，全县食用菌设备生产企业共10余家，2020年产值约1亿元。特别是近年来自主研发的银耳装袋打孔贴胶带一体机、自动微电脑高压灭菌设备等科研成果获国家发明专利授权。

通过与福建农林大学共建福建农林大学（古田）菌业研究院、与国家菌草工程技术研究中心签约建立"国家菌草工程研究中心示范推广基地"(图3-9),将高校科研平台直接建到古田,充分借助高校雄厚、先进的科研能力,在新品种引进、培育、驯化等方面取得突破性进展。

在推进食用菌产业发展过程中,古田县不断创新组织形式、经营方式,完善政策支持体系。激活新型经营主体。食用菌产业带动了全县共有833家农民专业合作社、111个家庭农场、28家市级以上农业龙头企业。通过建设食用菌原辅料市场,强化棉籽壳、麦皮等原辅料产品质量监管,推动菌棒专业化生产,建设银耳菌棒供应中心(图3-10),推行专业化菌棒养菌销售新模式,不断完善食用菌社会化服务体系配套建设。

图3-9 福建农林大学(古田)菌业研究院

图3-10 菌棒养菌供应中心

第四节 国家级现代农业产业园现状

目前,我国为推动农业现代化,农业农村部、财政部贯彻落实中共中央、国务院关于建设现代农业产业园、培育农业农村发展新动能的决策部署,按照"一年有起色、两年见成效、四年成体系"的总体安排和"先创后认、边创边认、以创为主"的工作要求,启动并批准创建国家现代农业产业园。

一、国家现代农业产业园发展现状

自2017年以来,农业农村部、财政部大力推进现代农业产业园建设,现已支持创建了151个全产业链发展、现代要素集聚的国家现代农业产业园。已经获批创建的产业园,依据其规划面积大小及园区农业人口数量等情况,可相应得到中央和地方财政资金支持与政策扶持,从而支持园区的建设与发展,经过2~3年的创建,通过验收评审挂牌后,国家再通过拨付专项款等途径支持产业园发展。国家现代农业产业园充分发挥其主体集中、要素集约的平台载体作用,平均年产值达75亿元,同时带动各地创建了3189个省、市、县产业园,聚集省级以上农业产业化龙头企业900余家,年纳税总额近200亿元,园内农民人均可支配收入达到2.1万元,高于全国平均水平31%。

可见,我国现代农业产业园发展迅猛且已具备发展农业产业集聚的基础,通过产业园建设,不仅拓展了主导产业价值链,壮大了县域经济,还不断推动人才、土地、资本、科技等现代要素向产业园聚集,引导先进生产力进入园区,形成上下游紧密协作的集聚状态,成为区域经济发展的新动能、新引擎。

二、国家现代农业产业园发展特点

截至目前，各地获批的国家现代农业产业园建设运行情况总体良好稳定，各个园区不断探索出适合自身优势的发展模式。总体来看，主要是政府、要素、体制机制等3个方面的参与和推动与助力。

1. 政府引导，发展优势特色产业

针对国家现代农业产业园的发展需求，各地方政府出台一系列政策给予支持和推动。地方资金配套中央财政农业生产发展（国家现代农业产业园）补助资金双管齐下。地方政府根据实际情况，组建成立现代农业产业园管理委员会，对园区进行行政管理，实行统一规划、统一组织管理，园区管委会由各地农业农村局牵头，由多个相关部门和基层乡镇政府构成，对国家现代农业产业园的建设发展进行统一管理。

2. 强化科技创新，为农业现代化赋能

科技是第一生产力，现代农业的发展必然以科技要素作为首要支撑，各地产业园明确按照"依托大企业、依靠大科技、推进大融合、做好大服务、做强大品牌、打造大产业"的思路，安排一定比例的财政资金用于科技研发，促进农科教、产学研大联合大协作。

首先，吸引高校、科研院所建立农业试验基地，实现研究与生产结合，并且与相关机构和专家签订科研合作协议，参与农特产品科技研发。在实践过程中，各地相继建立"产学研"基地，研发新型畅销品种，探索农产品深加工方式。其次，加大力度进行各类人才引进，从农业生产经营管理，到现代市场营销，再到科技研发和组织管理等方面人才齐聚一堂。

3. 坚持联农惠农，提高农业综合效益

产业园通过产业化联合体、"龙头企业+村委（集体经济）+基地"财政资金入股分红、兜底贷款联合经营、订单农业、保底收购、土地流转、农旅融合带动等模式，增强农户分享二、三产业增值收益能力。

首先，通过农户、投资人和园区三方的共同努力，让农民与投资人共同合作，成立合作社，农民把自己的土地流转给合作社，获得流转费用，再以劳动力形式入股合作社，农民与投资人根据流转协议确定所得收益。土地资源的高效流转，解决了园区发展的根本问题，也解决了农民就业问题。其次，通过走金融创新之路，获取金融机构的支持。地方政府对一、二、三产业融合发展资金瓶颈问题都比较重视，借助基层政府融资平台，与金融机构建立长期合作投融资机制，帮助农户、合作社和农业企业融资贷款，吸引社会闲置资本向园区集中。

三、国家现代农业产业园发展问题

国家现代农业产业园的发展，得益于国家、省和市三方的共同支持，不断突破现有条件束缚，创新体制机制，为园区发展提供动力。然而，在国家现代农业产业园建设运行过程中，各地园区的发展也存在各种问题，这既是挑战，也是机遇，因为它必然带来更大的园区提升空间。

1. 科技创新能力有待加强

一是科技运用水平有待提高。在大数据与农业深度融合上有待提升，食品安全可追溯系统对农产品种植、生产、加工、储存、运输、市场销售等环节的跟踪不够全面，大数据物联网质量安全追溯覆盖面积有待提高。二是科技人才短缺。现代农业对科技人才需求大、要求高，园区虽与科研院所高校开展合作，能得到相应技术指导，但就长远发展看，自主研发能力还处于较低水平。就园区与专门农业院校进行合作协议签订，多发展为试验基地、实习基地，真正留下来服务园区的专业人才很少。

2. 基础设施建设亟须完善

各地的园区在近几年发展中，基础设施建设不断加强，但在某些方面还需进一步完善，例如，防雹设备和增雨设备的建设仍然存在不足。农业生产容易受到气候的影响，进而带来不可预料的后果。此外，在一些园区建设发展过程中，在推进农旅融合的工作中，虽然做了规划，投入开发了农旅产品，但是与旅游结合的基础设施建设仍然存在不足，例如景观大道、休闲娱乐、采摘道路、游客服务中心等相应基础设施都亟须发展建设。

3. 品牌塑造战略有待提高

在产业园创建初期，财政资金可以启动园区各项建设工程，但仅依靠财政资金不足以支持园区的基础设施、科技研发、品牌建设等各个方面，不能够支撑园区的可持续发展。园区的社会资本投入不足，金融支持园区发展的有效机制尚未形成，导致园区融资难。很多园区的主导农产品都具有较高的品质，是地区乃至国家层面上的好产品，但却在知名度和美誉度等方面存在营销短板，形成了产品只能在省内销售，甚至是畅销，走到省外就无法销售的局面。

4. 产业园监测数据统计制度不完善

国家产业园监测评价体系提出了关于产业园基础情况、产业发展、技术装备等6项大类51个指标要求，这些指标与认定绩效评价指标紧密关联，数据量大，并且部分指标没有现成的统计口径，许多产业园在建设过程中未建立起完善的数据统计制度，不注重数据的采集渠道和统一的统计口径，导致填报数据反复修改，数据前后逻辑矛盾。

四、国家现代农业产业园建设的路径探索

经过近几年的发展实践和探索，在国家现代农业产业园建设过程中积累了经验，也梳理了发展瓶颈，逐渐探索出适合现代农业产业发展规律的模式。

1. 强化科技创新，为农业现代化赋能

首先，引进国内外前沿科技成果，加快园区先进科技应用。围绕主导产业中种植、加工、流通等环节，引进先进设备和技术。其次，鼓励科研人员研发，提高自主创新能力。继续加强与科研单位及高校合作，聘请专家不定期为产业园农业生产进行技术指导。再次，强化人才保障措施。现代农业产业园的发展离不开人才，需要通过各方努力共同完善人才培引机制，真正为园区发展留住人才。

2. 加强基础设施建设，提高防灾减灾能力

国家现代农业产业园的建设运行有其自身特定的规律，各个地方有其自身发展的优势和基础条件，注重园区生产性和生活性基础设施的完善，促进一、二、三产业融合发展以及农产品加工升级，实现农业生产现代化和农村农民生活现代化，实事求是、因地制宜地发展园区建设，在共性中实现自身个性发展，突破发展模式约束，改革创新，不断探索实践，为农村经济高质量发展奠定基础。

3. 打造影响力品牌，实现品牌强农

国家产业园通过挖掘文化品牌价值、加强产业标准制定与质量安全管理、扩大品牌营销等，扶持壮大区域公用品牌。从思想解放、思维方式转变开始，到生活习惯和生产方式的改变，从单一产业向与二、三产业融合，寻求农村和农业更大发展空间。在实践中探索，在探索中实践，走出一条切合产业园实际的农民持续增收之路。综上所述，在国家现代农业产业园建设过程中，要围绕主导产业提质增效，同时提升主打品牌知名度。

4. 建立完善的产业园监测数据统计制度

产业园创建过程中，须根据产业园创建方案目标，明确产业园监测数据与绩效评价指标数据基期值和目标值，加强各部门协调配合，建立起完善的国家产业园监测数据统计制度。准确理解指标内涵，明确数据采集渠道，注重数据之间的关联与前后逻辑，科学采集和填报监测数据，对数据佐证材料进行归档保存，为产业园认定提供坚实数据支撑。

本章小结

本章介绍了农业的分类、功能和作用，以及农业在社会、经济、生态、科技发展等方面的重要性，需要围绕农业的发展历程，充分了解并掌握原始农业、传统农业、现代农业以及农业 1.0 到农业 4.0 时代的特征和区别，结合案例思考未来农业的发展趋势，主动了解党和国家相关政策意见，了解现代农业创业的趋势和现代农业创业的特殊性，积极围绕乡村振兴战略投身农业发展建设。

思考题

1. 在农业漫长的发展过程中，哪些科学技术为农业带来了巨大的影响？
2. 如何打造出色的农业品牌？
3. 分析福建省农业资源特点及所面临的困境，谈谈可发展的新农村主导产业。

第四章
创业机会把握与创业风险评估

学习目标

1. 掌握创业机会的内涵和类型。
2. 掌握创业风险的概念及特征。
3. 掌握大学生创业失败的主要类型。

学习重点与难点

1. 重点是理解把握新形势下的创业机会。
2. 难点是创业风险评估中的识别和预测潜在的风险。

导入案例

创业机会案例众多，涵盖了不同行业和领域。王明经营鲜奶吧5年，店铺位于社区中心地带，主打巴氏鲜奶、手工酸奶、水果捞、酸奶马卡龙等。他经营的鲜奶吧的健康理念：随着消费者对健康饮食的重视，鲜奶吧提供的健康饮品满足市场需求。他对店铺位置：选择社区中心作为店铺位置，便于吸引周边居民，形成稳定的客户群体。他对产品创新：不断推出新品，如酸奶马卡龙等，吸引年轻消费者。然而，创业过程中也会遇到各种风险，产生一定影响。在共享经济、P2P平台、无人便利店等投资热点兴起时，一些投资者盲目跟风，未进行充分的市场分析和风险评估，导致投资失败。例如，一些P2P平台在监管加强和风险控制不力的情况下出现违约和倒闭事件，投资者损失惨重。

思考与讨论

1. 王明经营鲜奶吧的成功经验是什么？
2. 如何应对创业过程中出现的风险和挑战？

第一节　新形势下创业机会把握

一、创业机会内涵与类型

1. 认识创业机会

创业过程的驱动力是创业机会，而创业机会则是创业过程的起点和核心。创业机会指的是存在于市场交易中、能够满足市场需求并为创业者带来盈利可能性的商机。它具有吸引力、持久性和适时性，能够为购买者或使用者创造或增加价值的产品或服务。创业机会不同于有利可图的商业机会，它代表着未明确的市场需求或未充分利用的资源或能力，具有创新和效率提升的潜力，有望创造超额经济利润或价值。

在创业过程中，无需刻意区分创业机会和商业机会，也并非只有抓住创业机会才能进行创业。成功抓住有利可图的商业机会同样可以实现创业，并为社会创造财富。实际上，许多创业机会往往源自具有巨大价值或创造潜力的商业机会。因此，创业者应当灵活应对，既要敏锐地发现并抓住创业机会，也要善于识别和利用有利可图的商业机会。这种综合的判断和行动能力将有助于创业者在竞争激烈的市场中取得成功，并实现个人和商业价值的最大化。

2. 创业机会的内涵

创业机会的内涵指的是在市场经济中，通过发现、评估和利用新的商业概念或改进现有商业模式，创造新的商业或企业的可能性。这些机会通常源于市场的需求、技术革新政策等方面的变化。以下是对现代社会所存在的创业机会内涵的进一步探讨。

①市场需求的识别：创业机会往往源于对市场需求的敏锐观察。这可能是现有产品或服务的未满足需求，或者是新兴需求的初步迹象。

②技术创新的应用：创业者可以利用这些新技术创造新的商业模式或产品，从而在市场上获得竞争优势。技术革新不仅包括信息技术，还包括生物技术、材料科学等领域的进步。

③政策环境的变化：政府政策的调整可能会创造新的商业机会。例如，环保法规的加强可能会促使创业者开发更环保的产品或服务，贸易政策的变化也可能为进入新市场或开发新的供应链创造机会。

④社会趋势的把握：社会文化的变迁、人口结构的变化、消费者行为的演进等社会趋势，都可能孕育新的创业机会。敏感地捕捉这些趋势并据此创新，是创业成功的关键因素之一。

⑤资源整合的能力：创业机会的实现不仅仅是发现一个好主意，更重要的是要有将这个好主意转化为实际产品或服务的能力。这包括获取资金、组建团队、制定战略、建立品牌等一系列复杂的过程。

⑥风险管理与适应性：创业过程充满不确定性和风险，有效的风险管理和高度的适应性是把握创业机会的重要因素。创业者需要准备好应对市场变化、竞争对手的策略、客户需求的演变等挑战。

⑦持续学习与创新：创业环境是动态变化的，因此持续学习和不断创新是维持创业机会的关键。创业者需要不断更新知识和技能，以适应新的市场条件和技术发展。

⑧社会影响与责任：现代创业不仅仅关注经济利润，还包括对社会和环境的正面影响。可持续发展和企业社会责任已成为评估创业机会的重要因素。

创业机会的内涵是多维度的，它涉及市场洞察、技术应用、政策环境、社会趋势、资源整合、风险管理、持续学习以及社会责任等多个方面。把握创业机会需要综合运用这些知识和技能，以及勇于创新和不断适应变化的精神。

3. 创业机会的类型

创业类型多种多样，可以根据不同的角度进行分类，以下将从不同的维度对创业类型进行探讨。

①根据创业的动机和目标：社会企业创业、盈利型创业。

②根据创业的形式和特点：技术创业、传统行业创业、在线创业。

③根据创业的组织形式：个体创业、合伙创业、公司创业。

④根据创业的阶段和特征：初创型创业、成长型创业、成熟型创业。

⑤根据创业的行业领域：科技、文化创意、生活服务、可持续能源和环保技术、健身和健康科技、智能家居和物联网、在线教育和远程工作工具、文化创意产业、健康食品和饮料、社交媒体和数字营销、生活服务和便利化、金融科技、网络安全和隐私保护。

⑥根据创业的风险和回报：高风险高回报创业、低风险低回报创业。

以上是对创业类型的一般分类，实际创业活动可能会涉及多种类型的组合，取决于市场需求、技术进步、社会趋势等多方面因素。选择创业机会时，创业者应该充分了解市场需求、竞争情况和自身能力，制定合适的商业计划和发展策略，在选择创业机会之前进行充分的市场调研和商业计划分析。

二、创业机会识别

（一）创业机会的分析

在商业机会诱导型和创造性驱动型两种情况下，确定创业机会都要经过以下几个步骤：

1. 价值分析

所谓对创业机遇的商业价值进行分析，就是要对与某一特定创业机遇相对应的市场需求规模进行分析，尤其是，当这种新的创业机会出现的时候，其需求的大小和结构（即"初始规模和结构"），可能存在的顾客群、顾客群的人文特性，哪些客户是潜在的"目标客户"，哪些是潜在的"领先客户"。领先客户是创业公司今后要优先发展的对象，要利用领先客户的"示范效应"，再去发展其他的目标顾客。创业机遇往往被划分为特定的市场，在不同的领域中，机遇的商业价值也各不相同。任何一个发展中的商机，在将来都是很有商业价值的。而且，那些不断缩水的行业，无论是"相对萎缩"还是"绝对萎缩"，对创业者而言都没有太大的商机。由于整个产业都在收缩，相应的商机所对应的市场需求也就没有多少价值了。

2. 时机分析

适宜的创业机遇，必须具有持续性和前景性。对机遇的时效性进行分析，是对某一特定的创业机遇的持续性和市场需求的增长情况进行分析。创业机遇的期限是指对某一特定创业机遇的市场需求能够持续多久的问题。毫无疑问，对于一个新兴的公司来讲，市场的持续时间越长，他们就越有可能抓住这个机会。创业机遇的增长实质上是市场对某一特定创业机遇的需求增长。只有在创业者面临的市场需求，从长远来看，会不断地增长，那么，市场上就可以容纳更多的企业，因此，新创企业也就有了更大的增长空间。一般而言，创业公司选择在快速增长的"机会窗口"内将其产品或服务投放到市场，就能够迅速占领市场，并为将来的增长打下坚实的基础。

3. 匹配性分析

前述多处指出，创业机会是适当的商机、有价值的创意、可得的资源、团队的能力者的有机组合；当且仅当这四种要素处于匹配的状态时，对特定的创业团队而言，相应的创业机会才能够被称之为"创业机会"。基于此，创业机会的识别，还需要进行四类要素的匹配性分析。在这里，创业机会与创意之间的匹配是最基本的，如果这二者不匹配，此时的创业机会自然不能被视为创业机会，那其他要素之间的匹配性就无须分析了。如果创业机会与创意之间是匹配的，接下来就需要分析创业者的能力是否与创意相匹配，即创业者是否有能力实施相应的创意，以及创业者是否能掌握实施该创意所需的资源。如果能力、掌控的资源，不足以实施相应的创意，则这时的创业机会也不成立。

4. 风险收益性分析

多数机会都伴随着风险。因为有风险，也会有收益。故如前述三个环节的考察、分析，创业者都得出了"是"（即"这是个适合本团队的创业机会"）的判断，这时就需要进行机会的风险收益分析，以判断"固然是适合的创业机会，但该机会是否好到值得冒险而为"的问题。当且仅当机会的风险收益大到某种程度，诸如创业者"满意"的程度，创业者才值得放心地冒险起步、启动创业。否则，就得回到第一个环节，以寻找发现更具价值、更为恰当的创业机会。

（二）创业机会的分类

创业机会可以根据不同的分类方式进行分析，以下是一些常见的分类及分析方法。

①行业分类：根据不同的行业领域进行划分，如科技、金融、教育、医疗等。通过对行业发展趋势、竞争情况、市场规模等因素的分析，可以确定创业机会所在的行业。

②市场需求分类：根据市场对某种产品或服务的需求进行划分，如消费品、商业服务、健康与美容等。通过市场调研和需求分析，可以确定创业机会所在的市场领域。

③创新分类：根据创新程度进行划分，如技术创新、商业模式创新、产品创新等。通过对创新领域的研究和分析，可以确定创业机会的创新方向和潜力。

④地域分类：根据不同地区的市场特点和经济环境进行划分，如一、二、三线城市等。通过对地区市场的了解和分析，可以确定创业机会所在的地域范围。

⑤社会问题分类：根据解决社会问题的程度和方式进行划分，如环保、教育改革、社会公益等。通过对社会问题的研究和分析，可以确定创业机会所在的社会领域，并找到创新的解决方案。

在进行创业机会分析时，需要综合考虑以上分类因素，并结合自身的兴趣、能力和资源等进行评估。创业机会的分析还需要考虑市场规模、竞争情况、盈利模式、风险等因素，从而确定创业的可行性和潜在收益。

（三）创业的"点子"来源

许多人想要创业，都会冥思苦想到底要做什么，要销售什么样的产品，要提供什么样的服务。事实上，企业"点子"来源非常多，有的要求创业者绞尽脑汁，有的则是"从天而降"。总结一下，创业"点子"的来源有四种，企业家可以把它们作为第一次创业的参照，找到创业"点子"，发展创业项目。

①新兴发展型：新兴发展型是一种比较普遍的创业"点子"，如旁人说的"跟风"，比如当电商平台逐渐流行起来的时候，直播带货、网络销售就成了一种趋势。

②革新改进型：是以创新发明为基础，提供新产品和新服务，或者对已有产品和服务进行再设计和改进。例如，当一个新兴行业诞生的时候，就会有大量的新产品和新服务，给创业者带来大量的商机。

③研究思考型：特指创业"点子"是创业者经过系统研究、分析后所找到的一种创业机遇。比如通过解决顾客的问题获得创业"点子"。

④偶然灵感型：形容创业的"点子"往往来自机遇，比如一些好的想法。

三、创业机会评价

（一）创业机会评价的定义

创业者在对创业机会进行开发的过程中，基本上遵循着"发现—识别—评价—开发"的逻辑顺序，创业机会评价是创业机会最终明确化的核心阶段。一般来讲，创业机会评价是指依据一定的标准和方法，创业者对于在市场上发现的尚未被开发的商业机会，结合自身的能力以及所拥有的资源优势进行反复评价对比的过程，是决定创业机会是否开发的重要步骤。

（二）创业机会评价的特征

1. 价值创造性

创业机会评价是对商业概念的市场价值和风险的评估，也是对创业主体所处的创业环境的评估。创业主体通过对商业概念的持续评估，直到商业概念成为可以开发的成熟的商业模式。因此，创业机会评价是对商业概念的筛选和完善，直到其发展成为能够满足顾客需求的、能够创造价值的产品或服务，或者选择放弃。

2. 整体性

创业机会不是独立存在的，创业机会评价不应该仅局限于创业机会本身的评价，应该从系统的角度或思维来思考评价的问题，综合考虑市场、行业、经济、环境、政治、社会等各方面要素，来选取评价指标。

3. 动态性

创业机会评价是一个持续的过程，是一个从商业概念的产生、筛选、完善，到商业模式（或商业计划）的形成过程。创业机会评价是一个动态的过程，贯穿于商业概念到商业模式的每一个步骤。创业机会评价的动态性也是一个对商业概念不断完善过程的体现，创业机评价的动态性反映了创业环境和创业团队的动态性，这种动态性是社会与经济需求变化的必然结果。

（三）创业机会评价的目标

1. 认识商业概念的价值

创业机会评价无论是对创业主体还是对风险投资商而言，都是一个挖掘商业概念价值的过程。一个商业概念是否能够成为一个可以开发的商业模式，其根本标准是商业概念本身是否能够给顾客带来持续的商业价值。创业机会评价就是从财务、顾客、内部因素和创新成长四个方面来对商业概念进行评估，目的是挖掘其潜在的商业价值。

2. 减少创业风险

风险与价值是同时存在的，创业被理解为在不拘泥于当前资源条件的限制下对机会的捕捉与利用，对于创业主体，创业资源往往是紧缺的，创业环境往往是不确定的。因此，如何规避创业风险是创业主体所关注的首要问题。创业机会评价就是对商业概念的价值和风险进行全面的评估，从而最大程度上规避风险，创造价值，提升创业成功率。

3. 吸引风险投资

对于创业主体而言，创业资金通常是紧缺的，吸收风险投资能够促进创业机会的开发，而风险投资商需要对创业者提供的商业概念到商业模式进行科学的评估，这种评估甚至很苛刻。基于这种考虑，将风险投资商的评价和创业主体的评价结合起来考虑，既能作为创业主体评价商业概念的标准，又能为风险投资商进行风险投资评价提供一定的借鉴，为吸收风险投资基金打下基础。

4. 规划新创企业战略

创业机会评价从财务、顾客、内部因素和创新成长 4 个方面展开，涉及风险、市场、财务、团队、战略等各个方面的因素。而这些因素恰恰是一个新创企业需要考虑的因素，因此，一旦商业概念通过评价被发展为成熟的商业模式，一个新创企业的规划与战略也就很清晰了，新创企业所面临的顾客与市场，新创企业的预期回报和风险规避，新创企业的团队管理等都通过创业机会的评价得到清晰的体现。

（四）创业机会评价指标与方法简介

1. 蒂蒙斯（Timmons）的创业机会评价指标

蒂蒙斯是创业领域的知名学者之一，他提出了一个创业机会评价指标体系，用于评估潜在的创业机会是否具有吸引力和可行性。他在 *New Venture Creation*：*Entrepreneurship for the 21th Century* 提出了 8 个一级指标、55 个二级指标的评价指标体系，涵括了其他理论所涉及的指标体系，是最全面的创业机会评价的指标体系，可以作为创业机会评价指标库。这八大类包括：行业和市场、经济性、收获、竞争优势、管理团队、致命缺陷问题、个人标准、战略差异等。对每个指标的吸引力分为最高潜力和最低潜力，并对最高潜力和最低潜力进行描述。

（1）企业所面临的经济因素　Timmons 模型从以下几个方面进行考察：创业企业达到盈亏平衡点的时间、企业的投资回报率、项目的融资能力、年销售额的增长率、良好的现金流能力、企业的毛利润等。

（2）企业的收获条件　包括项目附加值的战略意义和企业现有的或可预料附加值的战略意义和企业现有的或可预料的退出方式。

（3）企业的竞争优势　包括成本优势、专利权的优势、关系网络和杰出的管理团队。

（4）创业企业的管理团队指标　包括创业团队是一些优秀管理者的组合，管理者的行业和技术经验达到了行业内的最高水平，管理者的正直、廉洁程度达到了很高的水平，创业团队知道还缺少哪方面的知识和经验。

（5）创业企业不存在任何致命缺陷。

（6）创业者的个人标准要求　个人目标同创业活动相符合，可以承担一定的风险，面对压力仍然保持良好的管理状态等。

（7）创业企业理想与现实的战略性差异　所创办的企业适应时代潮流，采用的技术具备突破性，时刻寻找新的机会，定价与市场领先者几乎持平，能够允许失败，在客户服务管理方面有很好的服务理念，企业具备灵活的适应能力。

（8）创业企业行业与市场表现评价指标　不同角度的评价指标如下。

①竞争者角度：行业是新兴行业，竞争不完善；竞争者生产能力几乎饱和；在5年内能占据市场领导地位；具有技术优势，成本优势或者销售网络优势。

②供应商角度：同竞争者比，拥有低成本供应商；供应商的议价能力强。

③产品角度：产品的利润空间高；产品的不可替代性高，市场影响力大；产品的生命周期长；产品的技术要求高，进入门槛严格。

④消费者角度：市场是否容易识别；顾客对企业提供的服务的满意度是否高；市场规模大小；市场成长率在30%或者更高。

2. 创业机会的评价方法

创业机会评价常用的方法有史蒂文森法、隆杰内克法、巴蒂选择因素法、标准打分矩阵法、普坦辛米特法等。

（1）史蒂文森法　霍华德·史蒂文森（Howard Stevenson）认为可以从以下几个方面来评价创业机会：第一，机会的大小，存在的时间跨度以及成长性；第二，潜在的利润是否可以用来弥补资本、时间和机会成本的投入，并获得令人满意的收益；第三，机会是否开辟了额外的扩张、多样化或综合的商业机会选择；第四，在可能的障碍面前，收益是否会持久；第五，产品或服务是否真正满足了真实的需求。

（2）隆杰内克法　隆杰内克（Longenecker）认为，以下5个方面对于一个创业机会的评价至关重要：第一，对产品有明确界定的市场需求，推出的时机也是恰当的；第二，投资的项目必须能够维持持久的竞争优势；第三，投资必须具有一定程度的高回报，从而允许一些投资中的失误；第四，创业者和机会之间必须互相合适；第五，机会中不存在致命的缺陷。

（3）巴蒂选择因素法　巴蒂（Baty）选择了11个对创业机会有重要影响的因素，让使用者据此对发现的创业机会进行评价，如果某个创业机会只符合其中的6个或更少的因素，则这个机会很可能不可取；相反，如果某个创业机会符合其中的7个或以上的因素，则该创业机会将会大有希望获得成功。

（4）标准打分矩阵法　该方法选择对创业机会成功的重要影响因素，经由专家打分，据以对不同的创业机会进行比较。每一个因素由专家根据其重要性程度给出1~3分的分值，

1 为一般，2 为好，3 为很好。

（5）普坦辛米特法　普坦辛米特法（Potentionmeter）是一种让创业者填写针对不同因素的不同情况，预先设定好权值的选项式问卷方法。对于每个因素，不同选项的得分可以从 −2 分到 +2 分，通过对所有因素得分的加总得到最后的总分，总分越高说明特定创业机会成功的潜力越高。只有那些最后得分高于 15 分的创业机会才值得创业者进行下一步的策划，低于 15 分的都应被淘汰。

案例分享

朴朴超市是中国的一家新零售企业，成立于 2016 年。其创立背景源自中国新零售市场的迅速崛起和消费者对便捷、高效购物体验的迫切需求。朴朴超市致力于运用科技手段改造传统零售业态，以提供更便捷、高效的购物体验。

初创时，朴朴超市的创业机会主要体现在以下几个方面：

首先，其新零售模式充分结合线上线下优势，利用科技手段为消费者提供更便捷、高效的购物体验，满足其对便利性和效率的需求。

其次，朴朴超市着力建立智能供应链系统，通过数据分析和科技手段优化库存管理和物流配送，从而降低成本并提高效率。

此外，针对消费者对品质、健康的需求，朴朴超市提供了一系列高品质、有机、进口食品，满足了消费升级的趋势。

朴朴超市还致力于打造社区化的便利店，为周边居民提供便捷的购物服务，满足其日常生活所需。通过创新的科技应用，如智能购物车、无人商店等，朴朴超市为消费者带来全新的购物体验。朴朴超市的创业机会在于对新零售的理解和创新，以及对消费者需求的准确把握。他们利用科技手段改造传统零售业态，提供更加便捷、高效的购物体验，从而获得了市场的认可和发展空间。

朴朴超市由陈兴文创立，以新零售模式和科技手段为核心，致力于提供更便捷、高效的购物体验。其以社区为中心的布局，为周边居民提供生鲜食品、日用品和其他商品。顾客可以通过手机 App 选购商品，由朴朴超市提供的配送服务送货上门，也可以选择到店自提。朴朴超市还采用了自动化技术和智能化管理，以提高运营效率。除了线下门店，朴朴超市还拥有线上平台，通过电商渠道为更广泛的消费者提供服务。该公司还注重社会责任，致力于减少食品浪费，推动绿色环保。朴朴超市的发展代表了中国新零售行业的发展趋势，即线上线下融合、技术驱动和服务社区。

朴朴配送是朴朴超市的子公司，专注于提供配送服务，为顾客提供快捷、高效的送货体验。顾客可以通过朴朴超市的手机 App 或网站下单购买商品，然后选择配送服务。朴朴超市会安排配送员将商品送达顾客指定的地址。配送服务的便利性使得顾客可以更加灵活地购物，无需亲自前往超市，而是通过在线渠道选购所需商品，然后等待 30min 内商品送达。朴朴配送的目标是为顾客节省时间，提供更便捷的购物体验。

第二节 创业风险客观评估

一、创业风险概述与特征

(一)创业风险的概述

创业风险指的是在创业过程中可能遇到和存在的风险,即由于创业环境的不确定性、创业机会的复杂性,创业者、创业团队与创业投资者的能力与实力的有限性,导致创业活动偏离预期目标的可能性及后果。创业是不可能没有风险的,特别是大学生在资源和经验欠缺的情况下,创业过程中遭遇风险几乎是不可避免的。创业一般与创业过程中的缺口有关。创业过程中,常见的缺口有以下 5 个。

1. 融资缺口

融资缺口存在于学术支持和商业支持之间,是研究基金和投资基金之间存在的断层。其中,研究基金通常来自个人、政府机构或公司研究机构,它既支持概念的创建,还支持概念可行性的最初证实;投资基金则将概念转化为有市场的产品原型(这种产品原型有令人满意的性能,对其生产成本有足够的了解并且能够识别其是否有足够的市场)。创业者可以证明其构想的可行性,但往往没有足够的资金实现商品化,从而给创业带来一定的风险。通常,只有极少数基金愿意鼓励创业者跨越这个缺口,例如,富有的个人专门进行早期项目的风险投资,以及政府资助计划等。

2. 研究缺口

研究缺口主要存在于仅凭个人兴趣所做的研究判断和基于市场潜力的商业判断之间。当一个创业者最初证明一个特定的科学突破或技术突破可能成为商业产品基础时,他仅仅停留在自己满意的论证程度上。然而,这种程度的论证后来不可行了,在将预想的产品真正转化为商业化产品(大量生产的产品)的过程中,即具备有效的性能、低廉的成本和高质量的产品,在能从市场竞争中生存下来的过程中,需要大量复杂且可能耗资巨大的研究工作(有时需要几年时间),从而形成创业风险。

3. 信息和信任缺口

信息和信任缺口存在于技术专家和管理者(投资者)之间。在创业中,存在两种不同类型的人:一是技术专家,二是管理者(投资者)。这两种人接受不同的教育,对创业有不同的预期、信息来源和表达方式。技术专家知道哪些内容在科学上是有趣的,哪些内容在技术层上是可行的,哪些内容根本就是无法实现的。在失败类案例中,技术专家要承担的风险一般表现在学术上、声誉上受到影响,以及没有金钱上的回报。管理者(投资者)通常比较了解将新产品引进市场的程序,但当涉及具体项目的技术部分时,他们不得不相信技术专家,可以说管理者(投资者)是在拿别人的钱冒险。如果技术专家和管理者(投资者)不能充分信任对方,或者不能够进行有效的交流,那么这一缺口将会变得更深,带来更大的风险。

4. 资源缺口

资源与创业者之间的关系就如颜料和画笔与艺术家之间的关系。没有了颜料和画笔,艺术家即使有了构思也无从实现。创业也是如此。没有所需的资源，创业者将一筹莫展，创业无从展开。在大多数情况下，创业者不一定也不可能拥有所需的全部资源，这就形成了资源缺口。如果创业者没有能力弥补相应的资源缺口，要么创业无法起步，要么在创业中受制于人。

5. 管理缺口

管理缺口是指创业者并不一定是出色的企业家，不一定具备出色的管理才能。进行创业活动主要有两种：一是创业者利用某一新技术进行创业，他可能是技术方面的专业人才，但却不一定具备专业的管理才能，从而形成管理缺口；二是创业者往往有某种"奇思妙想"，可能是新的商业"点子"，但在战略规划上不具备出色的才能，或不擅长管理具体的事务，从而形成管理缺口。

（二）创业风险的特征

1. 不确定性

创业活动涉及的因素众多，包括技术、市场、组织管理、政策法规等，这些因素都可能发生变化，导致创业结果的不确定性。如产品在创业初期是"热门"的，但研发生产出来后，可能由于市面上大量同类产品的出现，产品失去了市场竞争力。

2. 客观存在性

创新风险是客观存在的，不受人的意志影响。人们可以通过采取有效的措施来降低风险发生的概率和影响程度，但无法完全消除风险。客观性要求人们正视创业风险，并积极对待创业风险。

3. 相关性

相关性是指投资者面临的风险与其投资行为及决策是紧密相连的。同一风险事件对不同的投资者会产生不同的风险，同一投资者由于其决策或采用的策略不同，会面临不同的风险结果。如技术型的创业者进行技术改良型的创业可能为低风险，而对于管理型的创业者，进行技术改良型的创业则可能为高风险。

4. 可变性

创业风险是不断变化的，因为市场环境、竞争格局、消费者需求等因素都在不断变化，创业者需要不断调整经营策略和方法来适应市场的变化。

5. 双重性

创新风险具有双重性，即风险既是机遇也是挑战。在创新过程中，如果能够有效地管理和控制风险，就可能获得意想不到的收益。

6. 可识别性

创业风险是可以被识别和划分的。可识别性这一特征可以帮助创业者更好地识别风险，进而规避风险。

二、创业风险评估

（一）创业风险评估的概念

创业风险的评估是对创业项目中可能发生的各种风险进行系统、科学地分析、识别和评估的过程，其目的是通过对风险的预估和评估，为创业者提供决策依据和制定风险控制策略，以降低创业失败的概率。

（二）创业风险评估的内容

1. 市场风险评估

主要评估市场竞争、消费者需求变化、经济周期波动等市场风险。这需要创业者深入市场调研，分析行业趋势和竞争对手情况，以确定自己的产品或服务在市场中的定位和优势。

2. 财务风险评估

针对资金流动不畅或财务管理不当而引起的风险。创业者需制订详细的财务计划，对公司的收入、支出、现金流等进行预测和管理，避免资金问题导致创业失败。

3. 运营风险评估

运营风险可能来自内部管理不善或外部因素干扰。创业者需要建立完善的管理制度和运营计划，确保公司各项业务能顺利开展，同时要对公司的运营管理进行全面分析和评估，及时发现和解决问题。

4. 法律风险评估

涉及违反法律法规或合同管理不当而引起的风险。创业者需了解相关法律法规和合同条款，避免违法行为或合同纠纷导致损失。对公司的合同、协议等法律文件进行审查和评估，确保公司合法经营。

5. 技术风险评估

主要针对技术缺陷或更新换代而引起的风险。创业者需关注技术发展趋势和竞争对手情况，及时更新自己的技术或产品，保持竞争优势。对公司的技术进行全面地分析和评估，了解技术的优缺点和未来发展趋势。

三、创业风险类型与防范

（一）大学生创业的主要风险类别

1. 创业者自带风险

（1）社会经验不足　即使大学生拥有较强的知识面以及一定的理论基础和技能，但是一直处在大学校园，对社会的相关环境缺乏系统的认识和该有的历练，当遇到一些困难或者一些比较棘手的问题时可能会经受不住压力或者显得力不从心。并且大学生人脉资源的缺乏也会让他们走很多的弯路，没有他人的引导与帮助，会让他们盲目选择，不了解项目市场发展趋势和项目在市场中的优势，使得创业前期陷入困境。

（2）自我意识及能力不足　自我意识是指对自己具有深刻的了解，并根据自己的能力做出适合自己发展的事情。创业能力的分类很多，包括沟通能力、识别机会能力、资源整合能力、销售能力以及领导力等。创业者能力对创业的成功十分重要。在创业过程中，除了创业者已经具备的能力，还需要不断提高其他各方面的能力。任何一种创业能力的缺失，都有可能导致创业失败。

（3）自身创业素质不足　虽然创业可以带来更多的可能性，但不是任何人都适合创业，创业家自身素质能力对创业起着至关重要的作用。很多大学生没有对自身的创业素质进行分析，没有弄明白自身是否适合创业，仓促地投入创业活动，结果出现很多问题无法解决，造成创业风险甚至失败。

2. 创业团队风险

创业团队的组成、合作关系、管理能力等对企业的成功与否有着重要影响。团队成员之间的分歧、互补性不足、领导能力不强等问题可能导致团队的分裂或决策不力。真正的团队首先要具有"内在的工作热情"，这很大程度上来自对利益关系的认同，而利益关系的认同必须在明确团队目标之后。明确股权分配制度，明确每个成员的权利与义务，减少不利于企业团结和发展事件的发生。

3. 创业市场风险

市场风险是指产品批量生产出来或服务能力形成后，由于不能打开市场，产品或服务销售不出或销售不畅而导致企业经营困难或失败的可能性。创业需要精准分析市场未来的发展方向，不能盲目。绝大多数大学生对市场风险的认知相对缺失，缺乏对市场发展动向的掌握。市场的运行和运转有自己的一套规则，需要的不只是创意与设想，更需要对市场需求与供给的深度剖析。

4. 创业项目选择风险

由于创业项目自身的独特性，创业项目在落地之前对于市场上的需求量的预测具有很大的未知性，再加上新产品投放市场之后，到底要经过多长时间才能被消费者所接受和项目产品的市场战略也具有不确定性。而对创业者来讲，创业项目选择是最为关键的一环，项目选择好坏对以后的创业是否成功影响深远。但是项目选择一定是要有较好的市场需求前景的产品或服务，或是对旧有的商业模式进行创新，以期获得盈利能力。不少大学生选择项目时没有切合市场需求，没有进行可行性分析，就仓促选择项目开始，这对以后的创业埋下了隐患。

5. 财务风险

企业的财务风险一般在融资、投资、资金回收、收益分配4个方面有所表现，大学生创业企业也不例外。

（1）融资风险　融资风险指企业参与融资活动而带来的不确定性。融资即企业通过各种形式向金融机构或者金融中介机构进行资金筹集的业务活动，其主要由贷款和租赁两种方式组成。由于创立企业和发展企业都离不开资金的支持，因此企业和创业者对资金的运用就更为重要。而学生初始资金主要来源于父母、家庭成员的资助、亲戚的借款和个人平时积蓄。鉴于大学生创业很难一次性成功，创业企业财务风险很大程度上会引起创业个人及其家庭的财务风险，甚至会影响到正常生活。

（2）投资风险　企业的投资具有投资金额大、投资周期长、初期变现能力差、缺乏各种资源配置、管理水平低、投资风险大等特点。企业在投资过程中由于存在一些不确定性而给财务管理带来风险性，投资项目不能达到预期收益，从而影响新创企业盈利水平和资金回收风险。

（3）资金回收风险　应收账款是资金回收风险的重要方面，在现实生活中，因为大学生缺乏社会经验，识人能力差，被恶意拖欠货款或者赖账，容易导致企业资金链断裂，限制企业下一步的成长。同时，创业初期市场推广缓慢，订单比较少，有些大学生创业者会轻易降低产品或服务定价，该举动会增大资金回收风险，不利于企业长远发展。

（4）收益分配风险　大学生一般都是通过合伙方式进行创业，每个成员都会参与到企业的创立当中，合伙人一定对公司有着共同愿景与目标规划。在利益的分配过程中，约定清楚双方的工资标准，以及双方是否设定奖金及其他标准，双方还要约定清楚财务相关制度，建立按照贡献的动态分配原则。

（5）资金运用缺乏规划　资金使用随意性较强、管理比较分散，缺乏科学合理的资金使用规划是资金利用低效甚至无效的主要原因。企业在生产经营过程中，对于急需资金哪些是必须保证供应的，哪些是近期将要发生的，哪些是将来必须发生的，没有统一的计划，往往随意性较强，资金并没有用在真正需要的地方，一旦在需要资金时，由于资金短缺影响企业的生产经营给企业带来损失。很多大学生创业缺乏基本资金规划，对支出和收入没有清楚的认知，使资金运用过程中出现资金链断裂问题，加上融资艰难，很快就会资金告罄，影响企业的长远发展。

6. 法律风险

大学生创业者事先不熟悉有关法律法规，没有咨询相关专业人士，没有了解不同组织形式的设立程序、税收政策、承担债务方式等，没有合理合规选择适合自身创业需要的组织形式，在后面创业过程中可能因这些问题引发法律风险。再加之创业法律教育与创业需求不太配套，创业的政策、法律支持力度不够等各方面因素，导致大学生创业活动从组织筹建到组织运营再到创业失败都面临着法律风险的威胁。

（二）大学生创业风险防范机制

1. 提高自身的创业素质和能力

大学生要想创业成功，必须具备一定的创业素质和创业能力。创业者一般需要性格外向型，有创业的激情，有一定的商业头脑，有比较强烈的财富欲望等。创业者需要提高自身的创新、筹划、组织管理、营销策划及沟通协调能力等，有效管理创业组织、促进技术转化、制造产品和服务、售出产品、收回货款等，保证创业组织正常运营，获得盈利能力，创业组织才能先生存而后发展。

2. 加强学生实践技能训练

应该注重创业教育课程的有效开发，培养大学生的创业实践能力，促进大学生未来良好发展。同时，多样化发展教学形式、教学方法，让学生充分展现自我，可以有效增强大学生的创新意识，从而促进大学生创业实践能力等各方面能力不断提高。大学生注重创业团队的合理、科学组建，形成相互影响、相互促进和相互学习的团队，才能在开展各种创业活动时展现团队的优势，以满足创业实践的各种需求。

3. 加强组织内部管理，建立管理制度

制度的完善和执行能够规范组织内部各个环节的运作，确保各项工作按照规章制度进行，避免人为因素对工作效率和质量的负面影响。企业应该根据自身实际情况，对各个部门进行合理的分工，制定科学合理的管理制度和方法，确保各个成员的职责和角色，不断提高内部管理水平，以适应不断变化的市场环境和企业发展需求。

4. 建立健全创业政策体系

为了进一步提高大学生创业成功的概率，鼓励更多大学生投入自主创业的氛围中，创业风险防范机制的建立必须要加快进度。首先，国家要出台与大学生联系更加紧密的创业扶持政策，用法律手段为大学生创业保驾护航。其次，各级政府要严格落实国家政策的推进情况。银行等金融机构要转变服务态度和服务体系，为大学生创业建立绿色通道，缩短大学生贷款资金的审批时间和发放周期，尽可能地提高贷款资金额度，以确保更多的贫困大学生获得稳定的融资来源。

5. 营造良好社会创业氛围

创业是推动社会进步和发展的重要力量。为了激发全社会的创新潜能，需要营造一个良好的创业气氛，可以从舆论导向、社会宣传、价值观念上鼓励创业，崇尚创业。健康公平的社会氛围为大学生创业提供更加稳定的支撑。社会不仅要诊治不良风气给创业提供更好的环境，还要对大学生群体给予更高的关注，鼓励创业，并提供相关问题处理方面的经验和方法，为他们的创业活动扫除障碍。

6. 学习基本财务知识

财务管理知识是大学生创业者必备的创业技能之一，有利于企业科学地进行筹资、投资、运营等活动，促进企业健康发展。现状是大部分大学生创业企业缺少资金聘请专业的财务人员或者内部没有具备财务知识和经验的人员，即使是有财务类专业同学也大部分缺少实践经验，所以管理者或财务负责人学习基本的财务管理知识是十分必要的。

7. 熟悉有关法律法规，控制法律风险

作为一名创业者，首先要了解的就是公司法律法规，包括公司注册、公司章程、股权结构、股东协议等内容。这些都是创业公司不可或缺的基础，创业者应该了解相关的法律条款和规定，以便在公司成立过程中避免麻烦。只有在遵循法律法规的前提下，创业公司才能得到合法保护，发展壮大。

8. 创业前做好充分调研，拟定可行性研究报告

创业是一个复杂且艰巨的活动，不是轻易可以做成的，在创业前必须做好充足的准备，分析问题要保持理性，避免一开始就出错。大学生在创业前，一定要做好充分的调研，这需要结合企业的战略目标、市场状况、竞争优势等因素，找出需要解决的核心问题和关键信息，还要拟定项目可行性研究报告（简称可研报告），通过调查、描述、研究、分析，得出可行性研究结论。

9. 熟悉和拓展市场，提高营销能力

首先要深入了解目标市场的需求、偏好和行为，以便能够准确地定位产品或服务，并制定有针对性的营销策略。巧妙地运用各种数字媒体和渠道，提高市场敏感度，灵活地应对市场的变化。良好的沟通和表达能力对于营销也至关重要，加强口头和书面表达的训练，提高与客户、团队成员和合作伙伴的沟通效果。

案例分享

小肖是毕业于某农业大学的90后，刚一出校门就赶上了返乡创业的高潮，借着这个热潮他回到了山东老家，搞了一个60多公顷的农场。他的农场以种植大棚蔬菜、草莓、蓝莓等为主，小肖追求高端化，使得大棚建设成本很高，但是将大量的资金放在大棚建设上，作用较小。他只考虑到了前期的准备工作，对于后期农场的运营资金没做好合理的规划，影响了农场后期的正常运行。

在农场的管理上，小肖毫无经验，在人员招聘上，实行"佛系"态度，他觉得只要是招来的人，必会好好干活，只要好好干，就会有好收成。结果，引来了一批当地农民，而且还都是些只想收钱不想干活的人。而且在农产品的种植上，农药化肥严重超标，农产品质量低且品质难以保证。一年下来，农场的农产品耗损不断，质量问题频出。农场几乎没有渠道商可言，没有借助互联网去销售，农产品每次都是等着别人来收。

农场作为一个小规模的农业生产基地，势必要有相应的专家做技术支持，这样一些新技术、新品种才能较早获得，病虫害才能科学地治理。农场只有普通的农业技术人员，农业发展始终处于创业初期状态。

2015年农场刚成立时小肖还拿到了一笔不小的农业补贴。但是时隔两年，这个农场就彻底关门了，创始人不仅没赚到钱，还欠了一大笔债。为什么别人开农场就能赚钱，他的农场却赔了呢？

第三节 创业失败探因

一、创业失败类型

创业失败就是在创业过程中，由于各种原因导致公司或项目停止运营，关闭或长时间不动，既不探索求生，也不创新突围，以及资金链的断裂，面临困境时创业者选择躲避债务，不采取行动偿还。无论失败的原因是什么，创业者都会面临巨大的挑战和失落感。大学生创业是一个普遍的现象，而大学生创业失败也是一个常见的问题。大学生作为创新创业的主力军，虽然受到国家社会的大力支持，但创业失败的风险却居高不下。

（一）大学生创业失败的主要类型

1. 经验不足型

导致大学生"经验不足型"创业失败的表面原因有：不查看合作者的有效身份证明和相关资料，仅凭其一面之词就轻易相信；签协议时既没公章也不按手印；聘用员工时未依法办理有关手续；无成本意识；不知道如何经营和管理公司；对诈骗不够警惕；受害后不知道如何维护权益。创业者管理经验不足，朝令夕改，常常在错误中学习，但耗费了公司的许多资源，无法建立一套合理、具有弹性与效率的制度。

2. 判断失误型

大学生在创业过程中需要对自我、外物的特点以及自我和外物之间的关系作出准确判断，判断能力是关系到其创业成败的一种重要能力。导致大学生"判断失误型"创业失败的表面原因有：明显不适合创业，却坚信能创业成功；市场定位不准；经营品种缺乏特色等。大学生在决定创业之前，应通过分析或借助创业指导教师等专业人员的帮助，判断自身是否适合创业；高校创业教育机构和社会上的大学生创业管理部门在对大学生的创业进行把关时，不仅要看其外在创业条件是否具备，也要看其是否适合创业。

3. 策略错误型

策略错误型失败通常是指在实现某个目标或解决问题时，采用的策略不当导致最终失败。

这种失败可能源于对问题本身的理解不足、对解决方案的规划不完善或对实施过程的掌控不佳、不当的企业价值观、无效的经营管理及销售策略、对竞争者估计错误等,这包括创业理念与竞争策略的错误,这些策略关系到一个企业的生死存亡。

(二)正确看待大学生创业失败

大学生失败是一种常见的经历,而且在人生的早期阶段失败是难以避免的。失败是成长的一部分,它能帮助人们学习并变得更强大。接受失败,不要将其视为个人价值的衡量标准,而是将其视为一个机会来改进和成长。要分析失败的原因,回顾失败的原因,找出其中的教训。通过分析失败的原因,可以找到改进的方向。事物都具有两面性,创业失败也是最宝贵的学习机会,是创业者获取知识技能、提升创业能力的重要途径,能对后续创业活动产生重要影响。

二、创业失败原因

创业失败是一段令人痛苦并且刻骨铭心的经历,它会给创业团队带来经济损失、社会地位下降和情绪波动等负面影响,打击创业团队的信心和创业精神。创业失败是一种无法避免的风险,它意味着创业者的梦想破灭、经济状况受损、个人声誉受损等。

(一)资金型

1. 没钱继续创业

资金是创业项目启动的基石,没有足够的资金,很难开展业务和实现项目的目标。资金对于创业发展至关重要,因为它有助于企业扩大规模提高市场竞争力、招聘专业人才提高整体实力、进行品牌推广提高品牌知名度、应对各种风险并保持行业领先地位。大学生创业者资金来源有限,筹集资金困难,影响了项目的规模和发展。假如公司或企业在没有取得任何实质性的进展之前,公司的资金就耗尽了,或者在资金管理方面表现不佳,错误估算启动成本、过于依赖投资、无法控制成本等都可能导致创业失败。

2. 成本控制不住,不赚钱

成本包括人力成本、物资成本、运营成本等,它们直接关系到企业的盈利能力和生存发展。当生产成本过高时意味着企业在销售产品或服务时,所支付的成本较高,企业利润空间将会受到压缩。如果通过提高定价来获取更高利润,将会降低企业的竞争能力。在同等条件下,如果竞争对手定价偏低,消费者会优先选择定价低的产品,导致企业的销售能力下降,进而影响企业发展。对于创业公司而言,产品定价不能过高,也不能过低,应该找到最合适的定价,同时也要控制好成本。

3. 投资人不感兴趣

8%的创业公司从一开始就没能获得投资者的青睐。很多创业者的想法天马行空,觉得自己的产品一定很好,但就是没有人投钱。当某一个行业或者技术在市场上失宠的时候,绝大多数的风险投资公司甚至都不会再看此类企业。相反,如果所在的行业非常热门,投资人对创业者却根本没有任何兴趣,通常来讲这家创业公司肯定存在着某些非常严重的问题。

（二）市场型

1. 错误的市场定位导致创业失败

生产或销售的产品无法满足消费者需求，导致销售困难；错误的市场定位可能会导致生产成本增加，囤货量大；面对激烈的市场竞争，企业可能无法生存导致创业失败。即使拥有创新的产品和优秀的团队，如果市场对这个产品没有充分的需求，初创企业仍然难以避免失败。如果每个创业者都只做自身觉得好的项目，而忽视对市场的前期调研和准确定位，那么一旦创业，就会出现各种项目和市场相冲突的问题，甚至因此而中途失败。在创业过程中，确保产品与市场相匹配是至关重要的。创业者必须充分调查市场，了解目标客户的需求，确保产品能够切实解决问题，并在相应市场中形成竞争优势。

2. 在市场中被竞争对手赶超

竞争对手在创业过程中具有重要意义，有利于促进企业不断成长和发展。在创业过程中，竞争对手帮助企业了解市场动态以及客户诉求，帮助企业更好地了解自身优势，找准市场定位，有针对性地制定企业发展战略，提高自身市场竞争力。在商场中同样需要了解竞争对手。产品或服务的用户体验、专业性能以及相应资金支持等一系列细节，都可能导致创业公司输给竞争对手，甚至导致创业失败。

3. 没有充分考虑市场需求

从创业想法的萌芽到产品的开发和测试，在创业公司的整个发展过程中，再怎么强调用户反馈的重要性都不为过。针对一款产品，用户的需求有很多，并且有显性的需求和隐性的需求，有刚性的需求也有非刚性需求。企业在开发产品或服务时，没有充分了解目标用户需求，导致产品功能繁多却无法满足核心需求，因此难以获得市场认可。为了避免这种情况出现，企业在创业初期应当进行充分的市场调研，了解目标用户的真实需求，以便精准定位产品。创业公司要做的就是尽早推出一个最小可行化产品，然后对产品进行反复测试。

4. 市场竞争力较弱

通过市场营销能够帮助企业找到目标客户，通过各种宣传手段和活动，提升企业的品牌知名度和美誉度，吸引更多客户选择。通过策划各种促销活动、广告宣传等推动产品或服务的销售来提高企业的市场竞争力。尽管创业者拥有优质的产品，但如果缺乏有效的营销策略，仍然难以在市场中获得成功。

5. 缺乏商业模式

成功的商业模式是创业公司取得成功的一个必要条件，商业模式有助于创业者明确盈利方式并制定相应计划，合理分配资源发挥自身优势，实现长期稳定盈利。合适的商业模式能够使企业形成独特的优势，提高市场竞争力，实现企业的可持续发展。如果一个企业缺乏商业模式，那么有可能会导致创业公司最终失败。没有商业模式也就是没有盈利模式，如果一个项目所有人都觉得不错，仅仅有创意是不够的，应该从最开始就设想和规划好商业模式，不然极有可能导致创业失败。

（三）管理型

1. 核心管理团队出问题

一个优秀的核心管理团队能够助力企业顺利发展，提高创业成功率。核心管理团队具备相应的专业能力和行业经验，能够推进企业的发展，帮助创业者解决企业在发展过程中遇到的技术、市场、管理等问题。同时核心管理团队成员之间要有良好的创新、领导、决策、协作和沟通，为企业发展制定合适的战略和规划，共同推进企业的发展。如果一个企业的核心管理团队不具备良好的决策、领导和执行能力那么将无法带领团队克服困难，无法完成企业目标，最终导致创业失败。大学生在组建团队时，可能存在沟通不畅、管理不善等问题，影响团队凝聚力和项目推进。

2. 公司内部出现问题

很多大公司也曾经遭遇过类似的情况。13%的创业公司出现过这个问题。创业团队内讧或者是出走，创始团队和投资人闹成僵局——如果这个公司没有很大的操盘手助推，基本上算是失败了。这种冲突也可能会发生在初创公司创始团队之间或初创企业创始人和投资者之间。不管是前者还是后者，这都是创业失败的重要原因。随着创业企业的发展，创业团队内部有可能会产生一些冲突，这些冲突有些可以得到有效解决或缓解，但有一些冲突可能会剧烈到让这个企业分崩离析。创业团队内部的冲突也可能是源自利益分配上的冲突。当企业度过了生存危机阶段，企业的商业价值也变得越来越清晰，这个时候对于以股权形式分配的利益，人们会变得敏感起来。

3. 做企业不聚焦

产品其实是一个企业最核心的东西，应避免最后做出来的产品都是臆想出来的或者杜撰出来的，或者不断改变创业的构想，今天想做团购、明天想做外卖、后天想做互联网金融。建立一家公司需要时间、精力、金钱和专注。如果很容易分心，或者很难完成已经开始做的事情，创业公司可能会因为无法做到专注而最终走向失败。如果创业公司在某一个节点上的重心，没有仔细审视安排又没有足够的数据支撑，创业公司会被置于危险处地。如果想在不经历失败的情况下做成一些伟大的事情，最好的法宝就是专注。忘掉先发者的优势，关注战后仍在坚持的人。

（四）产品型

1. 产品品质控制跟不上

优质的产品能够满足消费者的需求，让客户对企业和品牌产生信任。在激烈的市场竞争中，产品品质是企业核心竞争力之一，好的产品或服务能够吸引更多的消费者，从而增加市场竞争力。产品的品牌品质能够影响企业的长久发展，高品质的产品或服务有助于企业品牌口碑的打造，吸引更多的"回头客"，促进企业的可持续发展。初创企业要想在市场竞争中脱颖而出，就务必重视产品品质，以高品质的产品和服务赢得客户的信任和满意。如果一个创业公司不看重产品和服务品质，同样也不会得到消费者的认可。如果产品质量不行，用户不会进行回购，那么他身边的人也不会成为付费用户。

2. 产品推出不合时机

产品好并不总是占优势，时机有时也能决定一切。其实对于每一家创业公司来讲，每一个新发布的产品都会是一个很大的挑战，市场环境不断变化，过早或太迟推出一款新的产品/服务，都会产生很大的影响。所说的时机不是指产品在这个季度还是那个季度推出，而是指整个行业及文化的发展背景，即那些通常不受商业领袖掌控，甚至在很多方面都无法定义的因素。有些创业公司的产品太过超前了，市场或技术还没有准备迎接它们的出现。而有些创业公司的产品推出太过滞后了，而公司创始人可能还不知道进场进晚了。如果市场调查显示，存在着一个公司产品正好能解决的问题，并且网上关于这个问题的讨论已经非常热烈，这个时候可能就是最佳出手时机了。

三、创业失败分析与学习

（一）创业失败分析

创业失败研究之于创业者的突出价值，表现为助其深刻理解失败的作用，从而达到最大程度发挥作用的目的。因而，创业学习和失败相联合，便是创业失败研究的关键。失败学习包括个人、团队、组织三个层次的学习，是大学生创业者及主要团队成员在创业活动中对发生的失败事件经历发现、判断、反思、总结及应对的持续变化。创业失败学习是在创业活动中进行认知、反思、联动以及应用的动态过程。失败学习是一种独特的创业学习方式，直接关系到创业者的能力和未来的创业状况，失败可以让创业者们深刻地剖析原因，通过对失败的原因进行反省，并对失败的原因进行总结，从而改变现有的思维方式。

如今大学生创业的关键问题不只在于如何鼓励大学生创业，更重要的是面对创业失败，大学生创业者是否可以总结原因，学习经验，重新开始。只有敢于面对创业失败的风险，勇于尝试后续创业，大学生创业者才会有更多的发展可能性。失败是难以避免的探索性与尝试性的负向输出，创业者评价与面对失败时，须以乐观的心态来看待失败行为。

（二）创业失败学习

失败是创业活动中一个重要且明显的特征，在很多情况下，失败会带来高昂的商业损失，对创业者自信心、自我效能感和冒险倾向产生负面影响。创业者通常忌讳和企图避免失败，而忽略了失败的正面作用，尤其是失败学习对创业活动的正向影响。创业者应该从失败中学习，找出问题所在，并寻找解决办法。创业者可以寻求专业指导、改进管理能力、寻找新的商机等。

创业失败学习是指创业者通过创业失败经历获得创业知识和创业行为相对持久的改变，其内容应该从创业者通过创业失败对自身创业技能和素质、企业优势和劣势、企业所处的外部环境等方面的认知改变，进而改变自身和企业行为。失败学习是提升企业绩效的主要途径，通过失败学习可以持续性地获得与企业管理及创业活动相关的知识，而这些知识是企业竞争力的核心来源。

1. 加强创业失败学习教育

成功与失败关系密切，创业失败实践案例更多，创业失败后不仅会遭受经济损失，更会带来心理创伤，甚至轻生。因此，开展创业失败学习教育帮助大学生创业者树立正确的创业失败观、掌握创业失败分析的工具和方法以及增强其失败复原的能力非常重要。创业失败学习教育主要包括创业失败实例总结、经典创业失败案例解读、创业失败修复以及在实训模拟中创业失败的情景教育等创业知识体系。

2. 创业失败态度对创业失败学习的影响

从失败经历中学习，可以帮助创业失败者提高环境应对能力，促使其在后续创业活动中识别机会、了解客户需求，进而克服后续创业活动中的重重困境与挑战，提高创业韧性。有的创业者忌讳听到"失败"二字，也有创业者认为"那时候创业失败其实是幸运"。创业韧性较高的创业者即使在创业失败的情境下依然能够积极调整心态，并适时调整新企业发展目标，迅速实现失败复原，推动创业过程持续进行。相反，如果创业者过于强调创业失败所带来的负面结果，如伤害自尊、经济压力，那么更可能对创业失败持消极态度，对已经发生的创业失败经历产生悲痛等负面情绪，从而不利于开展失败学习。

3. 创业失败学习对连续创业意向的影响

意向不是对未来某种行为的直接预期，而是对未来某种行为的积极承诺。创业失败学习能够促使创业者克服后续创业活动中的重重困境与挑战，提升其创业韧性，进而促进创业失败复原，推动后续创业成功。创业失败对连续创业意向的影响因人而异。一方面，失败可能让人吸取教训，提高创新能力，增强抗压能力，从而更有信心进行连续创业。另一方面，失败可能导致心理负担加重，信心受挫，对连续创业产生负面影响。

4. 创业失败学习对连续创业绩效的影响

创业绩效是创业者和创业研究学者关注的重点。过去的创业经历不会直接作用于连续创业绩效，而是需要创业者通过经验学习发展技能，扩大知识储备，在商业机会识别、外部网络关系处理等方面获得改善，从而提高未来创业绩效。对于失败的创业经历，无论是失败规避还是失败学习，目标都是提高创业成功的概率即存活率和绩效水平。通过创业失败学习，连续创业者可能会更加深刻地认识创业的本质和需求，对自身进行调整以更好地适应创业活动，从而有助于提高连续创业的绩效。

案例分享

ofo 作为共享单车的首创者，投放市场初期和任何一款产品投放市场初期一样充满着争议，在争议中带来流量，带来用户。只不过后来因为 ofo 用户退不了押金，ofo 也衰败于争议中。ofo 这家企业正如其官网介绍的一样：ofo 小黄车是全球领先的无桩共享单车平台。ofo 建立起从用户舒适骑行到以物联网为载体、人工智能为核心的科技闭环。ofo 运用的核心技术是物联网和人工智能，而从物联网和人工智能角度看待 ofo，它是一个非常成功的物联网+人工智能的大规模的试错，同时也大规模教育用户体验物联网+人工智能产品。ofo 成了行业的教育者之一，从共享单车面世以来，这么多年再也没有出现依托物联网+人工智能的产品了。一般认为：汽车是一款高科技的产品，涉及众多行业，所以它的价格可以卖得很高。而大众通常会认为自行车不复杂，哪怕 ofo 成功地运用了物联网+人工智能技术，大众都不会认为它是一款高科技产品。ofo 的失败主要原因有 3 点：①共享经济领域是一个范围性经济领域，需要一定条件，最初在校园风行，因为校园具备共享经济领域的条件，包括刚需，封闭，素质，使用频率（用户黏性），投放适量（售后）。而校外并不具备这些条件。②拒绝联盟，妄图一家独大。2018 年年初阿里向 ofo 投出橄榄枝，希望收购 ofo，其实这就是要求加盟，但却被拒绝了，ofo 试图以自力更生做缘由解释，其实野心太大，市场本身很大，有巨头加盟对其运作只有好处，实质上就是本身作为共享单车先驱者有想做一家独大的意思，然而当今社会经济，多少企业是抱团参股才做大做强的。单打独斗的时代早已过去，团结合作才是盈利的契机，而 ofo 错过这一契机。③ofo 对自身企业定位不清晰，不清楚企业存在的真正价值。社会提倡环保出行，而共享经济的提出更是为单车出行催生了一个风口，然而刚需却并非如此。中国社会并不缺单车，不是只有 ofo 能做共享单车，在定位和刚需这块 ofo 就出了问题。这个时候的 ofo 却没有思考自身的真正定位和社会价值寻找新的出路，反而盲目经营下去。如果 ofo 选择被阿里收购，那么其价值就是作为阿里系布局图之一，那一大片用户大数据是有价值的（那时候 ofo 的窟窿还不是很大），ofo 作为社会流行开的产品，其广告价值也是有的。既然不确定自身的定位和价值，就由有意收购的巨头发现并发展其价值吧，然而在并不具备相关条件的前提下，并不明白自身定位和价值的因素下，妄图一家独大的心理思想的驱使下，ofo 已逐步走向衰败。

本章小结

本章阐述了创业机会必须具有明确的市场需求和能够创造持续商业价值的重要性，详细介绍了创业机会评价的 4 个方面：财务、顾客、内部因素和创新成长，这 4 个方面的评估旨在挖掘商业概念的潜在商业价值，并减少创业风险。表明了创业者需要综合考虑自身的能力、资源和兴趣等因素，对商业概念进行持续评估，直至其成为可以开发的成熟商业模式。在创业过程中，创业者需要关注市场规模、竞争情况和盈利模式等因素，以确保创业的可行性和潜在收益。最后，强调了规避创业风险的重要性，并指出创业机会评价是对商业概念的价值和风险的全面评估。

本章旨在通过综合评估和防范措施，降低创业风险，提高创业成功的概率。创业失败是由于各种原因导致公司或项目停止运行。大学生创业失败是现阶段很常见的问题，失败是成长的一部分，要寻找失败的原因并从失败中学习，从而找到改进的方向。大学生常见的创业失败类型主要包括经验不足型、判断失误型、策略错误型 3 个方面；创业失败的原因主要跟资金、市场、团队管理、产品等方面相关。通过对创业失败原因进行深刻分析，从中找出创业失败的关键，并将创业学习与失败相结合才能最大程度地发挥创业失败的作用。本章旨在让创业者从失败中学习，找出问题所在，并积极寻找解决方法，通过加强大学生创业失败学习教育，树立正确的创业失败观，提高创新能力，提高创业失败者对环境的应对能力，积极应对后续创业活动中的重重困境和挑战，从而更有信心连续创业。

思考题

1. 结合朴朴超市的创业历程谈谈创业机会的发现方式有哪些？
2. 举例说明如何对创业机会进行有效评价？
3. 创业风险的概念是什么？有哪些特征？
4. 如何防范和控制创业风险？
5. 如何看待创业失败的原因及其分析？
6. 如何增强大学生创业失败的承受能力？

第五章

组建优秀创业团队

学习目标

1. 了解创业者和创业团队之间的关系。
2. 了解创业团队的几种类型。
3. 了解创业团队的管理方式。

学习重点与难点

1. 重点是创业团队的构成要素。
2. 难点是创业团队的管理技巧和管理策略。

导入案例

说到创业团队,耳熟能详的知名创业团队有携程四君子、腾讯五虎将、百度七剑客、复旦五虎和阿里十八罗汉。

携程四君子:在1999年开始创办携程网,4个人按照自己的分工进行精耕细作,共同创建了携程网,如今平台已经有着多亿的用户使用,而且成了国内具有很高名气的创业团队。

腾讯五虎将:腾讯的品牌知名度显著而且有着出色的市场号召力,腾讯五虎将当时5个人凑齐了50万元的创业启动资金,5个人开始了漫长的腾讯创业发展,如今腾讯依旧是全球出色的互联网企业。

百度七剑客:百度可以说是一个缔造了神话的企业,百度七剑客在刚刚成立的时候,还是一个小规模的创业团体,虽然后续5个人都相继离开了百度企业,但是百度七剑客依旧是创业行业内广为流传的一个故事。

复旦五虎:5位来自复旦的大学生一起创办一家出色的企业,也就是复星,在1992年的创业资金只有几万元,经过多年的发展探索,如今的复星已经超过了百亿元,一直以来,5个人相互扶持、能力互补。

阿里十八罗汉:阿里的18位创始人在杭州的一个居民楼建立了当前的互联网实力企业,起初只是一个18人的创业小团队,如今已经是一个拥有着超过二十万员工的世界五百强企业,而且在实际的产业发展上已经涉及了诸多的领域。

理解创业团队的重要性，不得不回溯到创业的本质。创业并不仅仅是关于创意或资金，更多的是关于执行和持续的努力。因此，组建一个优秀的创业团队，对于初步创业是非常重要的。

思考与讨论
1. 你还了解哪些成功的创业团队？
2. 你认为成功的创业团队需要具备哪些要素？

第一节　创业团队内涵与构成

在创业过程中，通常由两个以上（含两个）才能互补、共担风险、共享收益、愿为共同创业目标奋斗并具有一定利益关系的人组成一个工作团队。创业团队组建是整个创业过程中最重要的一环，一个好的创业团队对于新创企业的成功有着十分重要的意义。通常，构成创业团队的要素包括目标、成员、定位、职权、计划，各要素之间相互影响、相互作用，缺一不可。

一、创业者和创业团队

创业者往往被视为企业的先锋和领航员。他们为团队指明前进的方向，为企业注入无穷的活力。然而，真正的创业者深知，成功的背后并不是孤身一人的奋斗，而是团队合力的成果。一个人的力量是有限的，只有通过组建一个协同合作、专业分工、充满活力的团队，才能够将梦想转化为现实，将挑战转化为机会。

创业团队不仅是一群人的简单聚合，更是一个有机的整体。它的构建和运作与人体的生物系统相似，每一个部分都扮演着特定的角色，相互依赖、相互支持。一个好的团队是企业成功的基石。它的构建和运营需要创业者付出巨大的努力和智慧。通过精心筛选人才、建立有效的沟通机制、提供持续的培训和发展机会，以及强化团队的凝聚力和稳定性，创业者可以打造一个既有激情又有实力的创业团队，共同进行企业的建设。

二、创业团队基本要素

在创业的征程中，团队的构建和管理是决定企业成败的关键因素之一。一个成功的创业团队不仅需要有坚定的决心和激情，还需要具备一系列基本要素，以确保团队的高效运作和持续发展。

1. 目标

对于创业团队，目标永远是对团队成员最好的激励。团队目标越清晰、越吸引人，就越有激励作用，越能唤起团队的积极性。一般来讲，创业团队的目标必须遵循 SMART 原则，即团队目标必须是具体的、可以衡量的、可以达到的、与其他目标具有相关性、具有明确的截止期限，五个原则缺一不可。

2. 成员

团队成员是构成创业团队最核心的要素。人力资源是创业团队的所有资源中最活跃、最重要的资源。通常在团队创建初期，创业团队人数不宜过多，能满足基本的需求即可。在创业团队成员选择上，通常要综合考虑各成员在能力和技术上的互补性，建立优势互补的创业团队是保持创业团队稳定性的关键，也是规避和降低团队组建风险的有效手段。

3. 定位

明确定位包含两层意思：一是创业团队的定位，包括创业团队在企业中处于什么位置，由谁担任主要负责人、决定团队成员人选等；二是成员定位，包括各成员在创业团队中具体扮演哪个角色，是负责计划、融资、管理还是主管技术、生产、市场，是委派个人管理、大家共同参与管理还是聘请第三方（职业经理人）管理等。

4. 职权

职权就是根据执行创业计划的需要，具体确定每个团队成员所要担负的职责以及享有的权限。创业工作的范围涵盖公关、管理、生产、销售、财务、人力资源开发等各个领域，通过职权划分，理清创业团队所需要的人员，建立职工岗位责任制，让所有员工知道自身的工作任务以及完成任务所需要的技能，新创企业管理起来就会容易得多。

由于创业过程所面临的环境是动态且复杂的，会不断出现新的问题，团队成员可能不断更换，因此，创业团队成员的职权也应根据需要不断地进行调整。

5. 计划

计划指创业团队未来的发展规划。切实可行的计划便于创业目标的有效实施，以及实施过程的控制和调整。创业计划通常包括创业团队的领导和规模、领导职位设立的方式、领导的权限和职责、创业团队各成员特定的职责与权限、各成员投入团队工作的时间等。

只有当团队成员共同努力，相互支持，才能够克服困难，实现企业的长远发展。因此，创业者在团队建设和管理过程中，需要充分重视这些基本要素，确保团队的健康、稳定和持续发展。

三、创业团队特点与类型

（一）创业团队的特点

在创业的大舞台上，无论是初创公司还是已经稳定运营的企业，都离不开一个强大和高效的团队支持。而这些团队，有其独特的特点和类型，使得它们能够在竞争激烈的市场环境中脱颖而出。创业团队之所以被称为一个团队，是因为它是由两个及以上的个体组合而成的，因此，在创业团队形成及发展的过程中，它必须是一个不断组建、完善、优化的过程。而在这个过程中创业团队会对创业的实施、创业的绩效以及企业的未来发展产生巨大的影响。这些影响的根源就在于创业团队自身的一些特征。

（1）完整性　创业团队的完整性则主要表现在职能完整性、技能完整性、资源充实性三个方面。首先，职能完整性认为是所有的组织机构内部成员完整，全部成员都到位，都能各司其职。其次，技能完整性则主要是指团队成员基本上都具备实施某种创业工作所具备的技能程度，它包含了团队成员之间的能力互补程度以及团队成员与创业技能所能融合匹配的程度。最后，资源充实性包含了团队成员之间的共享资源程度，以及团队成员自愿为团队所贡献的资源的程度和资源能否满足创业需要的程度。

（2）开放性　在创业团队的构建过程中，由起初的少数发起人，到后期的完整团队组建，这个过程就是创业团队对外开放的过程，也是创业团队开放性的重要体现。创业团队在发展的过程中不断与外界接触交流，从而实现资源的互换、信息和价值的体现，实现创业绩效。对于创业团队而言，是否开放以及开放程度如何，都取决于与外界的交流和学习。所以资源拓展机制以及群体学习机制都取决于创业团队的开放性，更需要创业团队实现开放性来达到一个保障。

（3）异质性　异质性是创业团队的重要特征之一，同时也是最复杂的一项特征。异质性的复杂来源于创业团队成员内部的多样化，即团队内部成员因为年龄、学历、专业知识、经验、价值观和人生观的不同而形成的独特个人特征。团队的异质性与创业的绩效也具有相关性。

（4）适应性　在创业过程中存在很多的不确定性因素，故创业团队的组织构架和人员构建的变动都是十分频繁的，这也是其适应性行为的结果。创业团队作为一个新生态的群体，需要不断地磨合及融合，在这个过程中创业团队所做出的调整和调动就是创业团队适应性的结果。而在这一过程中，团队会实现组织与业绩的同步发展，这也进一步体现出适应性对于创业绩效的重要性。从创业角度出发对于团队而言，第一步就是要适应社会。市场中存在商机，这是它发展确立的基础。良好的商机基础是资金等资源吸附的根本，只有具备一定的发展空间，才会为创业团队吸引更多的资源。商机与资源是创业团队适应发展的起步基石，只有两要素相辅相成，才能让创业团队更好地适应市场，这也是创业团队适应性的重要表现。

（二）创业团队的类型

创业团队通常包括"核心主导创业团队"和"群体性创业团队"。前者是先确定创业方向再组建队伍，后者则是先组建队伍再确定创业方向。根据创业者人员关系构成不同，一般创业团队分为星状创业团队、网状创业团队和从网状创业团队中演化来的虚拟星状创业团队三类。

1. 星状创业团队及其特征

星状创业团队通常有一个核心主导人物，由他来充当领军角色。核心主导人物根据自身的创业想法组建创业团队，其他的团队成员在企业中主要扮演支持者角色。牛根生与蒙牛、陶华碧与老干妈等都是星状创业团队代表。

这种创业团队特点为：①组织结构紧密，向心力强，主导人物在组织中的行为对其他个人影响巨大；②决策程序相对简单，组织效率较高；③容易形成权力过分集中的局面，从而使得决策失误的风险加大；④当其他团队成员和主导人物发生冲突时，因为核心主导人物的特殊地位，使其他团队成员在冲突发生时往往处于被动地位，在冲突较严重时，一般都会选择离开团队，因而对组织的影响较大。

2. 网状创业团队及其特征

网状创业团队的成员在创业之前一般都犹如学生、亲友、同事、朋友等密切关系，其典型代表有微软的比尔·盖茨和童年玩伴保罗·艾伦，惠普的戴维·帕卡德和他在斯坦福大学的学生比尔·休利特等。

这种创业团队特点为：①团队没有明显的核心，团队成员在团队中的地位相似，整体结构较为松散，容易形成多头领导的局面；②成员的地位相对平等，有利于沟通和交流，组织决策一般采取集体决策的方式，通过沟通和讨论达成一致意见，因此决策效率相对较低；③当团队成员之间发生冲突时，一般能积极协商解决，团队成员不会轻易离开，但一旦冲突升级，使某些团队成员撤出，团队解散的可能性较高。

第二节 创业团队组建

一、创业团队组建原则

1. 拥有一致的创业目标

在创业团队的组建过程中,首先需要考虑的就是团队成员发展目标的一致性,团队的创始人务必要在明确目标的前提下进行成员的多方考察和选择。唯有个人的创业目标同团队的创业目标相一致时,整个团队才能进一步就目标进行阶段规划、细化分解和团队分工。一致的发展目标,是创业团队融合协调、齐心奋斗的基石。根据马斯洛需求层次理论可知,人类的需求可以按照由低到高的次序分为生理的需求、安全的需求、社交的需求、尊重的需求和自我实现的需求五个层次。因此,团队成员希望在创业过程和结果中获得哪一层次的需求满足,就会相应地做出符合成员个人内心付出与回报的心理平衡想法的行为;而团队成员在组织中的行为又直接决定了其对团队目标所做出的贡献大小,有时甚至成为整个创业项目的成败关键。也就是说在需要长期合作的团队成员时,创始人更应当考虑这类基于较高层次的尊重需求或者是自我实现需求从而选择加入创业团队的人才。因为,这类人对于尊重和自我实现的需求是永无止境的,为了实现自身的价值,他们往往能够专注事业,勇敢克服创业路上遇到的挫折和难题,持续地投入高热情、输出高效益。综上所述,创业团队在选择成员时有必要将创业目标一致性加入目的纳入考察,因为这样做有利于团队的稳定和管理建设。

2. 价值观一致

价值观一致对于创业团队的影响主要体现在以下两个方面:第一个方面,可以保证成员在原则性问题上的认知与判断比较一致,不会出现根本上的冲突。这些原则性问题包括是否认同组织发展战略、利益分配机制、职能划分制度、做人做事的基本准则等。一旦团队成员在这些问题上出现不同的看法与观点,便很难再达成共识。因为每个人的价值观念都是经过长期人事物影响的,形成之后很难再发生改变。通常情况下,不能达成共识意味着接下来将会产生冲突,而冲突更是会影响到整个团队的绩效和发展。所以,在创业的过程中,应当尽量避免团队成员价值观多元化,毕竟价值观的磨合是耗时耗心的。第二个方面,高效率的沟通协调。拥有同质性价值观的创业团队,一般会更加积极地探讨和处理企业事务,更易营造浓厚的创业氛围。成员们有着一致的价值观念和愿景设想,就算出现一些问题上的分歧,也能够通过沟通及时地协调整顿,促进团队成长。值得点明的是,团队内部即使价值观一致,摩擦仍然是在所难免的,所以有必要制度先行,建立完善、正式的规章制度,为团队打下制度层面的信任基础,保证各个成员能够在制度的约束下共事。虽然建立制度会在短期内耗费一定的人力物力,但从长远的角度来看却是降低成本、提高效率的一大保障。因此,创业团队在组建初期应当重视价值观的一致性问题,将其设置为成员吸纳的重要考核因素。

3. 知识能力互补

一个团队在开展创业活动时,必然会有技术、市场、销售、管理等不同类型的工作任务需要成员去分工、承担,如此便产生了知识能力互补的人才需求。一般而言,一个团队的创始人是不可能对企业经营管理的各个方面都精通的,所以在引进人才时需要考虑"专才"与

"通才"的搭配：既要有技术、营销等方面的人才，又要有具备战略发展的眼光的复合型人才，同时还要根据企业实际情况保证合适的"专才"与"通才"的人才比例。另外，从创业资源的角度来看，在引入了不同知识背景的成员时，也就拓宽了整个创业团队的社会关系网络。通过团队成员联系构造起来的社会关系网络，创业团队可以了解到更多的商业信息，加深对创业活动的认知与了解，进而挖掘出尚未被发现的顾客需求，充分调动现有资源去满足顾客需求，努力提高资源利用率，科学合理地吸引外来资源，壮大企业规模，做强、做好企业。

4. 合理明确的创业合伙协议

创业团队需要制定执行合理明确的创业合伙协议。协议不仅仅是对创业团队成员之间权利与义务的保障规范，也是投资者投资决策的重要参考项目。具体来讲，主要包括团队成员的出资方式和比例、股权分配、权责划分、项目保护以及项目清算等。从这些主要内容可以看出，创业协议围绕的中心是团队以及其中成员的利益划分问题。一个创业团队如果没有事先制定科学清晰的利益分配方案，将直接影响团队的团结和稳定，不利于团队工作的开展和项目的经营管理，严重时会导致团队的分崩离析。除此之外，伴随着时间的发展，创业项目的经营重点和成员的贡献大小可能会产生一定的变化，这时团队一部分成员的退出和一部分人才的引入是在所难免的，所以创业团队还需要充分考虑协议的灵活性。综合上述分析，创业团队在创业初期必须明确协议框架和内容，必要时应当咨询相关领域的专家，保证协议的科学性和合理性。

二、创业团队搭建

1. 确定团队的结构和规模

根据企业的发展阶段和需求，确定团队的结构和规模。例如，在产品开发阶段，可能需要更多的技术人才；在市场推广阶段，可能需要更多的销售和市场人才。

2. 招聘和选拔

进行有效的招聘和选拔是团队搭建的关键。在招聘过程中，除了考察候选人的技能和经验外，还需要考察他们的性格、团队合作能力和文化适应性。

3. 培训和发展

为新入职的团队成员提供必要的培训和发展机会，帮助他们快速融入团队，掌握工作技能，提高工作效率。

4. 团队建设和文化塑造

通过组织各种团队活动和培训，加强团队成员之间的沟通和协作，形成良好的团队氛围。同时，团队领导者也需要起到示范和引导的作用，为团队提供方向和支持。

在团队搭建的过程中，确定结构和规模、招聘和选拔、培训和发展以及团队建设都是不可或缺的环节。这些环节相互关联、相互影响，共同构建了一个稳固、高效的团队。而在团队运营的过程中，明确角色和职责、合理分配资源、建立有效的沟通机制以及持续评估和调整都是保证团队长期稳定发展的关键。团队成员应该清楚自身的职责，有效地协作，共同实现团队和企业的目标。

三、创业团队分工

1. 明确的角色和职责

在创业团队中，每个成员都应该有明确的角色和职责。他们应该清楚自身的工作内容，以及如何与团队其他成员协作，实现团队的目标。

2. 合理分配资源

根据团队成员的技能、经验和兴趣，合理分配资源，确保团队的工作效率和效果。

3. 建立有效的沟通机制

团队成员之间应该建立有效的沟通机制，及时交流信息，解决问题，确保团队的协作无间。

4. 持续评估和调整

随着企业的发展和变化，团队的需求和组成也会发生变化。因此，需要定期评估团队的表现和需求，进行必要的调整和优化。

总之，创业团队的组建和管理是一个复杂而又重要的过程。只有通过深入理解团队的核心原则、有效地搭建团队、合理地分工和持续地优化管理，企业才能够在激烈的市场竞争中脱颖而出，实现长期的成功和可持续发展。在这个过程中，团队的凝聚力、执行力和协同合作能力是决定企业成败的关键因素。因此，创业者和团队领导者应该高度重视团队的组建和管理，确保团队能够有效地支持和推动企业的发展。

第三节　创业团队管理技巧与策略

在现代的商业环境中，创业团队的成功不仅依赖于其产品或服务的创新性，更多的是取决于团队的管理和领导。本节将深入探讨如何通过有效的沟通、恰当的激励以及强大的领导力来塑造和管理一个成功的创业团队。

一、创业团队沟通

有效沟通是推动创业团队绩效的重要方式，从创业团队目标实现的过程来看，每个环节都离不开沟通，沟通是创业团队管理的中心，离开沟通，创业团队的绩效就很难实现。在与创业团队成员沟通时，了解成员的想法和需求，激励成员参与管理的积极性，提高团队的士气，以强化创业团队整体的绩效目标。创业团队达到有效沟通，可以利用组织结构扁平化、时常沟通、充分沟通以及及时化解冲突等技巧，使成员之间、成员与创业团队之间建立信赖关系，相互之间进行信息分享和交流，从而有效地进行团队专业知识和信息的创新整合，提高成员的创造力。

1. 坚持组织扁平化

在全球化、市场化和信息化三大时代大潮的背景下，组织环境一方面呈现出复杂多变的发展趋势；另一方面又为组织对付这种趋势提供了一定的技术工具。这使得管理组织创新将呈现出追求扁平化的柔性发展趋势。

长期以来，企业都是按照职能设立管理部门，按照管理幅度划分管理层，形成了金字塔形的管理组织结构。这种组织结构越来越不适应信息社会的要求，减少管理层次和管理职能部门必将成为一种新的趋势，其结果是管理组织结构正在变"扁"变"瘦"、综合性管理部门的地位和作用更加突出，扁平化、网络性的组织结构将发展起来。组织结构的柔性是指在组织结构上不设置固定的和正式的组织，而代之以一些临时性的、以任务为导向的团队式组织。借助组织结构的柔性化，可以实现企业组织集权化和分权化、稳健性和变革性的统一。

对于创业企业来说更要坚持组织结构扁平化，保证沟通的效率。通过扁平化结构，可以促进权力的分散，让创业团队的成员都能拥有相适应的权力，共同形成合力。扁平化结构管理层级少，便于上下层次之间的信息交流，有利于发挥下级人员的才干，灵活而有弹性，适应于创业企业所面临的复杂多变的创业环境。扁平结构所需的管理人员较少，可以节省管理资金用于产品研发、市场推广、产品制造等更为重要的方面。

2. 确保沟通频率

有效沟通不是一蹴而就的，要有耐心，反复沟通，不断强化。如果上级是布置工作，执行中不再过问，员工做好以后也不知道这些工作自己做得是否到位，是否有价值，当然也就没有积极性。所以，执行中的时常沟通在很大程度上对员工起着激励作用也保证了能够执行到位。所以，在执行过程中要保持不断沟通。这样，不仅能了解困难，还能及时解决问题，保证顺利执行；而且，通过沟通给员工以激励，让他们感到自己正在开展的工作有价值。当然，也不要过于频繁，适当地在执行的过程中和员工进行必要的沟通交流，是执行到位的可靠保证。沟通是工作中最平常、最普通的事，但通常也是人们最容易忽略、最不被重视的事情。所以，在执行的过程中处处都需要时常沟通。也许就是因为一次沟通得不到位，导致了执行得不到位。

要想做到时常沟通，还要充分利用各种沟通渠道。创业团队中的沟通会涉及各种各样的对象，所以可能需要利用各种不同的渠道，多管齐下来帮助实现时常沟通的目标。个人谈、小组会议、大组会议、书面通知等都是传统的沟通渠道。电子邮件、网站、博客、各类通信软件及作为整体的因特网正在以新的形式迅速构建组织结构并重新形成组织内部和外部的沟通方式。

3. 确保充分沟通

不论是让别人了解你，还是你去了解别人，唯有充分沟通才能达成共识。日本企业管理制度首创人、日本经营之神松下幸之助说："企业管理过去是沟通，现在是沟通，未来还是沟通。"NBA选手乔丹曾经评论他和队友皮蓬之间的关系，"我们两个人在场上的沟通相当重要，我们相互从对方眼神、手势、表情中获取对方的意图，于是我们传、切、突破、得分；但是，如果我们失去彼此间的沟通，那么公牛的末日就会来临"。

创业团队要做到充分沟通首先要善于倾听，学会倾听是成功创业者的基本素质，要做到倾听时全神贯注，能听出话中话，能鼓舞说者畅所欲言，排除外界干扰，控制情绪，积极、专心地倾听。创业团队的倾听对象不仅仅包括团队成员之间的沟通，也包括倾听市场需求者的要求，以及与纵向产业链上游供应商的沟通。创业团队在沟通过程中遵循对事不对人的原则，谈论行为不谈论个性，就事论事地进行沟通，这样能够保证沟通的效率。创业团队在保证充分沟通时，还包含有效的反馈过程，沟通是为了达到某种结果而进行的动态过程，反馈是其中必不可少的一个环节。由于反馈能让沟通主体参与并了解信息是否按他们预计的方式发送和接收、信息是否得到分享，所以它对创业团队沟通效果的好坏至关重要。

4. 及时化解冲突

当个体或群体感觉受到其他个体或群体不良的影响时，冲突发生。冲突指的是一种交易的紧张状态，它是由现实与期待回应的不一致导致的，比如不同的目标、模糊的期望、不同的看法或对立的观点。现在企业管理观点认为，要保持生命力和创造力必须保持一定程度的冲突，这就是相互作用的观点。冲突处理有5个阶段，如图5-1所示。

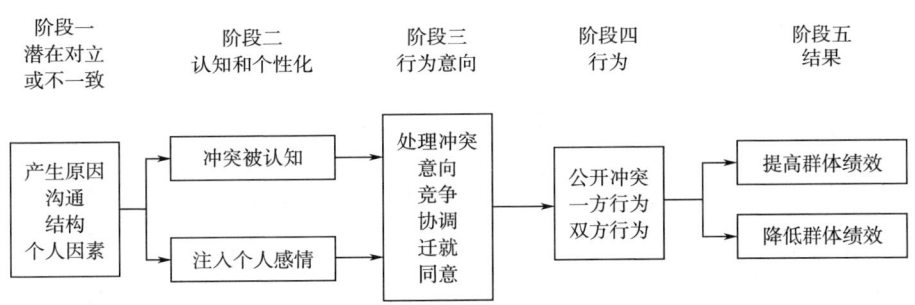

图 5-1 冲突处理流程图

总的来讲，创业团队沟通是一个复杂而又关键的过程。它涉及信息的传递、信任的建立、目标的明确、问题的解决等多个方面。只有当团队成员之间能够建立高效、开放和持续的沟通机制，才能够充分发挥团队的潜力，实现企业的长远发展。因此，创业者在团队建设和管理过程中，需要充分重视沟通的重要性，采取有效的策略和措施，确保团队的高效运作和持续成长。

二、创业团队激励

激励对于团队管理者是一个非常重要的概念，因为在创业的过程中，面对众多的挑战和不确定性，如何激励团队成员持续努力和创新成为创业者们必须面对的问题。激励不仅可以提高团队的士气和积极性，还可以增强他们对企业的归属感和忠诚度，从而为企业的长期发展打下坚实的基础。

首先，理解个体差异是激励团队的第一步。每个团队成员都是独特的，他们有着不同的动机、需求和期望。这些差异可能来源于个人的经验、教育背景、价值观、职业目标等多个方面。因此，作为领导者，深入了解每个成员的个性和需求是非常重要的。只有当领导者真正理解和尊重每个成员的差异，才能够为他们提供有效和个性化的激励策略。

个性化的激励策略可以基于以下几个方面。

①个人动机分析：了解每个成员的职业动机，是什么驱使他们投入工作，追求成功。有的人可能更加注重事业发展，希望通过工作实现个人价值；而有的人可能更注重工作与生活的平衡，希望在工作中获得成就感的同时，也能够享受生活的乐趣。

②需求满足：了解每个成员的需求，包括物质需求、社交需求、成就需求等。为他们提供满足这些需求的机会和资源，可以极大地提高他们的工作满意度和忠诚度。

③个人成长和发展：为团队成员提供个人成长和发展的机会是一个非常有效的激励方式。这可以包括职业培训、技能提升、晋升机会等。当成员看到自己在工作中的进步和成长，他们会更加热情地投身于工作中。

④认可和奖励：适时地给予团队成员认可和奖励，可以有效地激发他们的积极性和创造性。这不仅可以提高他们的工作满意度，还可以增强他们的归属感和忠诚度。

除了理解个体差异，创业团队的激励还需要具备以下几个特点。

①公平性和透明性：激励机制需要公平和透明，确保每个团队成员都有平等的机会和权益。这可以增强团队的凝聚力和合作精神，避免内部的矛盾和冲突。

②长期和短期激励结合：有效的激励机制需要结合长期和短期的激励手段。长期的激励可以包括职业发展、晋升机会等，而短期的激励可以包括奖金、认可等。

③持续的跟进和调整：激励机制需要持续地跟进和调整，确保其始终与团队成员的需求和期望保持一致。这需要领导者不断地收集反馈，了解团队的动态，及时地进行调整和优化。

三、领导力提升策略

在当今的商业环境中，领导力的重要性不言而喻。领导者的能力直接影响到团队的士气、效率和创新。一个卓越的领导者不仅能够引导团队朝着共同的目标前进，还能够激发团队的潜力，促进团队的成长和发展。因此，提升领导力成为每个领导者必须关注和努力的方向。

首先，自我认知与成长是领导力提升的基础。领导者需要对自身有深刻的认知，了解自身的优点和不足。这不仅包括对自身能力、性格和价值观的认识，还包括对自身弱点和局限性的认识。通过持续地学习和反思，领导者可以不断地提高自身的领导能力，增强自身的管理技巧，更好地应对各种挑战和机遇。

其次，建立信任与尊重是领导力提升的关键。信任是领导者与团队之间关系的基石。只有当团队成员真正信任领导者，愿意跟随他的领导，才能够实现团队的协同工作和共同进步。为了建立信任，领导者需要展现出真诚、诚信和责任感，确保自身的言行一致，赢得团队成员的尊重和信赖。同时，领导者还需要尊重团队成员的意见和建议，关心他们的工作和生活，为他们提供必要的支持和帮助，确保他们在工作中得到充分的认可和回报。

再次，激发潜力与创新是领导力提升的重要方面。领导者需要鼓励团队成员提出新的想法和建议，为企业的发展提供新的动力。这不仅可以促进团队的创新和进步，还可以增强团队的凝聚力和合作精神。同时，领导者还需要赋权给团队成员，相信他们的能力，并委托他们完成重要的任务和项目。这不仅可以提高团队成员的工作积极性和责任感，还可以培养他们的领导潜力和团队协作能力。

最后，持续学习与成长是领导力提升的持续动力。领导者需要参加各种领导力培训和研讨会，学习最新的管理理念和实践，不断地更新自身的知识和技能。同时，领导者还需要定期反思和总结领导经验，深入分析成功和失败，不断地提高自身的领导能力和管理技巧。

本章小结

在当今的商业环境中，创业不仅仅是关于创新和市场定位，更是关于人。团队的力量远远超过了任何一个个体的努力，它是推动企业前进的动力源泉。为了确保这个团队在创业的道路上走得更远、更稳，一个领导者所需的技能和策略是多方面的，深度和广度都需要得到全面的考量。

创业团队的成功不是偶然的，而是领导者和团队成员共同努力和合作的结果。通过建立有效的沟通机制、提供多样化的激励手段和发展卓越的领导力，创业团队可以在竞争激烈的市场环境中脱颖而出，实现长期的成功和可持续发展。这需要领导者具有远见、韧性和创新精神，与团队成员共同追求卓越，共同实现梦想。在这个过程中，每个人都是关键的，每个人都有责任和义务，为团队的成功和成长做出贡献。因此，创业不仅仅是关于企业的成功，更是关于人的成长和发展，关于团队的凝聚力和协同合作，关于共同追求卓越和实现共同的目标。在这个过程中，每一步都是宝贵的，每一次经验都是宝贵的财富，值得铭记和珍惜。

思考题

1. 你认为创业团队的领导者应该具备哪些素质，在团队中应该发挥哪些作用？
2. 如果你想创业，想象一下，你的理想团队成员有哪些？应该具备哪些特质？
3. 尝试写出你的创业素质，描述自身的创业战略，评价你的管理能力及优势和劣势。

延伸课堂

创业者

团队组建

第六章
商业模式设计与开发

学习目标

1. 了解创业商业模式的内涵。
2. 了解常见的商业模式和商业模式的设计要素。

学习重点与难点

1. 重点是掌握商业模式的核心关键要素。
2. 难点是如何使用商业模式画布工具，综合运用所学知识，设计一种商业模式。

导入案例

从果品到商品，褚橙商业化模式分析

在中国农产品领域，褚橙是一个著名的品牌，它的缔造者是曾经的"中国烟草大王"褚时健。褚时健的传奇经历早已广为人知，经历人生的大起大落之后，不气馁、不懈怠。75岁时开始二次创业，而且涉足的是种橙这一全新领域，成功培育了享誉海内外的"褚橙"品牌，令业内外无不刮目相看，平添了更多的励志色彩。

2002—2011年，褚时健与妻子马静芬下决心承包荒山开始种冰糖橙，当作一种谋生的手段，在种植橙子期间，褚时健不停地改进种植方法，为了保证个个橙子甜，他严格规范到多少平方米栽一棵树、一亩山地种多少树合适、每棵树上挂多少果、干旱时期如何浇水等。同时，还与果农共享利益，后来跟着褚时健种果子的都脱贫了，一年收入能达到10万元左右。另外，在销售上，由褚时健的妻子马静芬全权负责。2005年，褚时健和马静芬在路边摆摊卖水果。2012年以前，褚橙销售渠道以传统水果批发商和水果店为主。之前三四年都在传统渠道艰难前行。后期，马静芬带领团队参加各种国内外农产品展会。至此，褚橙的订单也逐渐增多，知名度也越来越大。

2012年，本来生活网的买手发现了这个橙子。随后，经过策划定名为"褚橙"，并带领褚橙从云南走向世界。2012年，褚橙这一枚"励志橙"，经由褚橙独家网络经销商——本来生活网进京，在线销售了200t褚橙，造成"一橙难求"的盛况。随后，褚橙也推出了个性化包装，同时，面向更多的大众消费者做开放定制。

褚橙，成为互联网时代独特IP。2015年，曾有媒体爆料褚橙2014年的销售额达到1.2亿元，净利润为4000万元左右，利润率达30%，截至2015年，褚时健身价已经过亿元。2020年受新冠肺炎疫情影响，包括冰糖橙在内的许多水果价格纷纷下跌，淘宝上最大规格冰糖橙的价格多在3~4元/斤，最低的甚至仅2元左右一斤，包括云南高山在内的大量冰糖橙滞销，果农们苦不堪言。而同为冰糖橙的褚橙价格按照品相差异售价在10.8~18.8元/斤，价格基本和往年持平，是普通冰糖橙的四五倍，被人戏称为"橙中茅台"。和茅台一样的是，褚橙既贵又不愁卖。之后的几年间，褚橙在品牌和种植规模、产业上都达到鼎盛时代，尤其是在褚橙品牌的辐射下，已经孵化出褚橙庄园、褚酒、金泰果品、恒冠泰达品牌和公司。

思考与讨论
1. 你认为褚橙的核心竞争力是什么？
2. 在当前时代背景下，褚橙从发展到崛起，给你一些什么启示？

第一节　商业模式内涵

一、商业模式概念

在当今这个快速变化的时代，科技的进步日新月异，市场的格局也在不断地被重新定义。在这样的环境下，每一个创业者和企业家都面临着一个共同而又紧迫的挑战：如何在激烈的市场竞争中保持自己的领先地位，实现长远的可持续发展。这不仅仅是一个关于经济利益的问题，更是关乎企业生存和发展的根本性问题。因此，对于如何构建和优化企业的商业模式，如何确保其与市场的紧密结合，已经成为当下最为关注和热议的议题。

在探索商业模式的奥秘之前，首先需要明确一个基本的事实，那就是商业模式不是一个静态的概念，而是一个动态的过程。随着市场的变化、技术的进步以及消费者需求的演变，企业的商业模式也需要不断地进行调整和优化。这要求在理解和应用商业模式的同时，保持开放的思维和敏锐的洞察力，及时捕捉到市场的变化和机会。值得注意的是，成功的商业模式往往不是一开始就完美无缺的，而是需要经过不断的试验、调整和优化。正如许多成功的企业家和创业者所讲，失败并不可怕，关键是要从失败中吸取教训，不断地进行反思和改进。因此，对于商业模式的设计和创新，需要具备一种开放、包容和创新的态度，勇于尝试和创新，不断地追求卓越和完善。

管理学大师彼得·德鲁克曾说过："当今企业之间的竞争不是产品之间的竞争，而是商业模式之间的竞争。"前时代华纳CEO迈克尔·邓恩认为在经营企业的过程当中，商业模式比高技术更为重要，因为前者是企业能够立足的先决条件。不管这种观点是否正确和完整，一个不争的事实是，企业必须选择一个适合的、有效的和成功的商业模式，并且随着客观情况的变化不断加以创新，获得持续的竞争力，从而保证企业的生存与发展。

1. 商业模式的概念

商业模式是从全新的角度来考察企业，是一个正在形成和发展中的新的理论和操作体系，具体的概念和内涵至今还没有统一的说法。但可以确定的是，商业模式涵盖了企业从资源获取、生产组织、产品营销、售后服务到研究开发、合作伙伴、客户关系、收入方式等几乎一切活动。

目前关于商业模式的定义大致可以归纳为三类：盈利模式论、价值创造模式论和体系模式论。

盈利模式论认为商业模式就是企业的运营模式、盈利模式。对于企业来讲，盈利的概念包含现金流和利润两个元素，因此商业模式就是企业探求所经营业务的利润来源、生成过程和产出方式的系统方法，并围绕企业如何盈利这个核心来配置企业资源和组织企业所有的内外部活动的一个行为过程。

价值创造模式论认为商业模式就是企业创造价值的模式，更加强调企业为客户创造价值。该理论认为商业模式是企业为了进行价值创造、价值营销和价值提供所形成的企业结构及其合作伙伴网络，以产生有利可图且得以维持收益流的客户关系资本。

体系模式论则认为商业模式是一个由很多因素构成的系统，是一个体系或集合。

综合以上观点，商业模式可以概括为，为实现客户价值最大化，把能使企业运行的内外各要素整合起来，形成一个完整的、高效率的、具有独特核心竞争力的运行系统，并通过最优化实现形式满足客户需求，实现客户价值，同时能使系统达到持续盈利目标的整体解决方案。

2. 商业模式的核心要素

商业模式的核心三要素是顾客、价值和利润。一个好的商业模式，必须回答下面三个问题：

①企业的顾客在哪里？
②企业能为顾客提供怎样的（独特的）价值和服务？
③企业如何以合理的价格为顾客提供这些价值，并从中获得合理的利润？

为了进一步明确商业模式的定义，可以从以下三个方面进行深入探讨。

①价值创造：商业模式的核心是价值创造。企业通过提供满足客户需求的产品或服务，创造价值。这种价值可以是经济价值、社会价值或环境价值，取决于企业的定位和目标。

②价值交付：除了创造价值，企业还需要有效地交付这些价值。这涉及产品或服务的生产、分发、销售等过程。一个成功的商业模式不仅要求高效的价值创造，还需要确保价值能够准确、及时地传递给目标客户。

③价值捕获：最后，企业需要从其创造的价值中捕获回报。这通常通过盈利模式来实现，包括但不限于销售、订阅、广告、许可等方式。企业通过这些盈利模式，将其价值转化为经济收益，为持续发展和扩张提供资金支持。

当评价一个新创业企业是否提出了真正具有创新性的商业模式时，需要从逻辑上回答上述问题，判断它能否为顾客、股东和员工甚至其他利益相关者带来实际的价值和利益，总之好的商业模式应该能够为多方创造价值。

二、商业模式价值

在现代商业竞争激烈的环境中，企业需要具备明确的战略定位和有效的执行力，以在市场中获得优势并持续发展。在这一过程中，商业模式的价值不容忽视。它为企业提供了一个有力的工具，帮助企业理解和应对复杂的市场环境，确保其在变革中保持领先地位。

首先，商业模式为企业提供了一个清晰的框架和指导原则。在快速变化的市场环境中，企业往往面临着众多的挑战和机遇。商业模式通过定义企业的核心价值、目标客户和盈利模式，为企业提供了一个明确的方向和战略定位。这使得企业能够更加集中精力，明确目标，有效地配置资源，从而提高市场响应速度和决策效率。

其次，商业模式帮助企业理解市场需求和客户行为。在竞争激烈的市场中，企业需要深入了解客户的需求、偏好和购买行为，以提供更加满足客户需求的产品和服务。商业模式通过分析市场趋势、竞争格局和客户反馈，帮助企业洞察市场动态，识别关键的市场机遇和挑战，从而制定更加有效的市场策略和产品策略。

再次，商业模式通过不断地优化和调整，帮助企业提高市场竞争力。在快速变化的市场环境中，企业需要不断地适应市场变化，调整自己的产品、服务和运营策略，以保持竞争优势。商业模式提供了一个系统性的方法和框架，帮助企业识别和评估市场机遇和风险，制定和实施有效的战略计划，确保企业在市场中保持领先地位。

最后，商业模式通过促进企业创新和变革，推动行业发展和进步。在不断变化的市场环境中，企业需要勇于创新，不断地推出新的产品、服务和业务模式，以满足客户不断变化的需求和期望。商业模式通过提供一个开放、灵活和创新的环境，鼓励企业不断地探索和尝试新的商业模式和策略，推动行业的持续发展和进步。

三、商业模式迭代与进化

随着全球经济的发展和科技的进步，市场环境变得越来越复杂和多变。在这样的背景下，企业需要不断地调整和优化自己的商业模式，以适应新的市场趋势和客户需求。商业模式的迭代和进化成为企业持续成功的关键。

①产业进化：传统—互联网—智能科技。
②消费进化：先生产再消费—先消费再生产。
③广告进化：媒介—技术—内容—产品。
④盈利模式进化：产品盈利—产品衍生盈利—免费盈利。
⑤商业核心进化：地段—流量—粉丝。
⑥企业进化：公司+员工—平台+个人。

在快速变化的市场环境中，企业需要不断地调整和优化商业模式，以适应新的市场趋势和客户需求。通过对商业模式的持续优化和创新，企业可以实现产品创新、服务优化和市场扩展，提高市场竞争力和盈利能力，实现长期的稳定和健康发展。

第二节 商业模式设计

在当今的商业环境中，众多的企业模式中，仅有少数能够被称为"优秀"。这些优秀的商业模式不仅仅是单纯的盈利工具，而是能够在激烈的市场竞争中持续创新、适应和领导的关键要素。对于这些成功模式的深入分析，可以为其他企业提供宝贵的经验和启示，帮助它们在自己的领域中找到合适的路径和策略。

一、优秀商业模式分析

①电商模式：自带优势的网上交易，主要几种模式，B2B 即企业与企业之间的电子商务，指企业与企业之间通过互联网进行产品、服务及信息的交换。企业可以使用互联网技术或各种商务网络平台对每笔交易寻找最佳合作伙伴，完成从订购到结算的全部交易行为。B2C 即企业与消费者之间的电子商务，企业厂商直接将产品或服务推上网络，并提供资讯与接口吸引消费者选购，消费者通过网上购物、网上支付。C2C 即消费者与消费者之间的电子商务，C2C 商务平台就是通过为买卖双方提供一个在线互动交易平台，使卖方可以主动提供商品上网拍卖，而买方可以自行选择商品进行竞价。O2O 即线下商务与互联网之间的电子商务，实现线下服务，线上揽客的交易模式，消费者可用线上筛选服务，在线结算。

②免费模式：免费搭台，增值唱戏。免费作为一个具有极强包容力与扩张力的营销模式，是近年来常见的。从时间维度上看，有暂时免费，后续消费的模式；从空间维度上看，有用户免费，第三者付费的模式；还有结合时间和空间维度，有用户免费，由购买后端产品或者第三方付费的模式。

③体验营销模式：让消费者更愉悦。体验营销是指企业营造一种氛围，设计一系列事件，以促使顾客体验产品或服务，顾客将会因为主动参与而产生深刻难忘的体验，从而为获得的体验向企业产生让渡价值。站在消费者的感官、情感、思考、行动和联想等五个方面，重新定义、设计的一种商业模式。比如当咖啡被包装为商品时，一杯可以卖 25 元，但如能让顾客体验咖啡的香醇与生活方式的联系，一杯就可以卖到 150 元甚至好几百元；又比如一个牛皮包，被赋予了品牌价值，就可以让消费者获得身份感和地位感。

④直销模式：简而言之，就是生产商不经过中间商，而是直接把商品销售到顾客手中，从而减少中间环节和销售成本，以满足顾客利益最大化需求的一种高效率模式。这种模式的活力来源于在产品上下功夫，质优价廉的产品，是模式能够长久运营的基本前提。常见的直销模式有上门式直销、会议室直销、专卖店式直销、互联网直销等。

⑤长尾模式：积少成多的小额收入。长尾模式是指只要产品的存储和流通的渠道足够大，需求不旺或销量不佳的产品所共同占据的市场份额可以和那些少数热销产品所占据的市场份额相匹敌甚至更大，即众多小市场汇聚成可产生与主流相匹敌的市场能量。也就是说，企业的销售量不在于传统需求曲线上那个代表"畅销商品"的头部，而是那条代表"冷门商品"经常为人遗忘的长尾。简而言之，长尾所涉及的冷门产品涵盖了几乎更多人的需求，当有了需求后，会有更多的人意识到这种需求，从而使冷门不再冷门。

⑥定制模式：个性化的价值提供方式。定制模式是业务发展到一定阶段必然出现的产物，因为随着用户基数的扩大，不同用户的需求也开始变得不同，所以，提供定制化的服务让客户对产品产生不一样的感受是提升客户黏性的重要手段，客户在购买产品的同时，获得的不仅仅是一个产品，而是一份根据私人定制化后全方位的服务。

⑦全渠道模式：打通销售无死角。全渠道是指通过协调线上线下多种渠道，为顾客提供"无缝购物"体验的一种销售策略。全渠道模式的最大优势之一是覆盖范围广泛。以购买时尚服装为例，消费者可以在线上浏览产品，到线下实体店试穿、体验后再在线上购买，整个购物过程平稳流畅。全渠道模式通过整合多个销售渠道，包括实体店铺、在线商店、社交媒体、电话销售等，能够触及不同地理位置和消费者群体。消费者可以通过多种途径获得产品

或服务，从而满足了他们的多样化需求。这种广泛的覆盖范围可以提高企业的市场渗透率和销售机会。

⑧平台模式：人人为我，我为人人。平台是指在平等的基础上，由多主体共建资源共享，能够实现共赢开放的一种商业生态系统。而平台商业模式连接两个或者更多特定群体，为他们提供互动机制，满足不同群体的需求，并巧妙地从中盈利的商业模式。互联网时代，企业经济的驱动力就是平台。比如百度、苹果、京东等大企业都在以平台模式运营着。

⑨区域集中模式：密集开店，供应链管理。711被全球公认是最成功的区域集中模式。711给产品增加了即时性和便利性的原生价值。而满足即时性需求最重要的一点就是密集布局策略。密集选址策略在一定区域内提高消费者的认知度和购买的便利性。同时，711的供应链是由区域总部在不同地区搭建多个物流中心供应商，将商品送至物流中心，由此辐射该地区的多个门店。

⑩众筹模式：换个角度看融资，众筹模式作为互联网时代的一种创新融资方式，通过集合大众的力量，为创意项目、初创企业乃至社会公益活动提供资金支持，其核心价值在于降低融资门槛，激发创新活力，同时建立项目与潜在消费者的早期联系。该模式的运作机制涉及项目发起、市场营销、资金筹集、项目执行与回报交付等多个环节，形成了一个包含创意孵化、资金筹集、市场验证和社区建设在内的综合性价值链。在市场定位上，众筹模式主要面向创意丰富但资金有限的个人或小微企业，以及对特定领域有高度兴趣和投资意愿的支持者群体，强调个性化、参与感和社区价值。

⑪众包模式：一种新的生产方式。在数字化时代，众包已经逐渐成了一种重要的商业模式和工作方式。从字面上理解，就是把一个项目包给不同的人来执行，也可以理解为一个公司或机构把过去由员工执行的工作任务以自由意愿的形式外包给公司以外的非特定大众来做。众包不仅带来了工作的灵活性和效率，同时也促进了信息共享和创新。众包作为一种重要的商业模式和工作方式，为企业提供了提高灵活性和效率的优势。

⑫共享模式：共同拥有而不占有。共享经济模式是一种新兴的经济组织形式，其核心在于通过数字平台高效匹配供需双方，促进闲置资源（如物品、空间、技能、资金等）的共享与流通。这种模式强调"使用权"而非"拥有权"，鼓励资源的临时性转移和优化配置，以达到更高的使用效率和经济效益。比如共享汽车、共享自习室、共享游戏、共享出行等模式，都在潜移默化地影响着人们的观念和生活。

⑬新零售模式：社交电商事业体。新零售模式是一种以顾客需求为核心的创新零售方式。它依托于大数据、人工智能等前沿技术，对商品的生产、分销和销售环节进行全面革新。这种模式充分发挥了线上电商的便捷性和线下实体店的体验性，实现了两者的优势互补。它通过深度融合线上线下资源，强化了商品、会员、服务、数据、分销和区域的互联互通，为消费者带来了前所未有的购物体验，同时也为零售商开辟了新的增长路径。

此外，还有熟悉的资本模式、低价优质模式、连锁模式等经典商业模式。

二、商业模式设计思路

一般来讲，商业模式包含9个要素，这9个要素的组合构成了商业模式的全貌，常用商业模式画布来表现，如图6-1所示。

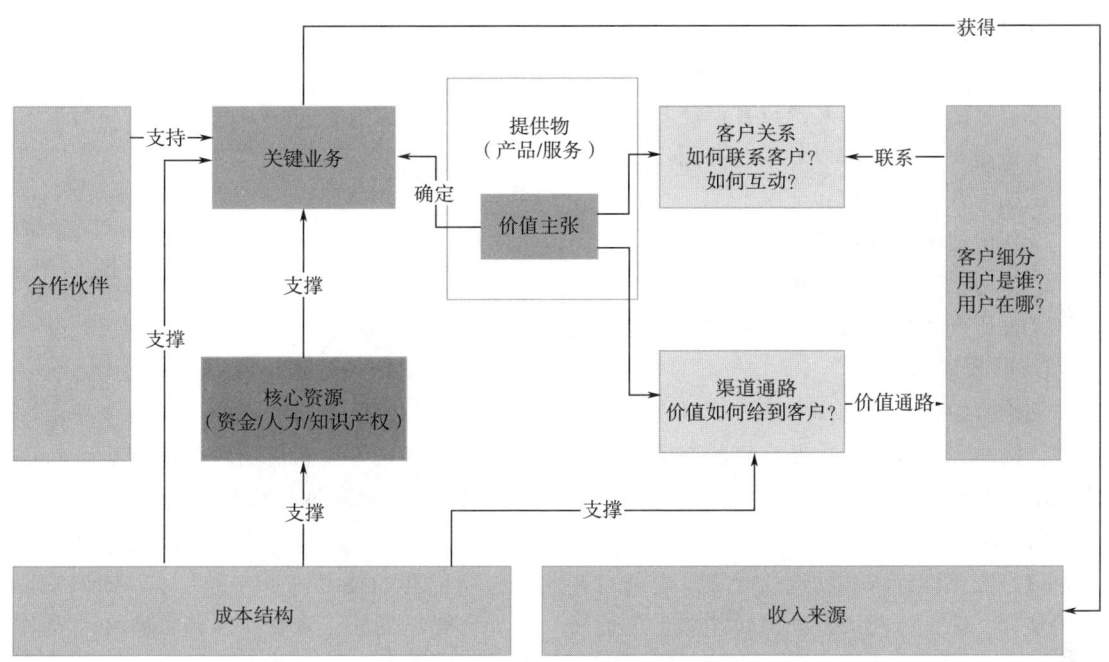

图6-1 商业模式画布

1. 价值主张

企业通过其产品和服务向目标客户群体提供价值。价值主张确认了公司对消费者的实用意义，解决了客户的问题或满足了其需求。价值主张的核心有四个：

①为用户创造了什么价值；
②要传递什么样的价值；
③要满足客户什么样的需求；
④为客户提供什么样的产品和服务组合。

2. 客户细分

设计商业模式时，应该明确为哪些群体提供服务，帮助哪些群体解决问题，哪些群体会成为企业产品和服务的忠实客户群。企业对客户进行细分遵循以下五个条件：

①客户产生的利润有明显区别；
②客户的需求催生了新的供给；
③需要建立新的营销渠道；
④需要建立一种新的客户关系；
⑤客户会为企业产品或服务的改进买单。

3. 渠道通路

渠道通路即公司用来接触并与目标客户群产生联系、开拓市场的各种途径。从类型上，渠道可分为企业自有渠道与合作方渠道。无论是哪一种渠道，都要经历以下五个阶段：

①扩大产品及服务知名度；
②帮助客户评价价值主张；
③客户通过多种方式购买产品与服务；
④产品或服务向客户传递自身价值主张；

⑤向客户提供售后支持。

4. 客户关系

客户关系即公司同其消费者群体之间所建立的联系。当消费者使用了企业的产品与服务后，企业需要更多考虑以下四个方面：

①如何开发新客户；

②如何留住原有客户；

③如何让用户经常使用产品与服务；

④如何变用户为粉丝，使他们愿意持续买单。

5. 收入来源

无论构建什么样的商业模式，最终的目的还是盈利。商业模式收益来源多分为两种不同类型：第一，由客户一次性支付的交易收入；第二，由向客户传递新价值增长或售后支持而获取的持续收入，比如，海底捞将产品与服务做到极致，并以此获取持续收入。

6. 核心资源

核心资源即资源和活动的配置。通过对企业自身所拥有的技术、系统、人才、知识等资源的整合，保证企业所有的模块能够正常运转。比如，腾讯的核心资源为一流的人才、合作进取的价值观、常年积累的用户关系链、技术架构、稳定的产品与运营等。

7. 关键业务

每一种商业模式都需要一系列关键业务。同核心资源一样，关键业务是为企业创造、提供价值主张、维护客户关系以及使企业获得一定的收益所必需的业务。在不同的商业模式中，关键业务的类型也是不同的。比如，对于麦肯锡咨询公司来讲，关键业务是为客户提供解决方案。

8. 合作伙伴

合作伙伴是保证一个商业模式顺利运行所需要的供应商和合作伙伴网络。企业通过联盟或优化自身的商业模式来降低风险，获得资源。企业与合作伙伴的合作方式一般可分为以下四种：

①非竞争对手之间的战略联盟；

②竞争者之间的战略合作；

③筹建新业务合作公司与供应商（上游）之间建立的可靠供应关系；

④筹建新业务合作公司与采购商（下游）之间建立的可靠供应关系。

9. 成本结构

成本结构指运营一个商业模式过程中所发生的重要的成本总和。无论是维护客户关系，还是传递价值、创造收益等，都会产生成本。比如，对于一家游戏公司，工资成本、服务器运维成本、推广渠道成本、新人培训成本、税收成本、租金物业装修水电费成本、电脑打印机等硬件成本、与合作伙伴的分成成本等，都是必须考虑的事情。因此，在这个过程中，如何以低成本结构运营成了商业模式中必然要重点考虑的问题。

三、商业模式设计与评估

一个成功的商业模式需要结合市场需求、技术趋势和竞争环境，确保其在实施过程中能够实现预期的目标和效果。在设计和评估商业模式时，需要遵循一系列的步骤和原则，确保其商业模式的成功和可持续发展。

1. 深入的市场调研

首先，企业需要进行深入的市场调研，了解目标市场、目标客户和竞争格局。包括对市场需求的分析、竞争对手的策略分析以及潜在的机会和风险评估。以帮助企业更好地理解市场的动态和趋势，为设计和实施商业模式提供有价值的信息和建议。

2. 构建商业模型

在进行市场调研的基础上，企业需要构建商业模型，明确其商业逻辑、盈利模式和增长策略。商业模型是企业实现商业目标的关键，它需要考虑产品或服务的特性、定价策略、分销渠道以及客户关系等关键要素。

3. 进行市场测试

在构建商业模型后，企业需要进行市场测试，验证其商业模型的可行性和有效性。这可能涉及产品试验、价格测试、市场推广以及用户反馈收集等多个方面。通过市场测试，企业可以了解其商业模型的优点和不足，及时进行调整和优化。

4. 制定详细的实施计划

最后，企业需要制定详细的实施计划，明确其商业模型的实施步骤、时间表和责任分配。这需要考虑到资源、技术、人才和合作伙伴等多个方面，确保企业能够有效地实施其商业模型，实现预期的商业目标和效果。

第三节 商业模式创新

商业模式的创新一直是企业发展中的重要驱动力。随着科技的进步和市场环境的变化，传统商业模式逐渐面临挑战，因此企业需要不断探索和创新，以应对竞争和变革。本节将围绕商业模式创新展开讨论，首先介绍商业模式创新的导向，然后展望未来可能的商业模式，并探讨企业应如何布局以适应这些变化。

一、商业模式创新导航

商业模式创新的导向涵盖了多个方面，其中包括：

1. 技术驱动

技术的快速发展不仅改变了人们的生活方式，也对商业模式产生了深远的影响。企业可以通过引入新技术来改变其商业模式，提高效率、降低成本以及开拓新的市场。

2. 用户导向

用户体验和需求成为企业发展的核心，因此商业模式需要围绕用户需求展开。企业可以通过创新的方式，满足用户的需求，提供更好的产品和服务体验。例如，定制化产品和服务，企业可以利用技术实现产品和服务的个性化定制，满足不同用户的需求。

3. 生态系统构建

构建开放、共享的生态系统可以促进创新和价值创造。企业需要与各种利益相关者合作，共同构建生态系统，实现资源共享和优势互补。

4. 数据驱动决策

数据是商业模式创新的重要支撑。通过收集、分析和应用数据，企业可以更好地理解市场和用户，发现商业机会，优化商业模式，并做出有效的决策。例如，个性化推荐系统，通过分析用户的行为和偏好数据，企业可以实现个性化推荐，提高销售转化率，也可以利用数据进行预测性分析，预测市场趋势和用户行为，指导决策和战略制定。例如，淘宝、拼多多等的推荐系统根据用户的购买历史和浏览行为推荐相关产品。

二、未来商业模式展望与布局

未来的商业模式将呈现出多样化和复杂化的趋势，企业需要不断创新和调整自己的商业模式，以适应市场的变化和发展。

（一）数字化时代成为新宠

随着互联网的发展，人们与世界的联系越来越紧密，沟通方式也逐渐发生了改变；而智能终端、移动支付的发展，人们的生活方式与习惯发生了重大的变化。数字信息技术渗透到生活的方方面面，数字技术也不断完善发展，各个领域全面推进数字化，形成了数字化时代。

无论是哪个领域，数字化时代意味着透明化，消费者的体验和口碑直接决定了企业的前景，无论是线下还是线上，企业必须追求更好、更完美，才能成为"专业选手"，否则那些战略粗犷、运营粗放的公司都将被淘汰。比如，淘宝靠免邮费和体验赢得卖家，靠支付宝和广告赢得买家，用集市和旺旺打通买家卖家，最终淘汰了 eBay 公司；去哪儿网靠着平台模式，分了携程市场份额；小米利用消费者的热情参与实现了消费者到企业的反向定制，完成了去中介的革命，成为第一家不打广告、不做渠道就能实现盈利的手机品牌……数字化时代下，仅有好的产品已经无法撼动行业的格局，几乎所有对旧有格局的颠覆都需要在商业模式上做出创新。具体要注意哪些地方呢？

①数据时代将碎片化的数字变成了大数据。大数据就像是金矿、银矿里的金子和银子一样，要学会挖掘需要的数据，而不是追求海量数据。

②传统企业向数字化平台型企业转变。以淘宝为例，它不见得拥有商店，只关心一方跟另一方之间的关系，利用平台完成过去不可能想象的事情。所以，企业要把封闭企业改造为开放平台，探索出可复制的连接点循环，抓住转型窗口期，打造数字平台，避免资源浪费在传统模式的同质化竞争上。

③消费者从大众化变为个性化。数字时代的年轻一代成为消费主力，产品或服务要追求个性化需求，以满足新一代消费者不断变化的购物偏好。在电子商务时代，每个消费者是一个数字，你在这边不知道对面人的真正身份，有什么样的需求。但在数字智能零售阶段，离线的真实身份和用户的网络身份是相连接的，即所谓的"人的数字"。这种数字化意味着消费者将拥有更多的三维肖像。因此，品牌方面也需要积极拥抱这种数字化。

④从人与物互联到物与物互联。例如，腾讯主要就在做连接，做人与人的连接，而阿里做的是人与商务的连接，因为连接才有网络效应，才有商业模式的创新、叠加。未来的连接技术不仅要把全球几十亿人连上网，更要将无数物体连上网，包括家里的摄像头、衣服、门铃、电表、眼镜等。连接正在走向物联网，未来的连接已经不再是人与物，而是物与物。未

来,无论是衣食住行还是精神娱乐,通过与 App 的连接便可以获得。未来生活需要、消费习惯、阅读习惯等,都可以建立应用来获得。区块链人工智能时代已经开启,未来创新和发展的速度也会越来越快,行业的边界也会不断打破。

(二)农村商业模式或将成未来角逐场

近年以来,城镇和农村基础设施的完善、快递业的高度发展以及互联网的全面普及,零售业的格局也从区域性走向全国,一、二线城市的零售市场也在这十年期间逐渐饱和。数字化和全渠道融合的驱动下,更多的人把目标转向了县镇乡级地区。许多渠道下沉至县镇级,甚至是农村市场,慢慢吸引年轻人回乡创业,农村的商业模式将成为未来的角逐场。农业产业大有可为,大有潜力可挖,关键在于改变传统的农业生产方式,不断提高农民的素质,努力提高农业的科技化、现代化、规模化和集约化水平。

过去农村的农产品或特产,总要经过收购商到零售市场再到消费者手里,层层加码,使得这些产品销路不畅,无法触及更多的用户。随着互联网电商渠道的开拓,大批量的农产品以及地方特产可以通过网络平台销往全国各地,另外还有直播等多种方式,农产品已经不像之前那么难以打开销路,而是很容易直接送到消费者手里,实现双方受益。

未来的农村商业有几个发展趋势:

其一,由于集体土地进行流转,把之前各家各户的土地变成了批量化,之前独立种地的农户变成了以后职业种地的人,所以未来农村会出现中小型农场的雏形,而且这种中小型的农场会越来越多,为未来现代化农业打下基础。

其二,农产品有机种植会成为农业的价值之一。在绿色环保和食品健康呼声越来越高的状态下,绿色有机农产品将成为人们的需求。绿色有机农业发展的最大瓶颈就是无法便捷地对农产品进行追踪溯源,如果后期通过科技手段解决了这一问题,绿色有机农业将迎来大爆发。

其三,农业会和互联网结合,打通线上线下的销售网络。大多数人认为互联网农业不好做,这虽然是事实,但随着物联网、大数据等技术的进步,将农业连接互联网,实现科学管理、智能化种植、信息分享、网上交易、电子支付、智能物流一定会成为未来农业发展的必然趋势。抓住这些趋势,使得农业规模化且更具效益,对于克服和解决农业生产规模小、分散经营的问题具有重要意义。

目前,我国农村电子商务发展仍处于起步阶段,其发展具有快、广、热等特点:农村网购用户和网购规模快速增长;覆盖面越来越广;社会各界积极投入农村电子商务建设。农村电商的快速发展将极大改变农村商业模式,一方面让农民购物更加方便快捷,丰富购物选择;另一方面促进当地农产品销往城市和外地,丰富农产品的销售渠道。随着网货下乡和农产品进城双向通道的建立,电子商务将进一步带动乡村旅游、农村医疗和金融服务等市场,更好地改善农民生活,推动城乡一体化发展。

积极布局农村商业新模式,共建农村商业新生态,大企业都在积极进行。比如,阿里巴巴的"千县万村"计划、苏宁的"下乡"计划以及京东的"县级服务中心"和"京东帮服务店"、顺丰的"供销 e 家"等都是农村电商发展模式。

未来的农村商业模式不仅限于电商模式,还有更多的可能。如"互联网+生鲜农产品",虽然目前来看这还属于小众化、定制化的模式,但随着新零售之风的到来,以及知名电商的牵头，生鲜有机农产品电商会逐渐为更多人所知，未来"互联网+生鲜农产品"将会是农村商业模式的一个热点。

同时，"农业生产+互联网"，农业生产借助互联网可以打破地域限制，可以做到精准化、标准化农业生产。农业生产利用互联网的新兴技术，为某一地域构建完整的农业生态圈，对于构造精准化的农业模式，促进农业发展大有裨益。当农村与互联网发生不断的连接，农业发展、未来农村市场的潜力会越来越大。

（三）人人都能享受订阅模式红利

每个人对订阅模式都不陌生，订阅在日常生活中也随处可见。从知识付费到企业服务，订阅模式正在影响着每一个人和每一家企业，也正在成为数字时代重要的商业模式。订阅模式简单来讲，就是指企业和用户（订阅者）之间达成的承诺，在未来一段时间内，订阅者定期付费以使用企业提供的订阅服务。这与传统的一次性购买模式不同，以前企业和客户交易完成后，双方关系即告结束；而在订阅模式下，客户付费订阅只意味着双方关系的开始，企业必须持续提供良好的用户体验和服务，以获得客户的持续使用和续费。

订阅模式是让用户能够规律地享受产品或服务，用户提前付费或定期付费，除企业能获得持续稳定的现金流外，用户也能通过该模式节省时间或金钱。

企业提供产品或服务时，只要用户是定期消费的，都可以采用订阅模式进行新的商业模式探索，从现在已经很普及的鲜花订阅、蔬菜订阅、服务订阅中，可以想象出无限大的空间，比如衣服订阅、旅行订阅等。

传统销售模式意味着消费者的每一次购物，品牌都需要支付获客成本，而订阅制只需支付一次获客成本就可以实现多次复购，降低了品牌的获客成本。在此基础上，精准获客也是降低获客成本的有效方法。

可以说，订阅模式是适合任何企业的一种模式，但要玩转这个模式，还有几点注意事项：

1. 业务规模与工具相匹配

订阅模式在没有形成规模之前，用户用一个简单的表格就能记录下来，但如果随着业务发展，订阅的用户增多，必须有大数据技术来分析和记录，那样不但可以实现精准推送，还能实现及时查阅用户信息与库存资源。

2. 打造成熟的业务线

如果没有成熟的业务线，盲目采取订阅模式的话，会让成本高于利润。如此一来，采取的这种模式就是错误的或失败的。最好是互联网企业时刻关注内部问题，不会因为规模大而导致成本上升。在发展初期要成功运用该模式的话需要进行 ROI 的分析，确保不会因为通过订阅模式产生的利润低于生产成本。

3. 给自己的用户定位

当一个企业能够精准地为用户画像，勾勒出用户的不同年龄、不同城市、不同性别以及有什么兴趣爱好的时候，就可以根据这些有针对性地推广产品。我们日常上网都有这样的体会，当你浏览了某个产品后，下一次打开网页就会有类似这个产品的相关推送，这就是对于用户的行为记录。随着互联网大数据的发展，线上订阅模式也要做到定位自己的用户，只有自己的鱼，才能上钩。否则都属于别人鱼塘里的鱼，获得用户的成本就会提高。

4. 建立以用户为中心的思维模式

在产品服务、订阅权益以及过程中的问题解决方面，全面提升用户体验，以确保获得好的用户留存和用户忠诚度。然后才能形成订阅循环，长久留住用户。

本章小结

本章对商业模式的内涵进行了讲解，通过阐述商业模式的9个要素，进一步深入了解商业模式画布的设计思路。本章还介绍了商业模式的创新思路，以及对未来商业模式的展望。通过对本章的学习，应该认识到，没有一种商业模式能够放之四海而皆准，应该根据自身实际情况，结合时代背景，制定适合企业的商业模式。

思考题

1. 尝试一下，用商业模式画布设计自身的职业生涯。
2. 查看一些农产品企业的商业模式，谈谈启发。
3. 小组进行模拟创业，设计一种商业模式，并在校园内进行小范围的落地实验。

延伸课堂

商业模式的定义与类型

商业模式的构成要素

商业模式的设计思路

商业模式的盈利逻辑

第七章
创业计划与创业计划书撰写

学习目标

1. 认识创业计划书的作用。
2. 认识创业计划书的构成要素。
3. 掌握创业计划书的撰写原则与技巧。

学习重点与难点

1. 重点是在撰写创业计划书的过程中,不断修正、完善创业项目。
2. 难点是能够遵循相应撰写原则与技巧,制定出切合实际的创业计划。

导入案例

用创业计划书获风投铸就创业成功

张华毕业于某名牌大学,经过多年的业余研究,他在室内环境污染治理方面取得了一项重要突破。这项技术如果在实际中得到应用,前景非常广阔。于是张华便辞去了原来的工作,准备去创业。但由于多年的积蓄都用在了室内环境污染治理的研究上,在七拼八凑注册了一家公司后,已经无力再招聘员工、购买试验材料了。无奈之下,张华想到了风险投资基金,希望通过引入合作伙伴的方式解决困境。为此,他多次与一些风险投资机构或个人投资者接洽商谈,虽然张华反复强调他的技术先进,前景好,并拍着胸脯保证投资他的公司回报绝对低不了,但总是难以令对方相信,而且他对于投资人问到的多处数据也没有办法提供,如市场需求量具体有多少?一年可以有多大的销量?投资后年回报率有多高?此外,张华的公司在招聘一些技术骨干时也比较困难,因为应聘者对公司的前景缺乏信心。

这时,曾经在张华注册公司时帮助过他的一位做管理咨询的朋友一句话点醒了他,"没有几个投资者搞得懂技术。没有一份像样的创业计划书,不会让投资者相信"。于是,在向相关专家请教咨询后,张华查阅了大量的资料,然后静下心来,从公司的经营宗旨、战略目标出发,对公司的技术、产品、市场销售、资金需求、财务指标、投资收益、投资者的退出等方面进行了分析和论证,当然这个过程中,他还得不时做一些市场方面的调查。一个月后张华就拿出一份创业计划书的初稿,不久就与一家投资公司达成了投资协议,有了风险投资的支持，员工招聘问题也迎刃而解。

现在，张华的公司经营得红红火火，年销售利润已达到 500 万元。回想往事，张华感慨地分享："创业计划书的编制与我写的环境污染治理材料要求差不多，绝不是随便写一篇文章的事。编制计划书的过程就是不断理清思路的过程。只有企业家自身思路清楚了，才有可能让投资人、员工相信。"

思考与讨论
1. 你认为创业计划书对张华创业成功起到了什么作用？
2. 你认为一份好的创业计划书需要具备哪些内容？

创业计划是创业者对创业项目的总体构想，是创建企业的重要工具，主要描述创业内容及特点、创业团队、行业分析与市场调查、市场营销与生产管理、风险与挑战等创建新企业的相关要素问题，也是衡量企业发展的重要标尺。

创业想法能否变成现实，关键看创业者能否制定一个周密的创业计划。很多创业者在创业之初并没有制定创业计划书，尤其是早期的创业者，缺乏系统的创业学习、培训。然而，作为一个完整的创业过程，创业计划是必不可少的，一份好的创业计划书能够有效帮助创业者和团队将创意、创想转换成全方位的创业计划，同时能够更全面地向潜在投资者、合作方开展宣传和融资。

大学生是创业主力军，通过系统学习，可以提升创业所需的基本能力，丰富知识素养，因此很有必要在大学阶段开展合适的创业实践，提升创业能力。本章的主要目的就是帮助大学生理解什么是创业计划书，以及如何撰写出一份有助于获得投资者支持的创业计划书。

第一节 创业计划概念与作用

一、创业计划概念

创业计划是创业者关于创业项目的书面介绍，它可以为企业的发展设定更加清晰的方向和重点，让创业团队朝着企业目标努力。创业计划书的读者通过阅读创业计划书能较快了解企业的业务状况和业务目标。因此，创业计划是创业项目最重要的商业文件之一。

创业计划书的读者主要可分为两类：一类是企业内部人员，另一类是投资者和其他外部利益相关者。

1. 企业内部人员

创业计划书中包含了企业的远景和未来规划，不管是对管理团队还是普通员工，都十分重要。在制定创业计划书的过程中，大家共同致力于完成该项目，也有益于形成一支强大的、充满凝聚力的团队。一份清晰的创业计划书还可以使创业团队保持统一的、有目的的行动方向，能让员工对所做的每项工作变得更加有信心，或者认为创业者所做的一切能够和总体计划保持一致，和企业成长的方向保持一致。

2. 投资者和其他外部利益相关者

外部利益相关者包括投资者、商业合作伙伴、顾客、投资机构等。创业计划书应当实事求是，让利益相关者清晰地感觉到商业创意切实可行，能够带来比选择其他的投资方案更加丰富的利润回报或较高的潜在利益，否则就没有说服力。

二、创业计划作用

任何创业项目，都不可能一帆风顺，一步登天。创业者在创业过程中，会遇到各种预想不到的问题和困难，纷繁复杂的工作会对创业者带来困扰，做好创业计划尤为重要。

1. 创业计划是创业者把握企业发展的总纲领

创业者应该首先确立明确的目标，包括经营策略与步骤、市场调查与分析、企业管理与前景展望等。为了使创业行动有章可依，创业计划应运而生。创业计划的写作过程，也是一个不断调整思路与策略的过程。在这一过程中，创业者或者改变销售策略，或者更新经营思路，或者认识到某一方面的错误与不足，或者改变总目标下的某一分支，这都有利于企业良性发展。总之，对创业者来讲，创业计划无异于总纲领和总路线。

2. 创业计划是帮助创业者凝聚人心的重要依据

一份完美的创业计划可以增强创业者的自信，使创业者明显感到对经营更有把握。因为创业计划提供了企业全部的现状和未来发展的方向，也为企业提供了良好的效益评价体系和管理监控指标。创业计划使得创业者在创业实践中有章可循。创业计划通过描绘新创企业的发展前景和成长潜力，使管理层和员工对企业及个人的未来充满信心，并明确要从事什么项目和活动，从而使大家了解将要充当什么角色，完成什么工作，以及自身是否可以胜任这些工作。因此，创业计划对于创业者吸引所需要的人力资源具有重要作用。

3. 创业计划是投资者决定是否投资的重要参考

从融资角度来看，创业计划通常被喻为"敲门砖"。一份详细的创业计划，往往包含了投资者所需要的信息：该企业的实现业绩和发展远景，市场竞争力和优势、劣势，企业资金需求现状和偿还能力，以及创业者及其团队的能力和阵容等。这些都是投资者关心的重点，是他们衡量企业实力和潜力的依据，并以此作为是否对企业投资的重要参考。即便创业者无意寻求外部融资，仍需要一份有侧重点的创业计划，这样可以避免创业初期的散乱局面，减缓创业者的茫然情绪。

第二节 创业计划书撰写

在撰写创业计划书前，要明确其意义和作用，即解答新项目、新产品开发的相关问题，展示创业企业的价值和优势，要确保创业计划书简洁明了、条理清晰。一份优秀的创业计划书是新企业成功的关键。创业计划不仅是一个业务蓝图，它还可以帮助创业者吸引投资、获得贷款，并作为管理工具指导创业之旅。而创业计划书的读者需要快速识别创业计划所涉及的核心问题，创业计划书看上去应该是一份商业文件，不应使用太过艳丽的图例或过分夸张的文字描述。

撰写创业计划书前，创业者要充分思考和回答以下问题：新产品或服务的基本价值是什么？为什么这是一个有价值的创业机会？新产品或服务要卖给谁？如何开发、生产、销售新产品或服务？应对现存和未来竞争的总体计划是什么？创业团队的构成是否合理？是否具备经营企业所需的知识、经验和技能？如果创业计划书是为了筹资，那么需要筹集多少资金，需要何种融资方式，资金如何使用，创业者和投资人如何实现投资收益？

这些问题都是创业者在创业过程中必须直接面对的问题，而创业计划书就要回答所有这些问题。创业者要确保创业计划能得到投资人更多眷顾，就必须确保创业计划书能够快速清晰地帮助投资人获取这些问题的答案。

一、创业计划书构成要素

一般来讲，创业计划书要清楚地阐明创业项目的商业理念、市场分析、营销策略、管理团队和财务预测，一份完整的创业计划书通常需要包含以下要素：

（一）封面和目录

1. 封面

封面应包括企业名称、标志、联系信息、计划书编制日期以及企业网址或媒体宣传平台（根据企业的宣传媒介来定）。如果企业已注册商标等，则可将商标置于封面中间，充分展示企业文化。如果已有产品或服务的设计简图或照片，可将图片印在封面上，既增加美观度又展示了创业内容。例如，创业项目为舞蹈培训，用一张舞蹈工作室舞者图片置于计划书封面上，效果也很不错。一般来讲，创业者的联系信息应标注于封面上，可以帮助读者更便捷地找到创业者。

2. 目录

目录紧接封面页后，应列出计划书的主要部分及其对应页码，方便读者快速查找感兴趣的部分。

（二）执行摘要

执行摘要即创业项目的概述，重点介绍公司情况和商业理念，概括整个计划书的要点；再适当展开介绍创业项目的业务概念、市场机会、竞争优势、财务概况和资金需求。大多数情况下读者先看执行摘要，觉得不错，才会看完整的创业计划书。由此可见，执行摘要是创业计划书中很重要的部分，如果执行摘要不能引起读者的兴趣，读者不太可能继续阅读创业计划书。

执行摘要应该对新创企业的关键问题给予清晰、客观的回答，即说明清楚新项目新产品解决了哪些"痛点"，或者优势在哪里，以及为什么新项目会成功，一般篇幅控制在1~2页。

执行摘要在创业计划书完成后再写，才能对企业总体情况有全面的概括。执行摘要的意义在于让读者对创业项目产生兴趣，吸引读者的注意力，因此内容应简洁明了、条理清晰，同时不失热情与憧憬。每个部分都能实事求是，得到读者信赖，同时引起共鸣。

执行摘要主要包括以下部分内容。

①公司介绍：简单介绍公司名称和核心团队，公司主营业务、公司战略和发展规划；核心团队介绍即概述创业团队的相关知识、经验、成绩，特别要说明创业者或团队成员曾经负责过的部门、项目或企业的规模。

②产品/服务：描述提供的产品或服务及其独特卖点。

"产品"，是指能够提供给市场，被人们使用和消费，并能满足人们某种需求的产品，包括有形的物品、无形的服务、组织、观念或它们的组合。

"服务"，是一方能够被另一方提供的、本质上无形的活动或作业，结果不会导致任何所有权的发生。"服务"可能与某种"产品"联系在一起，也可能毫无关联。"服务"的特点在于：无形性、不可分性、可变性和易逝性。

③市场机会：描述行业历史与前景，市场规模及增长趋势，公司竞争优势及存在的市场机会。

这部分内容，就是要让读者清楚了解公司的目标市场、选择该目标市场的理由，以及为什么目标市场中的客户会购买公司的产品或服务。选择该市场目标的理由，例如，市场增长空间以及市场机会如何？产品和服务是如何满足市场需求的？是否创造了新的客户价值？具备哪些竞争优势？

④财务计划：概述企业的毛利和经营利润、期望盈利率和盈利的持续时间，制定公司的财务规划，如预期收入、成本、利润和成长性。

⑤营销策略或经营模式：介绍营销机构和营销队伍、营销渠道的选择和营销网络的建设，广告策略和促销策略、价格策略，市场渗透与开拓计划等。

⑥资金需求：说明企业的资金需求和用途，包括初始资本、运营资金、技术研发、市场营销、人力资源等。

（三）公司描述

公司描述是创业计划书的主体部分，要详细说明企业的基本情况，包括成立背景、使命、愿景、目标以及业务模式等，总体内容即围绕着"公司的业务是什么？""为什么要做这个项目？""公司的中期目标、长期目标是什么？"这些问题来展开，重点就是对公司做出清晰的定位。

1. 行业背景

行业背景是整个计划书的逻辑起点和支撑。在撰写计划书之前，需要认真研究项目所处的行业，发现其中存在的问题。没有调查就没有发言权。行业背景调查的过程需要对行业的现状、趋势等进行详细的分析，可以通过对行业报告分析、市场调研等方法来实现。在分析行业的过程中，需要注意抓住关键点，挖掘出真正存在的问题，并进行深入分析，确定问题的本质、规模和影响。要通过行业分析把读者一步步引到自己项目所处的领域当中，先分析整个行业的大环境，告诉读者目前整个领域是什么样的现状，再深入到细分领域，告诉大家在调研和分析中发现细分领域中存在的问题，通过具体的数据表达，充分说明问题的严重性与紧迫性。

2. 愿景和使命

在这样的行业背景下，新项目新企业肩负着解决相应问题的使命和愿景，进一步明确企业立志成为什么样的企业。合适的愿景和使命表明企业目标明确，能为企业指明前行道路，成为企业财务与道德指南。

陈述愿景和使命时要用尽可能用少的字说清楚，简短的陈述语往往比长的易记、实用。愿景和使命不能光是空话，而应该是企业成长背后的驱动性力量，是企业的一项重大决策。

网络等资源中有很多关于如何写好企业使命的建议，下面举出几点原则：愿景和使命不是缩减版企业概况；要体现企业的独特之处；诚实，不可夸大其词；充满激情，让读者印象深刻；说明企业存在的理由；充满挑战和冒险精神，同时又现实可行；使用最能够反映本企业文化的语气；与企业所有的利益相关者都有关；是整个团队的智慧结晶。

3. 公司的名称和形式

一家新企业有一个响亮的名字，有利于树立良好形象。企业名称常由"行政区划+商号+行业+法律组织形式"依次构成；公司形式指其法律组织形式，如个人独资企业、合伙企业和有限责任公司，每种形式都有优缺点。新企业通常是从个人独资或合伙制企业开始的，这种形式手续简单；但随着公司的扩大和合伙人增加等，往往采用有限责任公司制形式，可以减少创业者和投资人承担的个人责任。

4. 公司历史

简述公司的创业历程和已达成的里程碑。

5. 产品/服务

描述公司的产品/服务，包括技术、创新或其他关键特征。

本部分应该对企业产品/服务进行详细解释，说明产品如何向消费者提供价值，包括描述产品/服务的独特之处以及其市场定位。产品/服务的定位是指根据市场同类产品的竞争状况，确定公司产品/服务在市场中的位置。

对于产品/服务的技术创新，要解释清楚产品/服务的专利性质以及在知识产权方面的保护情况。如果产品/服务创意可获专利，至少应该提出临时专利申请，以获得一年的"临时专利保护"；如果产品/服务没有可获取专利之处，就简单解释将采取什么措施构建进入壁垒，以避免自己的创意很快被模仿、复制。没有足够的壁垒，实力较强的竞争者很容易就能复制公司的做法。上述问题非常重要。如果没有知识产权保护，产品/服务的创意可能被实力强的竞争者复制，创业计划能否得到信任就在于这个关键问题。如果对这个问题避而不谈，可能会失去读者的信任，读者清楚缺乏进入壁垒将是企业面临的重大问题，他们也会注意到，创业者正在逃避这个问题；如果直面问题，并做出合理解释，或者直接说无法构建进入壁垒是本企业面临的主要风险，或将得到读者的信任。

（四）市场分析

研究目标市场的大小、增长潜力、市场趋势和客户群体。分析竞争对手，明确自身的市场定位。这里的市场，实质上就是指公司的产品/服务所定位的目标细分市场。市场细分是指营销者通过市场调研，依据消费者的需要和欲望、购买行为和购买习惯等方面的差异，把某一产品的市场整体划分为若干消费者群的市场分类过程，具体包含3个部分。

1. 目标市场定位说明（细分市场定位）

主要描述细分市场特点：消费者结构特征（年龄、性别、学历、职业等）、分布区域、购买动机、购买习惯、购买需求、购买能力等。相关分析工具：目标市场特征调查分析及策略制定、消费者分析工具。

2. 细分市场现状及需求预测

①市场发展现状：目前的消费者数量、销售额（含单位销售额与总销售额）、增长速度以及目标市场供给情况及竞争者分析（主要竞争者及所占市场份额，详细的竞争分析内容另

见"竞争分析"章节）；

②市场增长空间：潜在消费者数量、预计销售额（含单位销售额、总销售额，根据市场的增长速度进行判断）、预计市场供给情况（竞争性）；

③影响市场需求的主要因素（尤指良好的发展机遇）：例如行业变化、技术变革、竞争性、政策变化等。

④相关分析工具：有关细分市场消费者数量及产品销售额数据统计表、细分市场可行性分析。

3. 选择该市场目标的理由

①市场增长空间以及市场机会如何？

②产品/服务是如何满足市场需求的？是否创造了新的客户价值？

③具备哪些竞争优势？（可结合"五力模型"分析、竞争分析、SWOT分析内容简要阐述）

④如果存在劣势或者面临新入者威胁、替代品威胁等，将采取哪些策略获取成功？（可结合"五力模型"分析、竞争分析、SWOT分析内容简要阐述）

（五）营销和销售策略

营销和销售策略建立在目标市场分析的基础上，在这一部分，要描述企业的市场营销计划，以实现预期销售目标，包括品牌定位、推广渠道、广告策略、销售策略等方面，需要考虑如何提高品牌知名度，吸引消费者，增加销售额。阐述如何推广产品或服务，包括营销策略、销售计划、定价策略、分销渠道和推广活动等。

①定位与品牌策略：说明如何定位公司的产品/服务，并建立品牌形象。

②营销计划：详细描述营销和推广活动，包括在线和离线渠道。

③销售策略：阐明销售方法、流程和目标。

④价格策略：针对产品的成本测算，合理定价。讨论产品的价格，包括价格、市场份额和利润之间的关系，并把定价原则和主要竞争对手的定价策略做比较；讨论产品的成本和最终销售价格之间的毛利润，指出该利润是否足以弥补分销、保修、培训、设备折旧、价格竞争等花销的成本，并仍有利可图；描述所定的价格将如何使客户能够接受、在面临竞争时如何做到持续增加市场份额以及产生利润。

⑤产品策略：推陈出新，根据不同消费者的需求，开发出诸如低脂面包、营养面包、低糖面包等产品，满足不同口味和不同群体消费者的需求。

⑥包装策略：以清新的风格为主，给购买者良好的购买体验。

⑦促销策略：节假日店庆等开展促销活动，提高店铺的知名度和美誉。

⑧会员策略：开启会员卡制度，会员有折扣，给会员优惠会让顾客感觉尝到甜头，增加购买率，增加品牌知名度。

在撰写营销策略时需要注意两点：第一，企业营销计划的全部内容应该明确以顾客为导向；第二，必须清楚具体地展示由谁卖出产品，整个销售过程又是怎样的。例如，是直接销售，还是利用分销商、批发商、同行联合或其他渠道。

（六）运营计划

描述企业的日常运营流程，包括生产、供应链、设施、设备、人员和运营成本等。

①运营周期：说明企业基本营运循环的交付/延迟时间，解释如何处理季节性生产任务。

②地理选址：说明拟选址的计划，包括所做的选址分析，根据劳动力的可得性、客户或供应商的可接近性、运输的可到达性、公共设施的可利用性几个方面来讨论选址的区位优势和劣势。

③设施和改善：说明新创企业如何获得生产所需设施设备，以及何时取得，讨论设施设备是租赁还是购买，并指出使用成本及时间，以及使用融资资金购买设施的计划、解释未来三年的设备需求以及扩充计划。

④战略和计划：描述生产过程以及部分零部件的外包策划，根据库存资金压力、可供劳动力技能、生产成本等因素拟定外包战略，讨论潜在的分包商和供应商情况，列出一份生产计划，包括可用原料、劳动力、零部件、日常性开支情况，说明质量控制、生产控制、库存控制的方法。

需要注意的是，创业计划书中运营部分的重要性是有变化的，其侧重点应根据创业项目的不同而做出调整。例如，如果计划开设一家体育用品商店，并且管理团队拥有丰富的零售经验，那么运营计划的侧重点主要是选址和设施布置；相反，若正在接受生产全新产品的挑战，即使管理团队拥有经验丰富的产品开发人才，运营计划也需突出产品设计和生产流程。因为设计一种新产品创业与实际谋划一个企业制造、营销和销售该产品之间存在巨大的差异，读者会关注这种产品能否被制造出来及创始人是否具有丰富的企业运营经验。

（七）创业团队

介绍企业的法律结构（如合伙企业、有限公司等）和管理团队的构成，展示团队的凝聚力，以及每位核心成员的背景和职责。

人才是最宝贵的资源，这是由人的主动性和创造性决定的。在创业计划书中，必须要对主要管理人员加以阐明，介绍他们所具有的能力、他们在本企业中的职务和责任和他们过去的详细经历及背景。企业要管理好这种资源，更是要遵循科学的原则和方法。通过创业团队的展示，投资人对团队有足够的认识，进而可以产生更多的信心。

此外，在这部分创业计划书中，还应对公司结构做一个简要介绍，包括：公司的组织机构图、各部门的功能与责任、各部门的负责人及主要成员、公司的报酬体系。公司的股东名单，包括认股权、比例和特权，公司的董事会成员，各位董事的背景资料等。

组建创业团队是大学生成功实现创业的重要路径。对于大学生来讲，组建的创业团队就是有着共同创业理想的大学生的组合，在价值观、行业目标基本一致的前提下，把握商业机会，形成团队共同创建和领导企业。大学生创业团队普遍文化程度较高，文化素质和专业理论知识能力较强，但同时由于大学生团队初涉社会，也常常面临着社会经验不足，社会知识缺乏，团队管理建设能力不足等问题。因此，在该部分的撰写中，可以加入创业团队建立的体系制度，如团队的管理制度和激励制度等用以说明团队的规范运转，阐述团队具备的优势，体现一个多层次、全方位的大学生创业团队。

（八）财务计划

提供财务预测，包括收入预测、利润与损失表、现金流量表和资产负债表。此外，还需明确初始资金需求、投资回报预期和财务风险评估。

从财务数据可以看出：项目是否能获利、可以发展成什么样、可以产生什么样的价值、收入、利润等。这体现了财务分析的重要作用。但需要注意的是这不等于公司的财务报表，商业计划书中的财务分析更多的是对未来做预测，让投资人对项目未来发展有更大的想象空间。

1. 保持合理性、保守性，不能盲目预估

要保持合理性，不能盲目预估，经得起沙盘的推演，达成的可能性至少60%以上。收入不要过于激进，收入可以保守一点，成本可以激进一点，给公司留一些空间。为了拿到投资而给出难以置信的预期回报和利润数字是不可取的。反而把财务预测说得保守一些，把预期回报和期望值降低一点，这样投资人会更认为创业者真诚和值得信赖。给出的数据经得起推敲，逻辑上可信，数据翔实可靠、严谨，投资人才会认真对待。

2. 要结合公司战略规划

在编写财务预测的时候，其实也是对于公司的业务有更深入的思考。从数字的角度来思考这个业务未来的发展情况，从中推演出，企业的商业价值所在，是否真正能够产生价值，以及价值的大小有多少？在什么时间点会产生这个价值？而且通过战略地图制定出的财务目标，也能通过财务分析进行评估和落实。

3. 考虑风险因素

需要充分考虑行业的风险、市场的风险、竞争的情况、团队的能力，基于风险做相对保守的财务预测。

4. 注意逻辑

逻辑要清晰，前期对于公司市场空间，公司的占有率，同行业竞争的比较，投入和产出的比例，人员的配套都要跟得上。后期的财务情况要整合前期的整体做规划，体现到财务预测上的看似只是一个结果，但是这个结果的原因和过程才是关键。

所以一份高质量的财务分析报告在各个方面都是有严格要求的，编写人员不仅要从创业者的角度思考，从公司层面展开，还需要考虑投资人在看这份财务分析报告时的投资人思维。

那具体应该怎么写呢？具体内容是什么呢？

商业计划书中的财务分析主要包含以下五部分：

（1）收入预测表（业务收入来源及规模预估）　主要是用来介绍业务收入的内容，各项主营业务、主营业务外收入的情况，以及对应的规模情况，例如，本期公司实现主营业务收入××万元，与去年同期相比增长××%，未来预计收入情况。

（2）成本预测表（企业大体的开支去向）　说明企业开支的大体去向。例如，本期公司成本费用共计××万元。其中，主营业务成本××万元，占成本费用总额××%；营业费用××万元，占成本费用总额××%；管理费用××万元，占成本费用总额××%等。

（3）利润预测表（企业效益）　是对企业的效益进行预测。如本期利润总额比上年同期增加××万元，总额增长率为××%。其中，主营业务收入比上年同期增加利润××万元；营业费用比上年同期增加利润××万元；财务费用比上年同期增加利润××万元等。

（4）现金流量表（体现了投资回收周期）　现金流量表直接体现企业筹措现金，经营的能力，从经营角度，现金流量表相对于利润表，是更有说服力的，是企业的真实情况，具体包括三个方面，经营活动、投资活动、融资活动的现金流量。例如，销售商品、提供劳务的现金流入××万元，支付税金流出××万元；融资活动流入××万元等。

（5）财务指标（结论）　财务指标方面主要是从偿债能力指标、营运能力指标、盈利能力指标、发展能力四个方面，但在分析过程中，需要注意的是与同行业相对比，竞争者、自身同期等进行比较，这样横向行业比较，纵向公司自我比较，能够得出较为准确的结论。

（九）附录

附录应包括想要向投资商提供的所有细节信息，它是正文的重要补充。为了保证正文的间接性，该信息无法在正文中详细描述，而该信息对于提高创业计划的说明性，又是必要的。比如，一些表格、个人简历、市场调查结果、相关的辅助证明材料（如专利证明、技术获奖证书、合作意向书、专家推荐函）等。附录的撰写要遵循以下原则：

①当附录内容较多时，应该将商业计划书正文与附录分开装订，并分门别类整理附录，比如主要合同资料、信誉证明、图片资料、分支机构列表、市场调查结果、主要领导人履历、技术信息、生产制造信息、宣传资料、工作时间表、平面布置、租约等。附录内容较多时，若与商业计划书正文一起装订，容易导致整个文本过多，使读者感到厚重，从而产生厌倦感，以及造成喧宾夺主的后果。

②附录的内容选择应遵循充分必要原则，即凡是对正文的必要补充的内容，一定要放在附录中，凡是不必要的内容，就不必放上去，避免降低附录的质量。

二、创业计划书撰写原则与技巧

一份优秀的创业计划书的确需要花费创业者很多时间和精力。经过创业构想研讨、市场调研等环节，对产品和市场有了一定的认识之后，就需要将构想的内容写成计划书，这是创业计划书形成关键性的一步。撰写创业计划书需要遵循一定的原则和技巧。

（一）创业计划书的撰写原则

要写出以上创业计划书的内容，需要创业者前期精心地准备和构思，以及撰写中的耐心细致、撰写后的认真检查和润色。具体来讲，编写创业计划书的步骤如下。

①经验学习：由于大学生创业缺乏相关经验，所以在策划创业计划书之前，应该广泛学习创业所需知识，并且深入社会学习和了解创业的实战知识，通过前期社会实践、市场调查、专家访谈等多种方式学习创业知识，掌握相关的创业技能。

②创业构思：在掌握相关的创业知识和所需技能的基础上，需进一步针对所创办的企业进行深度思考，从一个投资者的角度来考虑创业构思是否合理、可取，以及竞争性如何。比如，可从创业之前的准备、创业中的整个运作、创业后的市场预期和偿债能力预期等多个方面进行考虑，做到对整个项目的运作了然于胸。

③市场调研与资料收集：在正式动笔之前，还需要进一步确定市场需求和进行市场前景预测。比如，可利用市场调研的相关方法进行，从而保证创业项目的可行性和可持续性。同时，要着手搜集编写创业计划书过程中可能用到的企业内外部资料。

④方案起草：创业计划书正文的撰写可由创业者集体协商、统一想法后分工进行。第一步，需要确定创业计划书的编撰目的，了解创业计划书的阅读对象的兴趣点和阅读需求，并草拟一个创业计划书大纲。第二步，搜集所需的信息资料，根据创业计划书的目录结构，确定所需资料的重点及详细分类，已有的关键信息与缺乏的信息，并对信息进行重新编码和梳理，查漏补缺。第三步，开始撰写创业计划书。要注意按照工作进度计划进行，必要时小组成员需要按照

PDCA 循环的原则进行讨论、撰写、检查、反馈，以提高撰写的质量和提升整体思路。

⑤修改完善创业计划书：撰写完毕，需要进行修改完善的工作。首先反复阅读，修改完善相关内容，做到条理清晰、详略得当、突出重点，达到能够说服读者的目的。可以请其他未参与创业计划书撰写工作的相关人员阅读创业计划书内容，然后由其提出相应的反馈意见和建议。其次根据创业计划书的内容，提炼出简短的摘要。摘要的撰写也需反复润色，尽量减少字数，同时又能说明关键问题。再次加入并检查必要的补充材料。按照附录的要求检查必需辅助材料是否齐全并具备相当的说服性，并且确保没有多余的材料。如果有必要，准备一些产品的模型、图片、前期实验、试用报告等。最后检查格式。创业计划书要求无错别字，格式上能体现清晰的结构和突出重点。要设计一个漂亮醒目的封面，编写相应的目录与页码，以便后续装订成册。

⑥最后的审查：在完成了整个创业计划书之后，应该再仔细检查一遍该计划书是否能够准确回答投资者的疑问，以及争取到投资者对本企业的信心。内容检查包括：是否简短而清晰地写出了创业计划内容，突出了项目的市场机会及独特优势；是否显示出创业者具有管理公司的能力或经验，即表明了创业计划团队的最佳组合；是否显示出了创业者有偿还投资的能力，即投入产出与盈利预测是否合理；是否显示出创业者已经进行过完整的市场分析，即对面临的问题及对策的分析是否到位；创业者的创业计划书是否容易被投资者所领会；是否在文法上全部正确；创业者的创业计划书能否最终打消投资者对产品/服务的疑虑，其中的风险对策、保持可持续发展等方面的论述是否能够说服投资者。

（二）创业计划书的撰写技巧

1. 创业计划书力求简洁清晰

查阅创业计划书的读者往往都惜字如金，他们可能会通过创业者对企业的描述做出判断。因此，创业者对新创企业的介绍务必做到简洁、结构清晰。一般创业计划书的篇幅内容（不包含附录）不宜太长。

2. 排版装订专业

目录、执行摘要、附录、图表、正确的语法和各部分的合理编排及美观整洁，是高质量的创业计划的表现之一。也就是，要保证装订和排版印刷不粗糙，尽量做到专业。同时，计划书中不出现语法、印刷及拼写错误。

3. 吸引人

要想在 5min 内激发投资人的兴趣，让投资者产生强烈的投入感。就要在扉页和执行摘要上下功夫，把它们写好。

4. 让计划充满憧憬

创业者在撰写计划书时要善于使用鼓舞人心的词汇，描述企业的发展趋势和前景，描绘未来的打算，说明产品/服务所蕴含的巨大潜力和即将带来的较大财富。

5. 避免言过其实

销售潜力、收入预测估算、增长潜力都不要夸大，好的创业计划以其客观性说服投资人。一份计划书写得像一份煽情广告，会大大降低计划的可信度，最好的、最差的、最有可能的方案都要在计划中体现出来。实际上，许多风险投资者常使用一种"计划折扣系数"，他们认为"成功的新创企业通常只能达到计划财务目标的大约 50%"。

6. 突出关键风险因素

创业计划中涉及的关键风险是投资者、银行家以及其他投资者敏感、最关注的部分。在创业计划中，既要陈述创业者的危机管理能力，明确指出潜在风险，同时让投资者察觉到对这样的创业者团队来讲这些风险是可以驾驭的。

7. 发送优秀创业者团队的信号

撰写创业计划的管理部分，一定要让投资人接收到创业者团队具有较强管理能力和资源整合能力的信号，这个信号是投资人最想看到的信息。

8. 准确描述目标市场

撰写目标市场评估分析时，应把如何区分目标市场的情况描述清楚，目标市场是企业利润的来源，是营销、财务计划能否表达清楚的关键。

9. 不断检查修正

好的创业计划书的秘诀在于不断地修改，很少有人能够一气呵成。在修改过程中，应该认真广泛征求意见，以增强计划的可读性和规范性。

本章小结

创业计划是对新建企业的内、外部环境及企业战略做出系统描述的书面文件，包含整个项目产生的过程、当前状况、存在问题、财务分析和预测、风险预估和对策、未来愿景、实现路径等一系列内容的说明文件。创业计划能够有效帮助创业者和团队将创意、创想转换成全方位的创业计划，能够帮助创业团队向投资者、合作方开展宣传和融资。大学生初创者要重视创业计划的编撰，把握创业计划的格式与内容，遵循撰写创业计划书的基本原则，反复琢磨，形成一份主题突出、通俗易懂、结构完整、观点客观、目标明确的创业计划，以指引创业者走上优秀创业之路。

思考题

1. 简述创业计划的作用。
2. 创业计划书的构成要素包括哪些内容？
3. 简述撰写创业计划书的基本原则。

延伸课堂

访谈商业呈现

第八章
创业资源获取与整合

08

学习目标

1. 掌握创业资源的内涵和特性。
2. 掌握创业资源的获取途径和策略。
3. 掌握创业资源的整合方式与方法。

学习重点与难点

1. 重点是创业资源的分类和评价。
2. 难点是创业资源的获取和整合。

导入案例

范蠡是春秋时期一位传奇的商人,被当代尊为商圣。事实上范蠡最开始也是一穷二白,那他是如何白手起家赚到第一桶金的呢?范蠡早年很落魄,为了维持生计就做了点买卖,有一次他发现南方的吴国越国经常打仗,战马的需求量很大。当时北方盛产战马而且价格便宜,如果能把战马贩卖到南方,肯定可以大赚一笔。不过由于当时的战局混乱,在运马的路上土匪很多,风险极大,那怎么做才能破解这一问题呢?

范蠡四处打听和调查,他发现北方有一个叫姜子盾的商人,他常年贩运布匹到南方的吴越,由于他早就花了很多钱买通了沿路的土匪,因此他的队伍一路畅通无阻。范蠡就琢磨着如何能利用姜子盾的资源,于是他想到了一个方案,他写了一个告示贴在了姜子盾的城门口。

上面的内容是:我范蠡,新建马队,开业酬宾,免费送货。姜子盾看到这个告示以后,觉得可以占便宜,于是找到了范蠡要求他运送布匹。就这样范蠡带着战马和布匹一起上了路,一路上没有什么阻碍顺利地到达了吴越,卖了战马大赚一笔,收获了人生的第一桶金。

这个故事能带来哪些启示呢?总结了一个关键词叫借力资源,范蠡贩卖战马的方案缺了一个无风险过路的资源,他找到了这个资源的拥有者姜子盾,巧妙地设计了一个免费送货的交易模式获得了这个资源。

在做生意的过程经常会有资源不足的问题,这个时候就需要像范蠡一样去借力资源,事实上这个世界上的资源太多了,真正的高手是会借用别人的资源来达成自身的目标,很多白手起家的商界大佬都是借力资源的高手。

接下来是地产大佬冯仑的案例,1991年的时候海南房地产市场很火,冯仑当时怀揣着3万块钱来到海南创业,3万块钱想搞房地产简直是天方夜谭。但冯仑是一个借力资源的高手,他很快想到了办法。

他找到了海南非常有实力的一家信托公司的老板,首先在这位老板面前滔滔不绝地讲述了自己的经历。接着冯仑给这位老板讲,现在有一个稳赚不赔的项目,不过这项目缺资金,需要1800万元,自己手上只有1300万元差500万元。他希望这位老板共同出资,自己投1300万元对方投500万元,收益按比例分成。这个老板一听还有这么好的事,果断地答应了。

于是,冯仑拿着500万元到银行做现金抵押,贷出了1300万元,他们用这些钱买了8栋别墅,简单地装修了一下就转出去了,就这么一转手冯仑赚了300万元。冯仑白手起家的第一桶金就是这300万元,也正是凭着这些钱踏上了财富人生。

空手套白狼并不纯粹是一个贬义词,事实上它是一种撬动资源的能力,提高了资源的杠杆效率。正确识别自身的资源能力,发现别人的资源能力,设计好的交易方式能让拥有资源的人能够好处足够多,风险足够低,那么生意成功概率就会增大。

思考与讨论
1. 范蠡是如何借力资源的?
2. 借力资源需要哪些方面?

第一节 认识创业资源

创业资源是指创业者在创业过程中所需要的各种要素,包括人力、资金、技术、市场、信息、政策等。创业资源的认识是创业者进行创业活动的基础和前提,也是创业者制定创业策略和方案的依据和指导。创业者对创业资源的认识,主要包括以下几个方面。

①创业资源的含义:创业资源的含义是指创业资源的本质和特征,即创业资源是什么,有什么作用和价值。创业者对创业资源的含义的认识,可以帮助创业者明确创业的目的和动机,以及创业的价值和意义。

②创业资源的分类:创业资源的分类是指创业资源的种类和范围,即创业资源有哪些,分为哪些类别,有哪些特点。创业者对创业资源的分类的认识,可以帮助创业者确定创业的领域和方向,以及创业的条件和需求。

③创业资源的来源:创业资源的来源是指创业资源的产生和获取的途径和方式,即创业资源从哪里来,怎么来,有哪些渠道和途径。创业者对创业资源的来源的认识,可以帮助创业者寻找创业的机会和优势,以及创业的资源和支持。

④创业资源的关系:创业资源的关系是指创业资源之间的相互作用和影响,即创业资源和什么有关,怎么有关,有哪些联系和影响。创业者对创业资源的关系的认识,可以帮助创业者分析创业的环境和竞争,以及创业的协作和协调。

⑤创业资源的变化:创业资源的变化是指创业资源的发展和演变的趋势和规律,即创业资源怎么变,为什么变,有哪些因素和动力。创业者对创业资源的变化的认识,可以帮助创

业者预测创业的风险和挑战，以及创业的创新和创造。

一、创业资源内涵与特性

创业资源的内涵是创业过程中能够帮助企业实现目标的资源总称。它既包括可见的物质性资源，如厂房、机器设备、资金等，也包括不可见的无形资源，如创业战略、创业方案、知识、技术、创业团队等；既包括创业者实际拥有的资源，也包括创业者可间接获取的资源，如广泛的社会关系等；既包括体现创业者个性特征的个体性资源，也包括组织性、社会性的资源；既包括国内各种资源，也包括国外提供的资源。

总而言之，创业资源是涵盖使创业者创业活动顺利进行的一切支持性资源，包括有形与无形的资产，它是新创企业创立和运营的必要条件，主要表现形式为创业人才、创业资本、创业机会、创业技术和创业管理等。

创业资源的特性主要有以下几点。

①资源稀缺程度更高：相对于既有企业来说，新创企业的创业资源不仅在数量上不足，而且在结构上不平衡。新创企业往往缺乏与企业运作相关的知识、经验及能力，因此新创企业往往存在着资源稀缺和部分资源利用不充分的双重矛盾。创业资源的稀缺性要求创业者在创业过程中不断寻找、获取和利用各种资源，以满足创业的需求。

②资源外部依赖性更强：由于新创企业直接控制的资源不足，创业者往往需要借助外部资源来支持创业活动。外部资源包括创业者的社会网络、合作伙伴、投资者、政府机构、行业协会、媒体等。这些外部资源可以为新创企业提供资金、技术、信息、机会、信誉、支持等，从而降低创业的成本和风险，增加创业的效率和效果。创业者如何创造性地获取和利用外部资源，对于新创企业的生存和发展显得越来越重要。

③资源个性化特征更明显：新创企业的创业资源往往与创业者的个人特征密切相关，反映了创业者的价值观、兴趣、能力、经历、目标等。创业者的个人特征不仅影响着创业资源的选择和获取，而且影响着创业资源的整合和利用。创业者的个人特征也是新创企业的核心竞争力之一，可以为新创企业赋予独特的价值主张和市场定位。

二、创业资源分类与评价

（一）创业资源的分类

创业资源的分类可以从不同的角度进行，常见的分类方法有以下几种。

①基于内容的创业资源分类：按照资源的内容或性质，创业资源可以分为人力资源、财务资源、物质资源、技术资源、组织资源、信息资源等。人力资源是指创业者自身和创业团队的知识、技能、经验、态度、动机等；财务资源是指创业者可用于创业的资金和资产；物质资源是指创业者可用于创业的厂房、设备、原材料等；技术资源是指创业者可用于创业的专利、商标、版权等；组织资源是指创业者可用于创业的组织结构、管理制度、企业文化等；信息资源是指创业者可用于创业的市场信息、行业信息、政策信息等。

②基于来源的创业资源分类：按照资源的来源或渠道，创业资源可以分为内部资源和外部资源。内部资源是指创业者自身或创业团队所拥有或控制的资源，如个人储蓄、家庭财产、个人技能等；外部资源是指创业者通过社会交往或合作关系所获取或利用的资源，如社会网

络、合作伙伴、投资者、政府机构、行业协会、媒体等。

③基于功能的创业资源分类：按照资源在创业过程中的作用或功能，创业资源可以分为创业启动资源和创业发展资源。创业启动资源是指创业者在创业初期所需要的资源，如创业机会、创业资金、创业团队等；创业发展资源是指创业者在创业后期所需要的资源，如创新技术、品牌形象、市场渠道等。

（二）创业资源的评价

创业资源的评价是指创业者对创业资源的价值和效用进行分析和判断的过程。创业资源的评价可以从以下几个方面进行。

①资源的稀缺性：资源的稀缺性是指资源的供给量与需求量之间的关系。资源的稀缺性越高，资源的价值越高，资源的获取难度越大。创业者应该优先获取那些稀缺而又重要的资源，以提高创业的竞争优势。

②资源的可替代性：资源的可替代性是指资源在满足创业需求时能否被其他资源所替代。资源的可替代性越高，资源的价值越低，资源的获取灵活性越大。创业者应该尽量寻找那些可替代性低而又独特的资源，以提高创业的差异化。

③资源的互补性：资源的互补性是指资源在组合使用时能否相互增强或补充。资源的互补性越高，资源的价值越高，资源的整合效果越好。创业者应该尽量整合那些互补性高的资源，以提高创业的协同效率。

④资源的可控性：资源的可控性是指创业者对资源的获取和使用的主动性和自主性。资源的可控性越高，资源的价值越高，资源的风险越低。创业者应该尽量控制那些可控性高而又关键的资源，以提高创业的稳定性和可持续性。

第二节 创业资源获取

创业资源获取是指创业者在创业过程中，通过各种方式获取和利用能够支持创业活动的各种资源，如人力、资金、技术、信息、机会等。创业资源获取是创业成功的关键因素之一，因为创业资源的充足与否，直接影响着创业者能否有效地实现创业机会，提高创业绩效，降低创业风险。

一、创业资源获取途径

创业资源的获取途径是指创业者通过各种方式或渠道来获取创业资源的方法。创业资源的获取途径主要有以下几种。

①自我获取：自我获取是指创业者通过自身的努力或投入来获取创业资源的途径，如个人储蓄、家庭财产、个人技能、个人经验等。自我获取的优点是成本低、速度快、风险小，缺点是资源量有限、结构不平衡、质量不高。

②社会获取：社会获取是指创业者通过社会交往或合作关系来获取创业资源的途径，如社会网络、合作伙伴、投资者、政府机构、行业协会、媒体等。社会获取的优点是资源量大、结构多样、质量高，缺点是成本高、速度慢、风险大。

③市场获取：市场获取是指创业者通过市场交易或竞争来获取创业资源的途径，如购买、租赁、承包、并购、联盟等。市场获取的优点是资源可替代、可选择、可调整，缺点是价格高、条件苛刻、竞争激烈。

二、创业资源获取策略

创业资源的获取策略是指创业者在获取创业资源时所采取的行动或措施。创业资源的获取策略主要有以下几种。

①创造策略：创造策略是指创业者通过创新或发现来获取创业资源的策略，如发明新技术、开发新产品、发现新市场、创造新机会等。创造策略的优点是能够获取独特的资源，提高创业的差异化和竞争力，缺点是需要高水平的知识、技能和创造力，风险和不确定性较大。

②交换策略：交换策略是指创业者通过交易或互换来获取创业资源的策略，如出售股份、提供服务、分享利润、互惠互利等。交换策略的优点是能够获取多样的资源，提高创业的协同效率和效果，缺点是需要付出一定的代价，可能损失部分的控制权和利益。

③借用策略：借用策略是指创业者通过借鉴或利用来获取创业资源的策略，如模仿成功案例、借助现有平台、利用闲置资源、借助社会支持等。借用策略的优点是能够获取现成的资源，降低创业的成本和风险，缺点是可能遭到竞争对手的模仿或反击，难以形成核心竞争力。

创业资源获取是创业成功的关键因素之一，创业者应该根据创业资源的内涵和特性，进行创业资源的分类和评价，选择合适的创业资源的获取途径和策略，实施创业资源的整合和管理，以实现创业资源的最大化利用，提高创业的绩效和竞争力。创业资源获取是一个动态的、持续的、创造性的过程，创业者应该不断地学习、创新、调整，以适应创业的变化和挑战，实现创业的可持续发展。

第三节　创业资源整合

创业是一种创新的社会行为，是一种利用机会创造价值的过程。创业的本质是资源的整合，是将分散的、低效的、无序的资源转化为集中的、高效的、有序的资源，从而实现资源的最优配置和利用。创业资源是指创业者在创业过程中所需的各种要素，包括人力资源、物质资源、财务资源、技术资源、信息资源、组织资源等。创业资源的整合是指创业者通过各种方式或途径，将获取的各种创业资源进行组合或协调，以形成创业的核心竞争力和价值创造能力。

创业资源的整合是创业成功的关键因素之一，也是创业者面临的最大挑战之一。创业者往往处于资源的匮乏和不足的状态，需要在有限的时间和空间内，利用有限的资源，实现无限的创新和发展。创业者如何有效地获取、整合和管理创业资源，是创业者必须解决的重要问题。本节旨在探讨创业资源整合的概念、特征、整合方式和方法、管理原则和技巧等方面，以期为创业者提供一些理论和实践的指导和参考。

一、创业资源整合的概念与特征

1. 创业资源整合的概念

创业资源整合的概念是指创业者在创业过程中，将获取的各种创业资源进行组合或协调，以形成创业的核心竞争力和价值创造能力的过程或结果。

2. 创业资源整合的特征

创业资源整合的特征主要有以下几点。

①动态：创业资源的整合不是一次性的行为，而是一个持续的过程，需要随着创业的阶段和环境的变化，不断地调整和优化资源的结构和组合，以适应创业的需求和机会。

②复杂：创业资源的整合涉及多种类型、多种形式、多种层次的资源，需要考虑资源的稀缺性、可替代性、互补性、协调性、动态性、不确定性等多种因素，需要运用多种技术、手段、方法和策略，需要协调多种利益、关系、目标和价值，需要解决多种冲突、障碍、风险和问题。

③创新：创业资源的整合不是简单地堆积或叠加资源，而是通过创新的思维和方法，将创业资源整合是指创业者在创业过程中，通过各种方式或渠道来获取和利用能够支持创业活动的各种资源，如人力、资金、技术、信息、机会等，并将这些资源进行组合或协调，以实现资源的最大化利用和效益。

二、创业资源整合方式与方法

创业资源整合是创业成功的关键因素之一，创业资源的充足与否，直接影响着创业者能否有效地实现创业机会，提高创业绩效，降低创业风险。

1. 创业资源的整合方式

创业资源的整合方式是指创业者将获取的各种资源进行组合或协调的形式或模式。创业资源的整合方式主要有以下几种。

①垂直整合：垂直整合是指创业者将不同阶段或层次的资源进行整合的方式，如将上游的原材料、中游的生产、下游的销售等资源进行整合。垂直整合的优点是能够控制整个产业链，提高创业的稳定性和可持续性，缺点是需要投入大量的资源，增加创业的复杂性和风险。

②水平整合：水平整合是指创业者将同一阶段或层次的资源进行整合的方式，如将同类的产品、服务、技术等资源进行整合。水平整合的优点是能够扩大市场份额，提高创业的规模效益和竞争力，缺点是可能引起市场的垄断或反垄断，降低创业的创新性和灵活性。

③网络整合：网络整合是指创业者将不同地域或领域的资源进行整合的方式，如将国内的资源、国外的资源、跨行业的资源等进行整合。网络整合的优点是能够拓展市场范围，提高创业的多元化和协同化，缺点是需要建立有效的沟通和协调机制，增加创业的管理成本和难度。

2. 创业资源的整合方法

创业资源的整合方法是指创业者在进行资源整合时所采用的技术或手段。创业资源的整合方法主要有以下几种。

①资源的配置：资源的配置是指创业者根据创业目标和环境，将资源分配到不同的创业活动或项目中，以实现资源的有效匹配。资源的配置需要考虑资源的稀缺性、可替代性、互补性等因素，以优化资源的结构和组合。

②资源的协调：资源的协调是指创业者根据创业过程和变化，将资源进行调整或衔接，以实现资源的有效补充。资源的协调需要考虑资源的动态性、不确定性、依赖性等因素，以增强资源的灵活性和适应性。

③资源的激励：资源的激励是指创业者根据创业效果和反馈，将资源进行激励或奖励，以实现资源的有效激发。资源的激励需要考虑资源的多样性、个性化、价值感等因素，以提高资源的积极性和创造性。

三、创业资源管理原则与技巧

创业资源的管理原则和技巧是创业成功的重要因素之一。创业资源包括人力资源、财务资源、物质资源、信息资源等，它们对于创业项目的发展和成长都有着重要的作用。将从以下几个方面对创业资源的管理原则和技巧进行详尽论述。

1. 创业资源的管理原则

创业资源的管理原则是指在创业过程中，对创业资源进行有效的规划、配置、利用和控制的基本准则。创业资源的管理原则主要有以下几点。

①节约原则：创业资源是有限的，创业者应该合理地分配和使用创业资源，避免浪费和滥用，提高创业资源的使用效率和效益。

②协调原则：创业资源是多元的，创业者应该协调好创业资源之间的关系，使创业资源能够相互支持、相互促进，形成创业资源的综合效应。

③创新原则：创业资源是动态的，创业者应该不断地创造和开发新的创业资源，或者对现有的创业资源进行改造和优化，以适应创业环境的变化和创业目标的提升。

④竞争原则：创业资源是稀缺的，创业者应该在市场竞争中，通过优化创业资源的结构和质量，提高创业资源的竞争力和价值。

2. 创业资源的管理技巧

创业资源的管理技巧是指在创业过程中，对创业资源进行有效的获取、整合、运用和保护的具体方法和策略。创业资源的管理技巧主要有以下几点。

①获取技巧：创业者应该根据创业项目的特点和需求，从多渠道、多角度、多层次地寻找和获取创业资源，如通过网络、媒体、社会关系、政府机构、金融机构、专业机构等方式，获取人力资源、财务资源、物质资源、信息资源等。

②整合技巧：创业者应该根据创业项目的目标和策略，对获取的创业资源进行有效的组织和协调，如通过建立团队、制定计划、分配任务、设定目标、激励机制等方式，整合人力资源、财务资源、物质资源、信息资源等。

③运用技巧：创业者应该根据创业项目的实际情况和市场需求，对整合的创业资源进行有效的利用和开发，如通过创新产品、提供服务、拓展市场、建立品牌、增加收入等方式，运用人力资源、财务资源、物质资源、信息资源等。

④保护技巧：创业者应该根据创业项目的风险和挑战，对运用的创业资源进行有效的保护和维护，如通过制定规章、签订合同、申请专利、注册商标、保密信息等方式，保护人力资源、财务资源、物质资源、信息资源等。

四、创业资源管理实例

创业资源的管理实例是指在创业过程中，创业者对创业资源进行管理的具体案例和经验。创业资源的管理实例主要有以下几个。

①阿里巴巴：阿里巴巴是中国的电子商务平台，它的创始人马云在1999年创办了阿里巴

巴网站，当时只有 18 个员工和 5000 美元的资金。马云通过不断地获取和整合各种创业资源，如通过互联网、媒体、投资者、合作伙伴、政府等方式，获取了人力资源、财务资源、物质资源、信息资源等。马云通过不断地运用和开发各种创业资源，如通过创新模式、提供服务、拓展市场、建立品牌、增加收入等方式，运用了人力资源、财务资源、物质资源、信息资源等。马云通过不断地保护和维护各种创业资源，如通过制定规章、签订合同、申请专利、注册商标、保密信息等方式，保护了人力资源、财务资源、物质资源、信息资源等。阿里巴巴经过 20 多年的发展，已经成为全球最大的电子商务平台，拥有超过 10 万名员工和超过 5000 亿美元的市值。

②小米：小米是中国的智能手机品牌，它的创始人雷军在 2010 年创办了小米公司，当时只有 13 个员工和 1000 万美元的资金。雷军通过不断地获取、整合、运用和保护各种创业资源，实现了对创业资源的管理。在人力资源方面，雷军深知人才是企业发展的核心驱动力。在组建团队时，他凭借自身的魅力和影响力，吸引了来自不同领域的顶尖人才。例如，小米的联合创始人林斌、黎万强等，他们在技术、营销等方面各具专长。雷军注重人才的培养和激励，为员工提供广阔的发展空间和良好的工作环境，激发员工的创新和创造力。比如，小米实行的"合伙人制度"，让核心团队成员与公司的利益紧密相连，共同为公司的发展努力。在财务资源方面，雷军展现出了出色的规划和运作能力。创业初期，他合理控制成本，将有限的资金投入到关键的研发和市场推广环节。在融资过程中，雷军善于与投资者沟通，成功获得了多轮重要的融资，为公司的发展提供了充足的资金支持。例如，小米 2018 年成功在港交所上市，进一步拓宽了融资渠道。在物质资源方面，雷军强调高效利用和优化配置。在生产环节，他通过与供应商建立紧密的合作关系，确保原材料的稳定供应和优质品质，同时降低采购成本。在仓储和物流方面，小米不断优化管理流程，提高配送效率，减少库存积压。在信息资源方面，雷军高度重视信息资源的收集、分析和利用。他密切关注行业动态和技术发展趋势，及时调整公司的战略方向。通过大数据分析，了解用户需求和市场反馈，为产品研发和改进提供依据。比如，小米根据用户的反馈不断优化手机系统，提升用户体验。在资源整合与协同方面，雷军能够有效地整合和协同各种资源。他将人力资源、财务资源、物质资源和信息资源相互融合，形成强大的合力。例如，在推出新产品时，技术团队负责研发创新，营销团队利用信息资源进行精准推广，财务部门提供资金保障，生产部门确保产品按时供应，从而实现了整个业务流程的高效运转。小米经过 10 多年的发展，已经成为全球智能手机品牌，拥有超过 2 万名员工和超过 1000 亿美元的市值。

总之，创业资源的管理原则和技巧是创业成功的重要因素之一，创业者应该根据创业项目的特点和需求，对创业资源进行有效的规划、配置、利用和控制，以实现创业项目的发展和成长。创业者应该借鉴和学习创业资源的管理实例，从中获取创业资源的管理经验和启示，以提高创业资源的管理水平和能力。创业者应该不断地创造和开发新的创业资源，或者对现有的创业资源进行改造和优化，以适应创业环境的变化和创业目标的提升。创业者应该在市场竞争中，通过优化创业资源的结构和质量，提高创业资源的竞争力和价值。创业者应该注意创业资源的保护和维护，避免创业资源的流失和损失，以保障创业项目的稳定和持续。

本章小结

本章主要探讨创业资源、创业资源的获取和创业资源整合的方法和策略,介绍了创业资源的基本概念、创业资源获取的基本概念和创业资源整合的基本概念,并详细分析创业资源的分类和评价、创业资源的获取途径和策略、创业资源的整合方式和方法,最后以创业资源管理实例分析创业资源的应用管理。

思考题

1. 创业资源是什么?创业资源的分类和评价是什么?
2. 创业资源的获取途径和策略分别是什么?
3. 创业资源的整合方式和方法分别是什么?

第九章

创业融资与创业投资

学习目标

1. 掌握创业融资和创业投资的内涵和特征。
2. 掌握创业融资的资金来源和资金测算。
3. 掌握影响创业投资的因素。

学习重点与难点

1. 重点是创业融资的资金来源和测算。
2. 难点是创业融资的资金分析。

导入案例

创业融资小故事

最传奇的当然要数马云"6分钟说服孙正义投资2000万美元"。

1999年，孙正义仅考虑了6分钟，就决定向一无所有的马云投资。

9年后，这两个自称是"疯子"的人，向人们道出了他们的合作缘由。

马云：人们常说，你非常疯狂，我也非常疯狂。我有一个问题，为什么15年前，你会投资1亿美元给那么小的雅虎？为什么9年前，你只用6分钟时间，就决定投资2000万美元给正值互联网寒冬的阿里巴巴？

孙正义：我相信杨致远，我很幸运，我发现了他，我从他的眼睛里看到了热情，看到了力量。所以，雅虎刚刚创立时，我投了1亿美元，帮助他更快地取得成功，在世界范围内取得成功。同样，9年前我见到你的时候，你一无所有，中国的互联网行业也仅仅是刚起步。但是，你的双眼冒光，闪烁着梦想和激情。我觉得你和杨致远一样疯狂，所以，我决定投资你的公司。你和我都是"疯子"！

马云：明白了。看来，如果大家想成功，就要"疯狂"一点。要有大的梦想，有激情，同时还要有很好的战略战术。

孙正义：是的。第一次见到你的6分钟，你给我的印象是真实的。我当时想，阿里巴巴会发展得与谷歌一样大，谷歌扩张的基础是广告，阿里巴巴不仅靠广告，还靠黏合人，这将使得阿里巴巴走得更稳健。中国将会成为全球 GDP（国内生产总值）最大的国家，阿里巴巴面对的是全球市场，而不仅仅是中国。所以，我希望与你一起，与阿里巴巴一起，继续取得更大成就。

马云：当时，阿里巴巴规模并不大，你为什么那么笃定？

孙正义：我见到你的时候就对你说过，马云，你会成就第一家真正的中国互联网公司，由中国人自己创立新的商业模式，并在这个模式里取得世界第一。在当时，多数互联网公司，不管日本的还是欧洲的，它们只是复制美国的成功模式。阿里巴巴创立了一个新的商业模式，因此，你一定会成功。

因为激情，孙正义选择了马云。

马云：创业时，你给自己定的目标是什么？

孙正义：30年前，我创建软银公司时，与许多青年创业者一样，除了拥有激情和梦想外，没钱、没经验、没有人脉。我就是想成为日本，甚至是全球知名的成功人士，想做一件改变世界的事情。为了实现这个奋斗目标，我常常思考要做什么，一共想出了 50 个创业方案，然后逐个删减，砍到 25 个，再进行一轮精挑细选。直到一次偶然的机会，我在杂志上看到了微型电脑的图片，认定它将改变人们的生活方式，将改写人类历史。所以，我决定将一生的赌注压在微型电脑上。

马云：你从什么时候开始规划自己的人生？

孙正义：19 岁那年，我为自己规划了未来 50 年的发展目标。20 多岁，我要创立自己的公司。30 多岁，我要赚足够的钱，至少 10 亿美元，这样，我才能对未来进行大手笔投资。40 多岁，我要下一个大赌注，挑战人生。50 多岁，我要实现让公司成为自给自足的公司。60 岁，我要将接力棒递交给接班人。

马云：我发现了一个变化，这次到杭州，你没有带电脑。

孙正义：是的。这是我第一次出差不拿电脑，因为我的手机网络已经可以为我提供日常所需信息。基于这样的变化，我认为软银未来的投资目标将锁定手机网络，尤其是中国的手机网络。我认为，互联网未来 10 年的发展趋势将是移动互联网。

理由如下：

第一，手机互联网的使用人数比电脑互联网的使用人数增长速度更快，在过去的几年里，增长了 375 倍。

第二，手机显示屏的分辨率飞速提高。

马云补充道：现在，很多人都问，孙正义当初为什么选择了马云？其实，大家同样应该问问，马云为什么选了孙正义？这是互相选择的问题。尽管 9 年前的阿里巴巴没有几个人，但是我们的理想没有变，我相信再过 20 年、30 年，我们的理想依旧不会改变，那就是希望对人类、对社会有贡献，为了这个目标，我们会继续努力。

思考与讨论

1. 马云为什么只花 6 分钟就融资到 2000 万美元？
2. 马云有什么特别的创业精神？

第一节 创业融资资金分析

一、创业融资概述

1. 创业融资的界定

创业融资是指创业者为了生存和发展的需要，筹集资金和运用资金的活动。创业融资的研究对象是创业企业的融资行为。具体行为包括在一定的融资风险下，如何取得资金，同时使融资成本最小、创业企业的价值最大化。不同的创业融资行为形成不同的创业融资结构，创业融资行为是否合理可以通过创业企业的融资结构反映出来。

2. 创业企业的融资需求特征

①融资市场化：企业在创业初期自我积累的资金有限，不可能满足企业创新的高投入需求，从外部市场取得外源融资是必不可少的手段。

②融资多元化：为了满足新创企业多方面的融资需求，企业需要从多种渠道、结合不同的融资方式筹集资金。

③融资组合化：首先，不同的融资方式，其融资风险的大小不同；其次，创业企业在不同的发展阶段，面临的技术创新风险不同，投资者的投资风险也有所区别。技术创新风险和投资风险的最大值分别出现在创新过程的初期和中前期，中后期的风险逐步减少。根据技术创新风险收益的阶段性特征，创业企业在融资过程中应当实施融资组合化，合理、有效的融资组合能够分散、转移风险，而且能够降低企业的融资成本和债务负担。

④融资社会化：融资社会化是指创业企业的融资需要社会各方面力量的支持，特别是需要政府的引导和扶持，创业企业的发展不仅具有极高的成长性和创新性，而且对国家经济发展具有极为重要的战略意义。创业企业融资离不开国家、机构甚至个人的参与。

3. 创业融资与守成、发展阶段融资的不同

①发展阶段不相同，导致融资决策的特征不同。创业企业由于客观上的信息不对称和主观上的知识积累不足，其创业融资存在着与一般企业融资不同的理念、原则、路径和方法。与守成阶段融资相比，创业融资的决策常常具有变化速度快和不确定性高的特点。

②融资过程中的综合实力差异。企业在创业阶段综合实力弱，风险承受能力有限，风险管理及风险的预警预控在其管理活动中占据重要地位，从而导致单一融资偏好依赖更为明显。

③信息的拥有量不同。创业企业对技术、生产、市场方面的信息和知识掌握不足，在竞争中处于信息不对称状态中的不利位置。

④融资的网络、资源不同。融资网络主要指企业与银行等金融部门、创业投资者等之间形成的一种相互认知关系、合作关系和信用关系网络。创业企业的融资网络呈现单一化、简单的特点。

二、创业融资类型

创业融资的类型是指创业项目在不同的发展阶段，需要和获取的资金的不同形式和来源。创业融资的类型主要有以下几种。

①自筹资金：自筹资金是指创业者利用自己的储蓄、财产、借款等方式，为创业项目提供的资金。自筹资金的优点是不需要向外部股东或债权人交付利息或分红，也不会失去创业项目的控制权和决策权。自筹资金的缺点是资金规模有限，可能无法满足创业项目的发展需求，也会增加创业者的个人风险。

②天使投资：天使投资是指一些富有的个人或机构，为处于创意阶段或初创阶段的创业项目提供的资金。天使投资的优点是可以为创业项目提供较大的资金支持，也可以为创业者提供经验、资源、网络等方面的帮助。天使投资的缺点是会要求创业者放弃一定比例的股份，也会对创业项目的发展方向和速度有一定的影响。

③风险投资：风险投资是指一些专业的投资机构，为处于成长阶段或扩张阶段的创业项目提供资金。风险投资的优点是可以为创业项目提供更大的资金规模，也可以为创业者提供专业的管理、市场、技术等方面的指导。风险投资的缺点是会要求创业者放弃更多的股份，也会对创业项目的运营、财务、人事等方面有更多的干预。

④银行贷款：银行贷款是指创业者向银行或其他金融机构申请的借款，为创业项目提供的资金。银行贷款的优点是不会影响创业者的股权，也可以根据创业项目的资金需求和还款能力，选择合适的贷款期限和利率。银行贷款的缺点是需要提供一定的抵押或担保，也需要按时偿还本金和利息，否则会面临违约的风险。

⑤众筹资金：众筹资金是指创业者通过互联网平台，向公众募集的资金，为创业项目提供的资金。众筹资金的优点是可以为创业项目提供较低成本的资金，也可以为创业者提供市场反馈、用户关系、品牌宣传等方面的好处。众筹资金的缺点是需要花费较多的时间和精力，制作和推广众筹项目，也需要向支持者提供一定的回报，如产品、服务、股份等。

三、创业融资过程

创业融资的过程是指创业者在寻求和获取创业资金的过程中，需要经历的一系列的步骤和活动。创业融资的过程主要有以下几个阶段。

①准备阶段：准备阶段是指创业者在寻求创业资金之前，需要做好的一些基本工作，如制定创业计划、评估创业项目的价值和潜力、确定创业资金的需求和来源、选择合适的融资方式和渠道等。

②寻找阶段：寻找阶段是指创业者在寻求创业资金的过程中，需要进行的一些主动的行动，如寻找和接触潜在的投资者或贷款机构、展示和推介创业项目的优势和特色、建立和维护良好的沟通和信任关系等。

③谈判阶段：谈判阶段是指创业者在获取创业资金的过程中，需要进行的一些重要的决策，如确定和协商创业资金的金额和条件、签订和履行创业资金的协议和合同、处理和解决创业资金的争议和纠纷等。

④使用阶段：使用阶段是指创业者在使用创业资金的过程中，需要进行的一些有效的管理，如制定和执行创业资金的预算和计划、监督和控制创业资金的流向和效果、评估和报告创业资金的收益和风险等。

⑤回报阶段：回报阶段是指创业者在回报创业资金的过程中，需要进行的一些必要的履约，如按时和按比例偿还创业资金的本金和利息、按时和按比例分配创业资金的利润和股份、

按时和按约定提供创业资金的产品和服务等。

四、创业融资分析

创业融资的分析是指对创业项目在不同阶段和环境下，需要和获取的资金来源、资金用途、资金成本、资金回报等方面进行系统的研究和评估的过程。创业融资的分析对于创业者和投资者都有着重要的意义，它可以帮助创业者制定合理的融资策略，优化资金结构，降低资金风险，提高资金效率，实现创业项目的快速发展和成功。创业融资的分析主要有以下几个方面：

①资金来源分析：资金来源分析是指对创业项目可以获取的资金的不同形式和来源进行分析，如自筹资金、天使投资、风险投资、银行贷款、众筹资金等。资金来源分析的目的是确定创业项目的资金结构，即创业项目的资金由哪些来源组成，各个来源占比多少，各个来源的优劣势如何等。

②资金用途分析：资金用途分析是指对创业项目需要使用的资金的不同用途和目标进行分析，如研发产品、购买设备、招聘人员、营销推广、应付债务等。资金用途分析的目的是确定创业项目的资金需求，即创业项目需要多少资金，需要资金的时间和顺序如何，需要资金的用途和目标是什么等。

③资金成本分析：资金成本分析是指对创业项目获取和使用的资金的不同成本和费用进行分析，如利息、分红、股权、回报、税收等。资金成本分析目的是确定创业项目的资金效率，即创业项目的资金能够产生多少收益，收益和成本的比例如何，收益和成本的分配和分摊如何等。

④资金回报分析：资金回报分析是指对创业项目使用和回报的资金的不同效果和影响进行分析，如增加收入、扩大市场、提高竞争力、降低风险、满足社会等。资金回报分析的目的是确定创业项目的资金价值，即创业项目的资金能够带来多少价值，价值的内涵和外延如何，价值的评估和衡量如何等。

五、创业融资实例

创业融资的实例是指在创业过程中，创业者对创业资金进行分析和管理的具体案例和经验。以下是创业融资的实例。

①滴滴出行：滴滴出行是中国的出行平台，它的创始人程维在 2012 年创办了滴滴打车，当时只有 10 个员工和 100 万美元的资金。程维通过自筹资金、天使投资、风险投资、银行贷款、众筹资金等方式，不断进行创业融资，使得滴滴出行迅速崛起，成为中国出行市场的领导者。

在创业初期，2012 年 7 月，滴滴出行获得天使投资人王刚的数百万人民币投资，成立了北京小桔科技有限公司。2012 年 12 月，滴滴出行获得金沙江创投 300 万美元的 A 轮融资。2013 年 4 月，滴滴出行完成由经纬中国和腾讯投资的 1500 万美元 B 轮融资。2014 年，滴滴出行完成了约 8 亿美元的 C 轮和 D 轮融资。在网约车大战阶段，2015—2016 年 8 月，滴滴出行进行了 8 轮融资，包括战略融资和债券融资，累计融资金额巨大。2016 年 8 月，滴滴出行收购优步中国，结束了与优步的"烧钱大战"。在 IPO 前阶段，2016 年 8 月—2021 年，滴滴出行进行了近 10 次融资。在上市融资阶段，2021 年 6 月 11 日，滴滴出行向美国证券交易委员会（SEC）递交 IPO 招股书，计划在纽交所挂牌上市，股票代码为"DIDI"。滴滴出行计划将 IPO 募集资金的 30%用于扩大国际市场业务，30%用于提升技术能力（包括共享出行、电动汽车和自动驾驶），20%用于推出新产品和拓展现有产品品类。滴滴出行经过 10 多年的发展，已经成为全球最大的出行平台，拥有超过 6 万名员工和超过 600 亿美元的市值。

滴滴出行通过多轮融资和战略布局，逐步确立了其在中国出行市场的领导地位。尽管面临盈利挑战，但其在技术创新和国际市场扩展方面展现出强劲的增长潜力。滴滴出行的融资故事不仅是创业融资的成功案例，更是创业者在激烈市场竞争中不断创新和突破的典范。

②拼多多：拼多多是中国的社交电商平台，它的创始人黄峥在 2015 年创办了拼多多，当时只有 40 个员工和 2000 万美元的资金。黄峥通过自筹资金、天使投资、风险投资、银行贷款、众筹资金、上市等方式，不断进行创业融资，使得拼多多迅速崛起，成为中国电商市场的重要玩家。

在创业初期，2015 年 4 月，拼多多获得了段永平、丁磊、王卫和孙彤宇的天使轮融资，具体金额未披露。2016 年 3 月，拼多多获得 900 万美元的 A 轮融资，投资方为 IDG 资本、高榕资本和胡泽民。2016 年 7 月，拼多多获得 1.1 亿美元的 B 轮融资，投资方包括高榕资本、新天域资本、腾讯投资、凯辉基金、MFund 魔量资本、光速中国和青山控股。在快速扩张阶段，2017 年 2 月，拼多多获得 2.13 亿美元的 C 轮融资，投资方为红杉资本中国、高榕资本、凯辉基金和腾讯投资。2018 年 4 月，拼多多获得 13.69 亿美元的 D 轮融资，占股 11%，总估值为 124.45 亿美元，投资方为腾讯投资和红杉资本中国。在上市融资阶段，2018 年 7 月 26 日，拼多多在美国纳斯达克上市，融资 17.4 亿美元，上市市值达到 240 亿美元。在持续融资与扩展阶段：2019 年 2 月，拼多多通过后续公开发行（FPO）融资 12.1 亿美元，发行价为每股 25 美元。2019 年 9 月，拼多多发行 10 亿美元可转债，转股价为每股 42.61 美元。2020 年 3 月 31 日，部分长线投资人通过定向增发方式认购拼多多 11 亿美元新发行的 A 类普通股。2020 年 11 月 17 日，拼多多通过可转债融资 20 亿美元，并增发 2530 万股，合计融资约 50 亿美元。

拼多多在短短几年内通过多轮融资和战略布局，迅速崛起为中国电商市场的重要玩家。其成功不仅在于资本的支持，更在于其创新的商业模式和对市场需求的精准把握。未来，拼多多将继续通过技术创新和市场扩展，保持其在电商领域的竞争优势。拼多多经过多年的发展，已经成为全球最大的社交电商平台，拥有超过 1 万名员工和超过 2000 亿美元的市值。拼多多的融资历程展示了其在资本市场的强大吸引力和快速成长的潜力。通过多轮融资，拼多多不仅获得了充足的资金支持，还吸引了众多战略投资者，为其未来的发展奠定了坚实的基础。

总之，创业融资的分析是对创业项目在不同阶段和环境下需要和获取的资金来源、资金用途、资金成本、资金回报等方面进行系统的研究和评估的过程。创业融资的分析对于创业者和投资者都有着重要的意义，它可以帮助创业者制定合理的融资策略，优化资金结构，降低资金风险，提高资金效率，实现创业项目的快速发展和成功。创业者应该借鉴和学习创业融资的实例，从中获取创业融资的分析经验和启示，以提高创业融资的分析水平和能力。同时创业者应该根据创业项目的特点和需求，选择合适的融资方式和渠道，获取和使用创业资金，回报和保护创业资金，以保障创业项目的稳定和持续。创业者还应该注意创业资金的来源、用途、成本、回报等方面的平衡和协调，以实现创业资金的最大化和最优化。

第二节　创业融资资金来源与测算

创业融资的资金来源与测算是指对创业项目可以获取的资金的不同形式和来源进行分析，并根据创业项目的特点和需求，对创业资金的规模和结构进行预测和计算的过程。创业融资的资金来源与测算对于创业者和投资者都有着重要的意义，它可以帮助创业者制定合理的融资策略，优化资金结构，降低资金风险，提高资金效率，实现创业项目的快速发展和成功。

一、创业融资资金来源

（一）自筹资金的获取策略

家庭成员和亲朋好友的资金是创业融资的重要来源。家庭是市场经济的主体之一，在创业中起到重要的支持作用。创业者向亲朋好友进行融资的主要步骤有：向亲朋好友进行投资风险的说明，和亲朋好友共同制订还本付息的计划，与亲朋好友就借贷还款等事宜拟定书面协议，双方核实内容后签字确认，借款人无异议后将钱款借与创业者。

（二）获取政府扶持资金的策略

要成功申请政府扶持资金，新创企业可以采取以下策略。

1. **高度重视申请材料的编写**

申请材料一般包括项目可行性报告、申报单位情况和附件，每一部分都要认真精心准备。

2. **认真学习，充分理解各项政府扶持资金申请的相关政策**

认真学习有关政府扶持资金的文件（实施细则、管理办法等），充分理解资金类别、设立宗旨、目的、实施步骤、申请条件、管理办法、申请程序、政策取向、申报时间、关键步骤等规定。要对政府支持专项计划、政策、配套资金申请办法、时间有一个较全面的了解，可以通过政府部门的网站或直接到政府主管部门与有关人员交谈，或通过行业协会及其举办的一些活动和讲座，或通过专业人士、专家和中介机构去了解和把握。同时，还要认真学习政府的有关产业政策和扶持政策，了解哪些产业是政府扶持的对象，有什么具体的规定，企业是不是符合申请的条件，不够条件怎样创造条件，申请需要哪些材料和程序等。

3. **加强信用管理，并建立必要的公共关系**

要解决新创企业的融资困难，企业必须提高自身的经营素质和信誉，特别是财务信用，一定要聘任专门的财务会计人员，提高企业财务信息的可信度。

创业者主动与政府有关主管部门的工作人员接触、沟通，使他们对企业的基本情况，特别是管理团队有一个比较深刻的了解。必要的公共关系和信用关系必须建立起来，要使政府了解到新创企业在行业中的技术水平是领先的，财务状况是良好的，企业运作是正常的，市场前景是光明的，管理团队是过硬的。政府的资源是新创企业发展的重要启动力量，企业应该及时用足、用好这些资源。

4. **充分挖掘新创企业价值，对企业进行适度包装**

①要充分挖掘企业价值。在这方面，一是要根据企业实际情况，选择一个或多个项目，

深入挖掘企业最有说服力的硬件材料；二是要分析条件，补充不足；三是要准备硬件材料，展示企业价值。其中，企业的无形资产非常重要，如产品的测试和鉴定，企业标准的制定，专利、商标、著作权的申请，科技成果的鉴定，科技进步奖的评选，企业信用的评级，重点新产品的申请，重信誉、守合同的评比，出口创汇企业的评选，高新技术项目或软件企业的认定，知名专家顾问的聘请等都是企业最有说服力的硬件材料。

②要借助外部资源，对企业进行适度包装。包装要适度，要将企业的优势展现出来，但包装不能过度，过度就等于作假。在包装时，要详细分析、评估本企业拥有的核心技术，生产和市场方面的优势、劣势，发展潜力，财务状况，把本企业的内在价值充分挖掘出来，这就是通常所说的价值发现。同时，借助外部资源，邀请知名人士、行业专家等加入项目组。

（三）信贷资金的获取策略

1. 新创企业获取银行贷款的基本策略

对于新创企业来讲，要想比较容易地获得银行的贷款，应该找地域性比较强的中小银行。

①在贷款利率方面，根据中国人民银行的有关规定，各商业银行对中小企业、个体经营者的贷款利率可实行上浮，上浮幅度为30%以内，但各家银行、信用社的上浮幅度并不一致，所以在申请贷款时，可"货比三家"，尽量选择利率上浮幅度小的金融机构去贷款。

②在贷款期限方面，现行短期贷款分别为6个月以内（含6个月）、6~12个月（含1年）两个利率档次，对1年以下的短期贷款，执行合同利率，不分段计息；中长期贷款分为1~3年、3~5年及5年以上3个档次，对中长期贷款实行分段计息，遇到贷款利率调整时，于下一年度1月1日开始执行同期同档贷款新利率。总之，期限越长，利率越高，因此应该把握贷款利率在两个时间段的"利差"，在确定贷款期限时尽量不要跨过一个时间段。

③在贷款金额方面，创业者一般资金不太富裕，贷款时应量力而行，尽量避免大的投入。

④在贷款品种方面，适宜从小到大逐步升级，可先通过有效的质押、抵押或第三方保证担保等手续向银行申请流动资金贷款，等有了一定实力再申请项目贷款。

2. 小额贷款公司贷款获取策略

创业者在筹集资金时可以向小额贷款公司申请贷款。

创业者应事先了解小额贷款的相关政策和法律规定等，明确其对企业的筹资是否有帮助；了解申请小额贷款的相关流程和法律保护；了解小额贷款共同的具体规定，对自身进行判断，明确自身能够贷款的数额以及偿还的能力等。在了解这些之后，创业者可以选择合适的小额贷款公司申请贷款以获得创业资金。

（四）通过证券市场获得资金的策略

1. 创业板发行股票的资金获取策略

经证监会批准，我国深圳创业板于2009年10月23日在深圳开板。创业板在上市门槛、信息披露、投资风险、监管制度、交易者条件等方面和主板市场有较大的区别。其目的主要是扶持高成长性的中小企业（含部分新创企业），为创业投资建立正常的退出机制。仅2022年，创业板新增上市公司150家，IPO融资1796.37亿元。截至2023年1月9日，创业板上市公司达到1232家，总市值超11万亿元，九大战略性新兴产业公司合计市值占比超过70%。根据相关规定，申请到深圳创业板发行股票的企业应达到规定的要求，具备以下条件：

①最近一期期末净资产不少于 2 千万元。

②发行人应当主营一种业务，且最近 2 年内未发生变更。

③发行人最近 2 年内主营业务和董事、高级管理人员均未发生重大变化，实际控制人未发生变更。高管不能在最近 3 年内受到证监会行政处罚，或者最近 1 年内受到证券交易所公开谴责。

④依法设立且持续经营 3 年以上的股份有限公司，定位于服务成长性创业企业，支持有自主创新的企业。

⑤发行前净资产不少于 2 千万元的，发行后的股本总额不少于 3 千万元。

⑥发行人的企业与控股股东、实际控制人及控制的其他企业间不存在同行竞争，以及影响独立性或者缺失公允的关联交易。

⑦盈利要求：最近 2 年连续盈利，最近 2 年净利润累计不少于 1 千万元，且持续增长；净利润以扣除非经常性损益前后孰低者为计算依据；最近 1 年盈利，且净利润不少于 500 万元，最近 1 年营业收入不少于 5 千万元，最近 2 年营业收入增长率均不低于 30%（上述要求为选择性标准，符合其中一条即可）。

结合深圳创业板运行以来发行审核工作反映出来的问题，新创企业到深圳创业板发行股票融资的策略为：一是保持企业实际控制人的稳定性，出资充足，具有较高的成长性；二是保持企业经营模式的连续性，避免对重大不确定性的客户产生严重依赖，增强企业的持续盈利能力；三是按照规定准确、真实、完整地披露有关信息；四是规范会计核算和会计处理过程，经营期内按章、按时纳税，防止资金被关联方占用和内部控制，保持企业的规范运作等。

2. 中小企业板发行股票的资金获取策略

结合深圳中小企业板运行以来发行审核工作反映出来的问题，新创企业到深圳中小企业板发行股票融资的策略为：一是树立诚信意识，坚持诚信经营；二是企业的业务范围应该高度集中，主管业务比较明显、突出，有明确的业务发展战略和较大的增长潜力，产品市场前景比较好；三是应采取规范的公司组织形式，进行重组与改制，按照股份制的要求，建立产权明晰的内部治理结构。

3. 中小企业集合融资资金获取策略

在不断丰富中小信贷市场、股票市场的同时，债券市场产品作为中小企业融资的新方式也开始出现，并针对中小企业个体融资成本高的特点。创造出中小企业集合发债、集合信托、集合票据等"三集"融资方式。由于"三集"发行的均为担保债券，从而为中小企业信用担保开拓新市场、新产品、新功能提供了平台。新创企业在独立融资较困难的情况下，可以联合其他企业，组成中小企业联合体，实行互保或寻求信用担保，以提升自身信用，获得集合融资。

二、创业融资资金测算

创业融资的资金测算是指根据创业项目的特点和需求，对创业资金的规模和结构进行预测和计算的过程。创业融资的资金测算主要有以下几个步骤。

1. 确定创业资金的总额

确定创业资金的总额是指根据创业项目的发展目标和计划，估算创业项目在不同阶段需要的资金总额。确定创业资金的总额的方法有以下几种。

①成本法：成本法是指根据创业项目的各项成本和费用，如研发成本、生产成本、营销成本、管理成本、财务成本等，计算创业项目需要的资金总额。成本法的优点是比较客观和准确，也比较容易操作。成本法的缺点是可能忽略创业项目的收入和利润，也可能低估创业项目的风险和不确定性。

②收益法：收益法是指根据创业项目的预期收入和利润，如销售收入、利润率、净现值、内部收益率等，计算创业项目需要的资金总额。收益法的优点是比较全面和动态，也比较符合投资者的期望。收益法的缺点是可能过于乐观和理想化，也可能难以获取可靠的数据和参数。

③比较法：比较法是指根据创业项目的同类或类似的项目，如行业平均水平、竞争对手的水平、历史案例的水平等，计算创业项目需要的资金总额。比较法的优点是比较简单和直观，也比较容易参考。比较法的缺点是可能忽略创业项目的个性和差异，也可能受到外部因素的影响。

2. 确定创业资金的结构

确定创业资金的结构是指根据创业项目的资金来源和资金用途，分配创业资金的不同形式和来源，如自筹资金、天使投资、风险投资、银行贷款、众筹资金等。确定创业资金的结构的方法有以下几种。

①权益法：权益法是指根据创业者和投资者的权益和利益，分配创业资金的不同形式和来源。权益法的优点是比较公平和合理，也比较符合双方的诉求。权益法的缺点是可能存在权益的冲突和矛盾，也可能难以达成一致和协调。

②成本法：成本法是指根据创业资金的不同成本和费用，分配创业资金的不同形式和来源。成本法的优点是比较节约和高效，也比较容易计算。成本法的缺点是可能忽略创业资金的不同效果和影响，也可能过于保守和单一。

③风险法：风险法是指根据创业资金的不同风险和回报，分配创业资金的不同形式和来源。风险法的优点是比较平衡和灵活，也比较符合市场的变化和需求。风险法的缺点是可能存在风险的不确定和难以控制，也可能难以评估和衡量。

3. 确定创业资金的时间

确定创业资金的时间是指根据创业项目的发展进度和计划，确定创业资金的不同用途和目标的时间顺序和时间点，如研发产品、购买设备、招聘人员、营销推广、应付债务等。确定创业资金的时间的方法有以下几种。

①现金流法：现金流法是指根据创业项目的现金流入和现金流出，确定创业资金的不同用途和目标的时间顺序和时间点。现金流法的优点是比较实际和直观，也比较容易操作。现金流法的缺点是可能忽略创业项目的非现金因素，如存货、应收账款、应付账款等，也可能受到现金流的波动和不稳定的影响。

②里程碑法：里程碑法是指根据创业项目的重要的事件和成果，确定创业资金的不同用途和目标的时间顺序和时间点。里程碑法的优点是比较明确和有序，也比较符合创业项目的发展逻辑。里程碑法的缺点是可能过于刻板和僵化，也可能难以应对创业项目的变化和不确定性。

③优先级法：优先级法是指根据创业项目的不同用途和目标的重要性和紧迫性，确定创业资金的不同用途和目标的时间顺序和时间点。优先级法的优点是比较灵活和合理，也比较符合创业者的诉求和偏好。优先级法的缺点是可能存在主观和偏差，也可能难以协调和平衡

创业项目的不同用途和目标。

④阶段法：阶段法是指根据创业项目的不同阶段和特征，安排创业资金的不同时间和顺序。阶段法的优点是比较灵活和动态，也比较符合创业项目的变化和需求。阶段法的缺点是可能存在阶段的划分和界定的难度，也可能难以协调和整合阶段之间的关系和资源。

4. 创业融资的资金分析

创业融资的资金分析是指对创业项目在不同阶段和环境下，需要和获取的资金来源、资金用途、资金成本、资金回报等方面进行系统的研究和评估的过程。创业融资的资金分析主要有以下几个方面。

(1) 资金来源分析　资金来源分析是指对创业项目可以获取的资金的不同形式和来源进行分析，如自筹资金、天使投资、风险投资、银行贷款、众筹资金等。资金来源分析的目的是确定创业项目的资金结构，即创业项目的资金由哪些来源组成，各个来源占比多少，各个来源的优劣势如何等。资金来源分析的方法有以下几种。

①比例分析：比例分析是指根据创业项目的资金总额，计算各个资金来源的占比，如自筹资金占比、天使投资占比、风险投资占比、银行贷款占比、众筹资金占比等。比例分析的优点是比较直观和简单，也比较容易比较和评价。比例分析的缺点是可能忽略各个资金来源的绝对值和相对值，也可能受到资金总额的变化影响。

②评价分析：评价分析是指根据创业项目的不同目标和标准，评价各个资金来源的优劣势，如成本、风险、收益、控制、影响等。评价分析的优点是比较全面和深入，也比较符合创业者和投资者的诉求。评价分析的缺点是可能存在评价的主观和偏差，也可能难以获取可靠和一致的数据和参数。

③优化分析：优化分析是指根据创业项目的不同约束和条件，优化各个资金来源的组合和配置，如最小化成本、最大化收益、最优化风险、最适化控制、最协化影响等。优化分析的优点是比较科学和高效，也比较符合市场的变化和需求。优化分析的缺点是可能存在优化的难度和复杂度，也可能难以实现和执行。

(2) 资金用途分析　资金用途分析是指对创业项目需要使用的资金的不同用途和目标进行分析，如研发产品、购买设备、招聘人员、营销推广、应付债务等。资金用途分析的目的是确定创业项目的资金需求，即创业项目需要多少资金，需要资金的时间和顺序如何，需要资金的用途和目标是什么等。资金用途分析的方法有以下几种。

①预算分析：预算分析是指根据创业项目的各项计划和目标，制定创业项目的资金预算，如研发预算、生产预算、营销预算、管理预算、财务预算等。预算分析的优点是比较客观和准确，也比较容易操作。预算分析的缺点是可能忽略创业项目的收入和利润，也可能低估创业项目的风险和不确定性。

②效益分析：效益分析是指根据创业项目的预期收入和利润，分析创业项目的资金效益，如销售收入、利润率、净现值、内部收益率等。效益分析的优点是比较全面和动态，也比较符合投资者的期望。效益分析的缺点是可能过于乐观和理想化，也可能难以获取可靠的数据和参数。

③影响分析：影响分析是指根据创业项目的资金用途对创业项目的不同效果和影响进行分析，如增加收入、扩大市场、提高竞争力、降低风险、满足社会等。影响分析的优点是比较实际和深刻，也比较符合创业者的愿景。影响分析的缺点是可能存在难以量化的影响和评价，也可能受到外部因素的干扰和制约。

（3）资金成本分析　资金成本分析是指对创业项目获取和使用的资金的不同成本和费用进行分析，如利息、分红、股权、回报、税收等。资金成本分析的目的是确定创业项目的资金效率，即创业项目的资金能够产生多少收益，收益和成本的比例如何，收益和成本的平衡。

（4）资金回报分析　资金回报分析是指对创业项目的资金投入和产出的不同效果和影响进行分析，如收益、风险、价值、增长、退出等。资金回报分析的目的是确定创业项目的资金价值，即创业项目的资金能够创造多少价值，价值和投入的比例如何，价值和投入的平衡点在哪里等。资金回报分析的方法有以下几种。

①收益分析：收益分析是指根据创业项目的预期收入和利润，分析创业项目的资金收益，如收益率、回收期、盈亏平衡点等。收益分析的优点是比较直观和简单，也比较容易比较和评价。收益分析的缺点是可能忽略创业项目的非现金因素，如品牌、技术、人才等，也可能受到收入和利润的波动和不稳定的影响。

②风险分析：风险分析是指根据创业项目的不确定性和变化性，分析创业项目的资金风险，如风险率、敏感度、概率、影响等。风险分析的优点是比较全面和深入，也比较符合创业者和投资者的诉求。风险分析的缺点是可能存在难以量化的风险和评价，也可能难以获取可靠的数据和参数。

③价值分析：价值分析是指根据创业项目的未来现金流和折现率，分析创业项目的资金价值，如净现值、内部收益率、企业价值、股权价值等。价值分析的优点是比较科学和高效，也比较符合市场的变化和需求。价值分析的缺点是可能存在价值的主观和偏差，也可能难以实现和执行。

④增长分析：增长分析是指根据创业项目的发展速度和规模，分析创业项目的资金增长，如增长率、增长模式、增长潜力、增长策略等。增长分析的优点是比较实际和深刻，也比较符合创业者的愿景。增长分析的缺点是可能存在难以预测的增长和控制，也可能受到外部因素的干扰和制约。

⑤退出分析：退出分析是指根据创业项目的终止时间和方式，分析创业项目的资金退出，如退出时间、退出方式、退出收益、退出风险等。退出分析的优点是比较清晰和明确，也比较符合投资者的期望。退出分析的缺点是可能存在退出的延误和变更，也可能难以确定和衡量退出的完成度和质量。

三、创业融资资金来源与测算的实例

创业融资资金来源与测算的实例是指在创业过程中，创业者对创业资金进行分析和计算的具体案例和经验。以下是创业融资资金来源与测算的实例。

字节跳动：字节跳动是中国最大的内容平台，它的创始人张一鸣在2012年创办了字节跳动，当时只有30个员工和300万美元的资金。张一鸣通过自筹资金、天使投资、风险投资、银行贷款、众筹资金、上市等方式，不断进行创业融资。字节跳动的资金来源主要包括风险投资、战略投资、自有资金和业务收入等4个方面。字节跳动在早期阶段通过多轮风险投资获得了大量资金支持。主要投资方包括红杉资本中国、泛大西洋资本、软银中国、KKR和春华资本等。随着字节跳动旗下产品（如今日头条、抖音和TikTok）的成功运营，公司逐渐积累了大量自有资金和业务收入。这些资金也为公司的持续扩展和创新提供了有力支持。字节跳动经过9年的发展，已经成为全球最大的内容平台，拥有超过10万名员工和超过4000亿美元的市值。

字节跳动的资金来源与测算是指根据字节跳动的发展目标和计划，分析和计算字节跳动的资金来源和资金用途等，如表 9-1 所示。

表 9-1　　　　　　　　　　　　字节跳动的资金来源与测算表

发展阶段	资金来源	资金用途	资金规模	资金结构	资金时间
创意阶段	自筹资金	研发产品	300 万美元	100%自筹	2012 年
初创阶段	天使投资	购买设备	1000 万美元	80%天使，20%自筹	2013 年
成长阶段	风险投资	招聘人员	1 亿美元	70%风险，20%天使，10%自筹	2014 年
扩张阶段	风险投资	营销推广	10 亿美元	60%风险，30%天使，10%自筹	2015—2017 年
稳定阶段	银行贷款	应付债务	50 亿美元	50%银行，40%风险，10%天使	2018—2020 年
创新阶段	众筹资金	创新模式	100 亿美元	40%众筹，30%银行，20%风险，10%天使	2021—2023 年

总之，创业融资的资金来源与测算是对创业项目可以获取的资金的不同形式和来源进行分析，并根据创业项目的特点和需求，对创业资金的规模和结构进行预测和计算的过程。创业融资的资金来源与测算对于创业者和投资者都有着重要的意义，它可以帮助创业者制定合理的融资策略，优化资金结构，降低资金风险，提高资金效率，实现创业项目的快速发展和成功。创业者应该借鉴和学习创业融资的资金来源与测算的实例，从中获取创业融资的资金来源与测算的经验和启示，以提高创业融资的资金来源与测算的水平和能力。创业者应该根据创业项目的发展目标和计划，确定创业资金的总额、结构和时间，选择合适的资金来源和资金用途，获取和使用创业资金，回报和保护创业资金，以保障创业项目的稳定和持续。创业者应该注意创业资金的来源、用途、成本、回报等方面的平衡和协调，以实现创业资金的最大化和最优化。风险法的优点是比较平衡和灵活，也比较符合市场的变化和需求。风险法的缺点是可能存在风险的不确定和难以控制，也可能难以评估和衡量。

第三节　创业投资

一、创业投资概述

创业投资是以新创企业作为主体进行的投资行为，是企业在创业时期的投资活动。它是一种为新兴企业提供资金和管理支持的投资方式，旨在帮助创业者实现创新理念，促进经济发展和社会进步。

1. 创业投资的过程

创业投资的过程一般包括以下几个阶段：创意阶段、种子阶段、初创阶段、成长阶段和退出阶段。

创意阶段是创业投资的最初阶段，也是最重要的阶段。在这个阶段，创业者需要有一个具有市场潜力和竞争优势的创新想法，以及一个可行的商业计划。创业者可以通过各种渠道寻找创业投资者,如亲友、天使投资人、创业孵化器、创业大赛等。创业投资者会对创业者的创意和团队进行评估,决定是否投资。创意阶段的投资金额一般较小,范围在几万到几十万美元之间。创意阶段的目的是验证创业者的想法是否有市场需求,是否能够吸引客户和合作伙伴,是否能够形成可持续的商业模式。

种子阶段是创业投资的第二个阶段,也是最关键的阶段。在这个阶段,创业者需要将他们的创意转化为实际的产品或服务,进行市场测试和推广,建立客户群和品牌知名度,招募和培养核心团队,完善公司的组织结构和管理制度。创业者可以通过各种渠道寻找创业投资者,如天使投资人、风险投资基金、政府机构、银行等。创业投资者会对创业者的产品或服务、市场前景、竞争力、盈利能力、团队素质等进行评估,决定是否投资。种子阶段的投资金额一般较大,范围在几十万到几百万美元之间。种子阶段的目的是帮助创业者完成产品或服务的开发和上市,扩大市场份额和影响力,增加收入和利润,为下一阶段的投资做好准备。

初创阶段是创业投资的第三个阶段,也是最艰难的阶段。在这个阶段,创业者需要在市场上与竞争对手进行激烈的竞争,不断改进和创新产品或服务,提高客户满意度和忠诚度,拓展新的市场和渠道,增加新的产品或服务线,建立稳定的合作伙伴关系,优化公司的运营和财务状况,提高公司的价值和信誉。创业者可以通过各种渠道寻找创业投资者,如风险投资基金、私募股权基金、上市公司、跨国公司等。创业投资者会对创业者的成长速度、市场占有率、竞争优势、盈利潜力、风险控制等进行评估,决定是否投资。初创阶段的投资金额一般较高,范围在几百万到几千万美元之间。初创阶段的目的是帮助创业者实现快速的市场扩张和规模效益,提升公司的竞争力和市场地位,为下一阶段的投资或退出做好准备。

成长阶段是创业投资的第四个阶段,也是最成熟的阶段。在这个阶段,创业者需要在市场上占据领先的地位,不断巩固和提升产品或服务的质量和性能,增加客户的黏性和口碑,开拓国际市场和新兴市场,进行战略性的并购和合作,建立自己的品牌和文化,培养和留住优秀的人才,实现公司的可持续发展和社会责任。创业者可以通过各种渠道寻找创业投资者,如私募股权基金、上市公司、跨国公司、主权财富基金等。创业投资者会对创业者的市场份额、品牌影响力、创新能力、盈利水平、社会贡献等进行评估,决定是否投资。成长阶段的投资金额一般最高,范围在几千万到几亿美元之间。成长阶段的目的是帮助创业者实现公司的长期稳定和高效盈利,增加公司的市场价值和社会价值,为下一阶段的退出做好准备。

退出阶段是创业投资的最后一个阶段,也是最终的阶段。在这个阶段,创业投资者需要从创业者的公司中撤出资金,实现投资的回报和利润。创业投资者可以通过各种方式退出,如上市、并购、分拆、回购、二级市场等。创业投资者会根据市场情况、公司状况、投资策略等因素,选择最合适的退出方式和时机。退出阶段的投资回报一般与投资风险成正比,范围在几倍到几十倍之间。退出阶段的目的是为创业投资者提供资金的循环和利润的增长,为创业者提供资金的解放和股权的激励,为社会提供资金的流动和创新的动力。

2. 创业投资的分类

创业投资可算是一种特殊的企业投资,其分类方式与企业投资相同。企业创业投资可以按照以下依据进行分类。

①生产经营关系:按照生产经营关系,可以将创业投资分为直接投资和间接投资,直接投资是指把资金投放于生产经营环节;间接投资是指把资金投放于证券等金融性资产。创业投资通常以直接投资为多,间接投资较少。

②投资回收时间：按照投资回收时间，可以将创业投资分为短期投资和长期投资，短期投资是指准备在一年以内收回的投资；长期投资是指一年以上才能收回的投资。通常长期投资的风险与收益都要高于短期投资。长期投资可以再划分为 3~5 年内收回的中期投资和 5 年以上的远期投资。

③资产性质：按照资产性质，可以将创业投资分为固定资产投资、流动资产投资和无形资产投资。固定资产投资是指企业对于房产、建筑物、机器、机械、运输工具等固定资产的建造、购置、改造等的投资；流动资产投资是指用以获得流动资产的投资，即在投产前预先垫付、在投产后的生产经营过程中周转使用的资金；无形资产投资是指企业购买专利权、非专利技术、商标权、土地使用权等无形资产的投资。

3. 创业投资的特点

和成熟企业的投资相比，新创企业的投资具有自己的特点。大学生创业者也应对此进行了解，以便更好地开展创业投资活动。

①投资目的更为单一：总体上看，企业投资的目的是获得投资收益，这对于所有企业都是一样的。但企业的投资是由各个相对独立的投资项目组成的，这些投资项目的直接目的有很多，包括扩充规模、控制相关企业、维持现有规模效益、降低成本、应对经营风险和承担社会义务等。新创企业的投资目的相对单一，是以维持企业运作为核心目的进行的必要投资。

②投放时机的急迫性：投资的目的是获利，所以只有客观上存在投资的有利条件时，企业才会进行投资。但是新创企业实力较弱、资金较少，需要尽快开展相关的投资活动以求获取收益，因此，其在投资时无法好整以暇，显示出急迫性。

③投资收益的高不确定性：投资收益在未来才能获得，最终的盈亏状况事先难以准确把握，这是投资的天然属性。而新创企业的投资相比于成熟企业，整体显现出更高的不确定性，收益和风险都较高。

二、影响创业投资的因素

在做出投资决策之前，大学生创业者需要根据一些标准来判断是否进行投资。而影响创业投资的因素包括投资收益、投资风险、投资弹性、筹资能力和投资环境等。只有充分考虑了相关因素，才能做出科学合理的创业投资决策。

①投资收益：投资收益是做出投资决策时的考虑因素，大学生创业者应该选择收益高、收益具有确定性的投资方案。需要注意不能仅考虑财务收益，一些非收入性的投资，如工业安全投资仍是必需的，这种投资能够产生隐性的收益，如企业声誉、知名度、凝聚力等。

②投资风险：投资风险也是进行创业投资必须考虑的因素，投资风险表现为未来收益和增值的不确定性，可由经济因素、技术因素、自然因素和企业自身因素等各种因素诱发，大学生创业者需要在权衡风险与收益的关系后再做出决策。

③投资弹性：投资弹性就是对投资决策预留的调整空间，包括投资规模上的弹性和投资结构上的弹性。大学生创业者必须根据自身资金的可供能力和市场供求状况来调整参与投资的规模与结构，保持投资弹性。

④筹资能力：创业投资的本质是往外花钱，大学生创业者必须做到"量入为出"，根据企业自身的筹资能力来进行投资活动，投资的最大限度为不影响本企业生产经营所需资金的正常周转。企业如果需要进行长期投入，则应保证资金的持续充足。

⑤投资环境：投资环境具有构成复杂、变化较快等特点，大学生创业者需要根据投资环境的发展变化，采取相应的投资策略。

创业投资是一种具有重要意义和价值的投资方式，它不仅为创业者提供了资金和管理的支持，也为投资者提供了收益和利润的机会，更为社会提供了发展和进步的动力。创业投资的过程是一种充满挑战和机遇的过程，它需要创业者和投资者之间有着良好的沟通和合作，共同面对市场。

创业投资的过程是一种充满挑战和机遇的过程，它需要创业者和投资者之间有着良好的沟通和合作，共同面对市场的变化和竞争的压力，实现双赢的目标。创业投资的过程也是一种充满风险和不确定性的过程，它需要创业者和投资者之间有着清晰的目标和策略，合理地分配和控制资源，有效地应对和解决问题，实现可持续的发展。创业投资的过程还是一种充满创新和价值的过程，它需要创业者和投资者之间有着强烈的创造力和责任感，不断地改进和优化产品或服务，满足和超越客户的需求和期望，实现社会的进步和贡献。

创业投资的成功不仅取决于创业者和投资者的个人能力和素质，还取决于他们之间的相互信任和支持，以及外部环境的有利条件和因素。创业投资的成功也不是一蹴而就的，而是需要经过长期的努力和坚持，以及不断地学习和改进，才能达到理想的效果和水平。创业投资的成功更不是一劳永逸的，而是需要随着市场的发展和变化，以及客户的需求和反馈，进行适时的调整和更新，才能保持竞争力和活力。

创业投资是一种既有挑战又有机遇，既有风险又有不确定性，既有创新又有价值的投资方式，它为创业者和投资者提供了一个展示自己和实现梦想的舞台，也为社会提供了一个推动发展和促进进步的动力。创业投资是一种值得尊重和鼓励的投资方式，它需要创业者和投资者之间有着共同的愿景和使命，以及相互的信任和支持，才能实现最大的效益和价值。创业投资是一种需要不断学习和改进的投资方式，它需要创业者和投资者之间有着开放的心态和态度，以及持续的努力和坚持，才能实现最优的效果和水平。创业投资是一种需要适应和更新的投资方式，它需要创业者和投资者之间有着灵活的策略和方法，以及及时地调整和更新，才能实现最佳的竞争力和活力。

本章小结

本章主要探讨创业融资和创业投资的内涵和特征，介绍创业融资的基本概念、创业投资的基本概念、创业融资的资金分析、资金来源与测算和创业投资的主要过程，以创业融资的资金来源与测算实例分析创业融资的应用管理，最后详细分析了创业融资的资金来源策略和创业投资影响因素。

思考题

1. 什么是创业融资？创业融资的分类与过程分别是什么？
2. 创业融资的资金来源策略是什么？创业融资的资金测算包含哪些步骤？
3. 创业投资的特点是什么？创业投资的影响因素包含哪些？

第十章

新创企业设立与建设

学习目标

1. 掌握新创企业的设立方式及其组织形式的选择。
2. 掌握新创企业注册的一般性流程及其相关事务办理。

学习重点与难点

1. 重点是企业组织形式的选择及企业注册流程。
2. 难点是新创企业名称设计及选址。

导入案例

1987年9月15日，43岁的任正非集资2.1万元在深圳注册成立了华为技术有限公司，成为香港康力公司HAX模拟交换机的代理商。华为技术有限公司成立后，任正非凭借深圳特区信息方面的优势，从香港进口产品到内地，以赚取差价——这是最常见的商业模式。

1991年9月，华为租下了深圳蚝业村工业大厦三楼，开始研制程控交换机。最初公司员工仅50余人。1991年12月，首批3台BH-03交换机包装发货。当时公司已经没有现金，再不出货，直接面临就是破产。幸运的是，这3台交换机很快回款，公司得以正常运营。1992年，华为的交换机批量进入市场，当年产值即达到1.2亿元，利润则过千万元，而当时华为的员工，还只有100人而已。

自2000年起，华为开始在海外市场全面拓展，特别是在华人比较集中的泰国市场，华为连续拿下了几个较大的移动智能网订单。此外，在相对比较发达的地区，华为也取得了良好的销售业绩。华为真正实现了全球通信设备市场的"三分天下"。

或许很多人很难想象，从两间简易房里走出来的华为，已经成长为中国最大的民营企业，全球最大的通信设备供应商，全球第二大智能手机厂商和世界百强企业，这不得不说是一个奇迹，一个关于中国制造的奇迹，也是中国科技企业30年发展的一个缩影。

思考与讨论

1. 华为刚成立时的企业组织形式是什么？它的优势有哪些？
2. 华为如何选择企业的名称和设立地址？

第一节 企业设立方式选择

一、创办企业法律问题

1. 企业的概念

企业在商品经济范畴内,作为组织单元的多种模式之一,按照一定的组织规律,有机构成的经济实体,一般以营利为目的,以实现投资人、客户、员工、社会大众的利益最大化为使命,通过提供产品或服务换取收入。它是社会发展的产物,因社会分工的发展而成长壮大。企业是市场经济活动的主要参与者;在社会主义经济体制下,各种企业并存共同构成社会主义市场经济的微观基础。

2. 新创企业设立常见法律问题

①对设立程序不了解带来的法律问题。大学生在着手创业时由于对开办企业的一般步骤和特殊行业经营许可证的申请流程认识不全面,导致了对设立程序不了解所带来的法律问题。关于名称预核准制度、办理经营场所手续、申请组织机构代码证、办理税务登记、工商登记一无所知,可能直接导致设立环节中产生法律风险。如果不重视公司章程或合伙协议的拟定,在经营管理和制度建设方面可能会存在重大问题,不利于项目的运转和发展。另外还应注意,如旅馆、美容美发、开锁配钥匙、刻图章、保安服务等特殊行业,涉及公共安全的行业,还须经过公安局批准并颁发特殊行业经营许可证,才可以营业。从事食品生产、食品销售、餐饮服务的食品生产经营者,应当依法取得食品生产经营许可证。但是,销售食用农产品不需要取得许可。开办药品批发、销售的企业,也须依法取得药品经营许可证才可以营业。如果认识不到这些问题,极有可能面临项目无法经营、违法经营甚至被取缔的风险。

②对关键设立文件不重视带来的法律问题。创业初期轻视公司章程或合伙协议的拟定,可能造成以后在经营管理和制度建设方面留下重大隐患,不利于项目的运转和发展。一旦日后在经营过程中产生分歧,公司章程或合伙协议就是解决依据,这时才发现约定不明或不合理,双方为此又不能达成一致意见,甚至提起诉讼或申请仲裁,陷入难以继续的局面,这将会是创业陷入困境。

二、企业组织形式选择

(一)新创企业的设立方式

企业是一种社会组织,每个社会组织都以其合适的形式反映其存在的价值。创业企业也是如此,大学生在创业初期,首先面临的就是选择适合企业存在的法律形式。企业主要包括公司和非公司两种形式。

公司是指适应市场经济社会化大生产的需要而形成的一种企业组织形式。中国的公司是指依照《公司法》在中国境内设立的以营利为目的的社团法人,包括有限责任公司和股份有限公司。

非公司企业是指依照民法设立的、以营利为目的从事生产经营活动但不具备公司设立条件的企业。一般把非公司分为个体工商户、个人独资企业和合伙企业三个类型。

1. 有限责任公司

有限责任公司又称有限公司，指符合法律规定的股东出资组建，股东以其出资额为限对公司承担责任，公司以其全部资产对公司的债务承担责任的企业法人。有限责任公司的主要特点如下：

（1）有限责任公司股东责任是有限的 有限责任公司的股东对公司所负的责任仅以认缴的出资额为限，当公司的财务不足以清偿其全部债务时，股东不承担连带责任。一人有限责任公司是有限责任公司中的特例。"一人公司""独资公司"或"独股公司"，是指只有一个自然人股东或者一个法人股东的有限责任公司，一人有限责任公司的股东不能证明公司财产独立于股东自己财产的，应当对公司债务承担连带责任。

（2）股东人数的限制性 有限责任公司的股东人数为50人以下股东出资设立。有限责任公司在设立登记时的人数限制为最多50人，其中包括一人有限责任公司。

（3）有限责任公司是企业法人 个体工商户、个人独资企业、合伙企业都不是企业法人，而有限责任公司具有企业法人资格。

2. 股份有限公司

股份有限公司又称为股份公司，其注册资本由等额股份构成，股东通过发行股票筹集资本。我国《公司法》规定，股份有限公司是指其全部资本分为等股份，股东以其所持股份为限对公司承担责任，公司以其全部资产对公司的债务承担责任的公司。股份有限公司的主要特点如下：

（1）股东具有广泛性 股份有限公司通过向社会公众广泛地发行股票筹集资本，任何投资者只要认购股票和支付股款，都可成为股份有限公司的股东。

（2）出资具有股份性 股份制公司中，股东的出资具有股份性。这一特征是股份有限公司和有限责任公司的区别之一。股份有限公司的全部资本划分为金额相等的股份，股份是构成公司资本的最小单位。

（3）股东责任有限性 股份有限公司的股东对公司债务仅就其认购的股份为限承担责任，公司的债权人不得直接向公司股东提出清偿债务的要求。

（4）股份公开性、自由性 股份公开性、自由性包括股份的发行和转让。股份有限公司通常都以发行股票的方式公开募集资本，这种募集方式使得股东人数众多，分散广泛。同时，为提高股份的融资能力和吸引投资者，股份必须有较高程度的流通性，股票必须能够自由转让和交易。

（5）公司的公开性 股份有限公司的经营状况不仅要向股东公开，还必须向社会公开。使社会公众了解公司的经营状况，这也是和有限责任公司的区别之一。

股份有限公司在设立时，注册资本要求较高、股东人数要求较多，一般不适合创业人员选择。

3. 个体工商户

个体工商户是结构最简单的企业形式，指在法律允许的范围内，依法经核准登记，从事工商经营活动的自然人或者家庭。单个自然人申请个体经营，应当是16周岁以上有劳动能力的自然人。家庭申请个体经营，作为户主的个人应该有经营能力，其他家庭成员不一定都有经营能力。个体工商户的主要特点如下：

(1) 个体工商户比设立企业的条件低 对投资额没有限制,不需要验资,因此经营者可以是个人也可以是家庭。个体经营以个人全部财产承担民事责任;家庭经营以家庭全部财产承担民事责任。

(2) 个体工商户是中国特色社会主义市场经济的重要组成部分 作为激活社会主义市场经济的"一池春水",个体工商户在繁荣经济、稳定就业、促进创新、方便群众生活等方面发挥着独特的重要作用。

(3) 个体工商户是百姓生活最直接的服务者 主要集中在"批发和零售业""住宿和餐饮业"和"居民服务、修理和其他服务业"。持续增长的个体工商户为稳增长稳就业提供重要支撑;个体工商户成为创业创新的重要力量。

4. 个人独资企业

个人独资企业是指由一个自然人投资、全部资产为投资人所有的经营性经济组织。也就是创业者个人白手起家进行创业的企业。个人独资企业的主要特点如下:

(1) 创业人员单一 个人独资企业是创业者独自出资、独自经营的企业形态,它的外在行为上体现为创业者的个体活动。无论企业中的从业人员有多少,真正承担创业风险并享有创业利益的人只有创业者一个。

(2) 经营决策独立 经营管理灵活自由,创业者可以完全根据个人的意志确定经营策略,进行管理决策。

(3) 权利义务统一 创业者对企业的债务负无限责任,当企业的资产不足以清偿其债务时,创业者以其个人财产偿付企业债务。有利于保护债权人利益;与之相适应的是,创业者在企业拥有充分的权利,获得最大的企业利益。

5. 合伙企业

合伙企业是指由两个或两个以上的自然人订立合伙协议,共同出资、合伙经营、共负盈亏、共担风险的企业组织形式。合伙企业的主要特点如下:

(1) 生命有限 合伙企业比较容易设立和解散。合伙人签订了合伙协议,就宣告合伙企业的成立。新合伙人的加入,旧合伙人的退休、死亡、自愿清算、破产清算等均可造成原合伙企业的解散以及新合伙企业的成立。

(2) 责任无限 合伙组织作为一个整体对债权人承担无限责任。按照合伙人对合伙企业的责任,合伙企业可分为普通合伙企业和有限合伙企业。普通合伙的合伙人均为普通合伙人,对合伙企业的债务承担无限连带责任。有限责任合伙企业由一个或几个普通合伙人和一个或几个责任有限的合伙人组成,即合伙人中至少有一个人要对企业的经营活动负无限责任,而其他合伙人只能以其出资额为限对债务承担偿债责任,因而这类合伙人一般不直接参与企业经营管理活动。

(3) 相互代理 合伙企业的经营活动,由合伙人共同决定,合伙人有执行和监督的权利。合伙人可以推举负责人。合伙负责人和其他人员的经营活动,由全体合伙人承担民事责任。换言之,每个合伙人代表合伙企业所发生的经济行为对所有合伙人均有约束力。

(4) 财产共有 合伙人投入的财产,由合伙人统一管理和使用,不经其他合伙人同意,任何一位合伙人不得将合伙财产移为他用。只提供劳务,不提供资本的合伙人仅有权分享一部分利润,而无权分享合伙财产。

(5) 利益共享 合伙企业在生产经营活动中所取得、积累的财产,归合伙人共有。如有亏损则亦由合伙人共同承担。损益分配的比例，应在合伙协议中明确规定；未经规定的可按合伙人出资比例分摊，或平均分摊。以劳务抵作资本的合伙人，除另有规定者外，一般不分摊损失。

（二）新创企业组织形式的优劣势

1. 有限责任公司

有限公司的优势在于股东对公司承担有限责任，与个人的其他财产无关，因而股东的风险不大；与不具有法人资格的企业相比，公司的所有权与经营权相分离，聘任经理人管理公司，能够更好地进行市场竞争。

有限公司的劣势在于设立程序比较复杂，创办费用高；为了规范公司治理结构，政府对公司的限制较多，法律法规的要求也较为严格。例如，有限责任公司必须按照公司的有关规定设立组织机构，依照法律、行政法规和公司章程的规定行使职权。

2. 股份有限公司

股份有限公司的优势在于股东以出资额度为限对公司的债务承担有限责任；股份有限公司的所有权与经营权分离，聘任经理人管理公司的日常经营活动，有利于公司的长远发展。公司产权可以以股票的形式充分流动；可以公开发行股票，筹资能力强。

股份有限公司的劣势在于其设立条件较为严格，注册资本要求较高，新创企业设立具有一定难度；股份有限公司设立程序较为复杂，创办费用普遍较高；政府对股份有限公司的限制条件较多，法律法规的要求也较为严格。企业需要定期报告自身财务状况，公司的相关事务无法严格保密。

3. 个体工商户

个体工商户的优势在于成本低，不用交企业所得税；手续简便，经营起来相对更灵活；对投资没有限额且不需要会计做账。

个体工商户的劣势在于不可以转让，不可以融资，不可以上市，不可以开分支机构；合作客户普遍是散户、小客户，相对不稳定；个体工商户的责任属于无限的；个体户不能享受到优惠政策。

4. 个人独资企业

个人独资企业的优势在于企业的产权由创业者个人所有，产权相对独立、较为清晰，因此发生产权纠纷的可能性较小；企业的利润由创业者独自享有，避免分摊劳动成果时可能引起的纠纷；企业内部关系简单，创业者可以随时根据自己的独立判断和现实需要，机动灵活地采取各种行动，调整企业的行为。

个人独资企业的劣势在于创业者对企业的债务承担无限责任，经营的风险较大；企业不易从外部获得财务资源，融资困难；企业受创业者个人因素影响较大，一旦创业者发生意外事故或者触犯法律、转业、破产并且家人不愿意经营该企业时，该企业就将终结。

5. 合伙企业

合伙企业的优势在于合伙企业交的是个税而不是企业所得税，盈利从理论上来说更多，这也是其高风险成本的收益；与独资企业相比较，合伙企业可以众筹资本共同偿还债务，减少了银行贷款的风险；合伙企业能够让更多投资者发挥优势互补的作用，比如技术、知识产权、土地和资本的合作，提升企业综合竞争力；由于合伙企业中至少有一个负无限责任，使债权人利益受到更大保护,更能提升企业信誉。

合伙企业的劣势在于合伙企业的无限连带责任,使得创业者一般不敢入伙;分红时无限责任人与有限责任人容易因产权不清晰的问题产生纠纷,合伙协议规定和内容不清晰容易出现利益冲突,因此,合伙企业是很难做大做强的。

(三)新创企业如何选择企业的组织形式

每种企业组织形式都有其自身的特点,大学生创业者需要综合考虑拟创业的行业、创业者风险承担能力、税务、未来融资需求及经营期限等方面因素来选择企业组织形式。

①拟创业的行业:选择企业组织形式首先应当考虑的因素就是行业可以采用哪些形式,因为对于一些特殊的行业,我国法律规定只能采取特定的形式,如律师事务所不能采用公司制形式,而银行、保险等金融行业则必须采用公司制形式。对于法律有强制性规定的行业,大学生创业者只能按照法律的要求执行,若法律没有强制性要求,则大学生创业者可以自行决定。

②创业者的风险承担能力:企业组织形式与大学生创业者日后承担的风险息息相关。公司制企业股东仅以出资额为限承担有限责任,而普通合伙制企业投资人、个人独资企业投资人都要承担无限责任。可以说,选择后两种企业组织形式,大学生创业者要承担更大的风险。

③税务:不同的企业组织形式所缴纳的税是不同的,个人独资企业和合伙企业的生产经营所得计征个人所得税,公司制企业既要缴纳企业所得税,又要在向股东分配利润时为股东代扣代缴个人所得税。因此,从税负筹划的角度看,选择个人独资企业和合伙企业税负更低。但是,对于一些特殊企业,如高新技术企业和小微企业,在可以享受税收优惠政策的情况下,公司制企业或许税负更低。

④未来融资的需求:如果大学生创业者资金充足,拟投资的事业资金需求也不大,则采用合伙制和有限责任公司制均可;如果日后发展业务所需资金规模非常大,则建议采取股份有限公司组织形式。

⑤经营期限:个人独资企业和合伙企业的运营与大学生创业者的人身依附性非常强,根据我国企业经营现状,以上两种企业的经营期限均不长。而公司制企业除出现法定解散事由或约定解散事由外,理论上是可能永远存续的。因此,如果大学生创业者希望企业长久发展,则建议采取公司制企业形式。

三、企业名称设计及选址

(一)企业名称设计的形式和规定

1. 企业名称设计的形式

企业命名形式通常为:行政区划+字号+行业+组织形式。如福建(行政区划)圣农(字号)食品(行业)有限公司(组织形式)、三棵树(字号)涂料(行业)股份有限公司(组织形式)。

2. 企业名称设计的规定

企业名称不得含有下列内容和文字:

①有损于国家、社会公共利益的。
②可能对公众造成欺骗或者误解的。
③外国国家（地区）名称、国际组织名称。
④政党名称、党政军机关名称、群众组织名称、社会团体名称及部队番号。
⑤汉语拼音字母（外文名称中使用的除外）、数字。
⑥其他法律、行政法规规定禁止的。

（二）企业名称设计的方法和原则

1. 企业名称设计的方法
①企业名称应与品牌、商标名称相统一。
②名称应体现企业的自身理念和服务宗旨。
③名称应有鲜明特点，最好有记忆点，朗朗上口、寓意吉祥。
④努力挖掘企业自身文化底蕴。

2. 企业名称设计的原则
①行政区划要求：企业名称中的行政区划至少是县级，但不能单独使用市里的辖区。其中，在国家市场监督管理总局注册登记、注册资本超过5000万人民币且到国家市场监督管理总局核名的企业，名称中可以没有行政区划。

例如，龙岗区华为有限公司是不符合企业命名规范的。

②字号要求：企业名称中的字号不得含有汉语拼音或数字，字号要由2个以上的字组成（未规定上限）。字号可以是投资人（自然人）的姓名。

例如，福建张三会计师事务所（普通合伙）。

③行业要求：企业名称中的行业可以从GB/T 4754—2017《国民经济行业分类》中查找（如技术、贸易）；行业用语表述的内容要与企业经营范围对应。其中，行业包含国民经济行业5个以上大类的，企业注册资本超过1亿元人民币的，是企业集团的母公司的，企业名称中可以不添加行业。

例如，阿里巴巴（中国）有限公司由于注册资金在1亿元以上，因此没有标明行业。

④组织形式要求：所谓组织形式就是"有限公司、股份公司、合伙企业"等，什么类型的企业就需要将对应的组织形式写到企业名称中。

有限责任公司：必须在名称中标明有限责任公司或有限公司字样；
股份有限公司：必须在名称中标明股份有限公司或股份公司字样；
普通合伙企业：名称中应当标明普通合伙字样；
有限合伙企业：名称中应当标明有限合伙字样；
特殊的普通合伙企业：名称中应当标明特殊普通合伙字样。

第二节 企业注册流程及相关事务

新公司注册的流程究竟是怎样的呢？这是所有想创业大学生新手感到头疼的事情。首先要明确一个公司注册的基本步骤，即使是刚毕业的大学生面对公司注册的相关工作，也可以轻松应对，从而少走弯路，省时省力省钱。本章将针对公司注册的步骤进行详细介绍，为想创业的大学生提供帮助。

一、企业注册流程

现在绝大多数成规模的大学生创业企业都采用了公司制，而公司的设立较非公司企业更为复杂，此处主要讲解公司的设立流程。公司设立是指公司设立人依照法定的条件和程序，为组建公司并取得法人资格而必须采取和完成的法律行为，其第一步是公司注册。

2017年5月5日，国务院办公厅印发《国务院办公厅关于加快推进"多证合一"改革的指导意见》，同意就加快推进"多证合一"改革提出的意见，标志着"多证合一"工商注册时代的到来。"多证合一"其具体流程为工商注册→印章刻制与管理→开立企业银行账户→办理税务登记。

（一）工商注册

"多证合一"是指商事主体的营业执照、组织机构代码证、税务登记证、社会保险登记证、统计登记证、刻章许可证、住房公积金缴存单位登记等，在商事登记部门"一表申请、一窗受理、并联审批、信息互认、档案共享"的流程基础上，审核成功并且信息录入后，发放加载有统一社会信用代码的营业执照。

"多证合一"改革的目的是使企业在办理营业执照以后，不再有烦琐的审批，迅速达到预定可以生产经营的状态。实现企业"一照一码"走天下，"一照"——营业执照就像身份证，成为企业唯一身份证，而"一码"——全国统一信用代码成为企业唯一身份证代码。因此，办理工商注册是创办新公司必不可少的第一步。"多证合一"后的营业执照如图10-1所示。

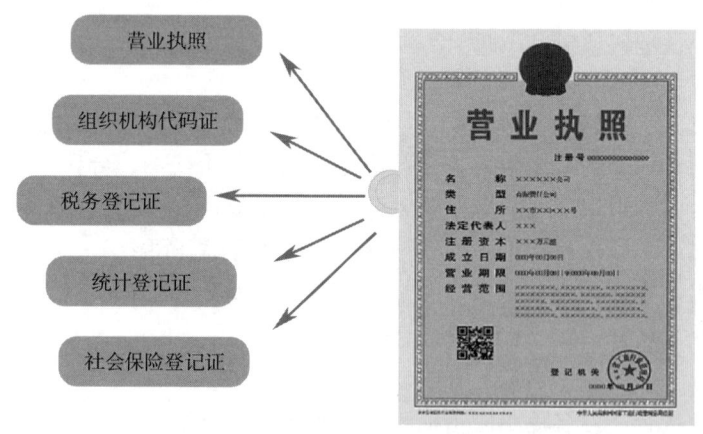

图10-1 "多证合一"后的营业执照

"多证合一"制度推行后有以下优点。

①节约办证时间：以前需要办理七八个证件，跑无数个部门的历史再也不用重演，证件整合后一次就可以办理完成，节省了办理者大量的时间。

②办证资料更少：原来登记要准备好几套资料，分别到各个部门提交，现在只用准备一

套就可以。

③办事更便捷："多证合一"后，整合多种证件的"营业执照"是公司唯一的身份证，企业到相关部门办事只需带一个营业执照，同时也避免带太多资料容易遗漏的风险。

以下是具体的申请流程。

①核准名称：确定公司类型、名字、注册资本、股东及出资比例后，可以去市场监督管理总局现场或者线上提交核名申请。

②提交申请：申请人可通过全流程网络无纸化登记系统填写"多证"联合申请书，并把相关材料提交到商事登记部门，由商事登记部门统一受理，或直接线下到市场登记窗口递交材料，由商事登记部门统一受理，实现"一表申请""一门受理"。

③部门审核：商事登记部门审核"多证"联合申请材料。审批信息共享至平台，相关部门进行认领审批。对符合登记条件的企业当即赋予各证照号码。实现"一次审核"和"信息互认"。

④领取营业执照：经商事登记部门审核通过后，商事主体申请人即可持本人身份证，或法定代表人（法人企业）、负责人（分公司、分支机构）、投资人（个人独资企业）、执行事务合伙人（合伙企业）或者经营者（个体工商户）持本人身份证，根据网上注册系统提示前往指定发照窗口申请领取纸质营业执照。

⑤归档：档案原件由商事登记部门保存，档案影像共享给代码登记部门、税务部门、公安部门、社保部门等相关部门，实现"档案共享"。

至此，一个公司注册完成。

（二）工商注册的办理材料

要办理"多证合一"，需要提前准备以下办理材料。

①拟任法定代表人签署的《企业设立登记（一照一码）申请书》（原件1份）。

②经办人身份证明（复印件1份，验原件）。

③全体股东（发起人）签署的章程（原件1份）。

④股东（发起人）主体资格证明（复印件1份，自然人身份证明验原件，单位资格证明加盖公章，注明"与原件一致"）。

⑤法定代表人、执行董事/董事长、董事、监事、经理的任职文件（原件1份）及其身份证明（复印件1份）（法定代表人身份证明原件；执行董事/董事长、董事、监事、经理身份证明的复印件上需注明"与原件一致"并由法定代表人签字）。

⑥法律、行政法规和国务院决定规定设立公司必须报经批准的，提交有关的批准文件或者许可证书（复印件1份，核对原件）（注：可由注册局通过监察局共享系统查验相关信息的，可无需提交；否则需提交纸质文件）。

⑦一人（自然人）独资有限公司应提交一人有限公司承诺书。

由于各地产业分布存在较大差异、涉企证照数量不一，需要整合的证照也存在较多差异。因此，各地区政策会略有不同，详情需查询当地具体政策。

二、开立企业银行账户

开立企业银行账户是公司合法经营的重要环节之一，也是企业进行经济交易和资金管理的必要步骤。大学生创业者要创办一家企业，往往需要通过银行进行资金周转和结算，这就不可避免地要和银行打交道，因此建议大学生创业者在开立企业银行账户时，选择合适的银行、准备齐全的材料、了解开户流程和要求，以确保开户过程的顺利进行。

1. 银行账户的种类

按照国家现金管理和结算制度的规定，每个企业都要在银行开立存款结算账户（即结算户），用来办理存款、取款和转账结算。银行存款结算账户分为以下 4 种。

①基本存款账户：基本存款账户是企业的主要存款账户，主要用于办理日常转账结算和现金收付，以及存款单位的工资、奖金等现金的支取。一个企业只能在一家商业银行的一个营业机构开立一个基本存款账户。

②一般存款账户：一般存款账户是企业因借款或其他结算需要，在开立基本存款账户以外的银行开立的账户。该账户只能办理转账结算和现金的缴存，不能办理现金的支取业务。

③临时存款账户：临时存款账户是企业的外来临时机构或个体工商户因临时开展经营活动需要开立的账户。该账户可办理转账结算以及符合国家现金管理规定的现金业务。

④专用存款账户：专用存款账户是企业因基本建设、更新改造或办理信托、政策性房地产开发、信用卡等特定用途开立的账户。该账户支取现金时，必须报当地人民银行审批。

2. 银行开户手续的办理

2019 年 2 月 2 日，中国人民银行发布《中国人民银行关于取消企业银行账户许可有关事宜的决定》，自 2019 年 2 月 25 日起在全国范围分批取消企业银行账户许可，2019 年底前实现完全取消。同时，强化企业银行账户管理，全面加强事中事后监管。企业在银行开立、变更、撤销基本存款账户和临时存款账户由核准制改为备案制，中国人民银行不再核发开户许可证，开户许可证不再作为企业办理其他事务的证明文件或依据。这意味着企业只需在银行一端即可完成开户全部事宜，将大大提高企业开户效率。

办理银行开户手续需要填写开户申请并提供有关证明文件。开立不同的账户，所需材料也不同，具体如下。

①基本存款账户：当地工商行政管理机关核发的营业执照正本。

②一般存款账户：借款合同或借款借据或基本存款账户的存款人同意其附属非独立核算单位开户的证明。

③临时存款账户：当地工商行政管理机关核发的临时执照。

④专用存款账户：有关部门批准的文件。

3. 银行销户手续的办理

开户人可以根据需要撤销其在银行开立的存款账户。开户人撤销存款账户时，应与银行核对账户余额，经银行审查同意后，办理销户手续。销户时，企业应交回剩余的重要空白凭证。办理银行销户手续时应遵循以下规定。

①一般存款账户借款清偿后要办理销户。一般存款账户余额不得超过企业在开户银行的借款余额，超过部分开户行将通知开户单位 5 日内将款项划转至基本存款账户，逾期未划转的，银行将主动代为划转。

②临时存款账户的使用期限不得超过 1 年，超过 1 年的将予以销户。

③企业销货款、异地汇入款项中除基建或专项工程拨款外的非专项资金不得进入专用存

款账户。

④开户人改变账户名称的应先撤销原账户,再开立新账户。

⑤开户行对1年内未发生收付活动的单位账户,将对开户人发出销户通知,开户人应当自收到通知之日起30日内(以邮戳日为准)到开户行办理销户手续,逾期不办理将视为自愿销户。

三、办理税务登记

新创企业领取由工商行政管理部门核发的加载有法人和其他组织统一社会信用代码的营业执照后,虽然无须再次进行税务登记、办理税务登记证,但仍需要前往税务机关办理相应的后续事项,才能进行正常缴税。企业在银行开立基本存款账户时,企业、银行与税务机关三方需要签订《委托银行划缴税(费)款三方协议书》。

特别注意的是,新创企业在办完首次涉税业务后,在之后的经营中要特别注意按时、按期、持续申报税费,以免延误纳税影响企业的正常经营。各项税收的缴纳时间不同:

①缴纳增值税、消费税的纳税人,以1个月或1个季度为1个纳税期的,于期满后15日内申报纳税,以1天、3天、5天、10天、15天为1个纳税期的,自期满之日起5日内预缴税款,于次月1日起15日内申报并结清上月应纳税款。

②缴纳企业所得税的纳税人应当在月份或者季度终了之日起15日内,向其所在地主管国家税务机关办理预缴所得税申报;企业应当自年度终了之日起5个月内,向税务机关报送年度企业所得税纳税申报表,并汇算清缴,结清应缴应退税款。

③其他税种,税法已明确规定纳税申报期限的,按税法规定的期限申报。

④税法未明确规定纳税申报期限的,按主管国家税务机关根据具体情况确定的期限申报。现在可以采用在线直接申报的方式。

注意,纳税人在领取营业执照之日起30日(含30日)内,应向税务机关申报办理税务登记,逾期办理的会被罚款。

偷税漏税是非常严重的一件事情,有的企业在这方面不够自觉,导致创业失败或者企业发展缓慢,想成为一个优秀的企业,必须积极纳税,做一个合格的纳税企业。若有政策变动,大学生创业者可拨打纳税服务热线或访问国家税务总局的纳税服务平台进行咨询。

案例分享

自2012年成立以来,"三只松鼠"用互联网技术和大数据推动了农业供给侧结构性改革,促进行业提质增效,用好吃的零食和欢乐的体验,不断满足人民群众日益增长的美好生活需要。作为新时代民营企业创新发展的重要代表,"三只松鼠"已成长为中国销售规模最大的零食品牌。

"三只松鼠"创始人章燎原只有中专学历,20世纪90年代出来"闯江湖"时不到20岁。他年轻时尝试过很多事情,后来就职于安徽一家农产品企业,从业务员一直做到董事总经理,把一个销售额不足400万元的小公司,打造成销售额近2亿元的当地知名品牌。2012年,在深耕坚果行业9年之后,他对这个传统的农产品行业有了更深的了解。蓬勃发展的互联网唤醒了我的创业梦想——借助电子商务打造一个全国化的品牌。在章燎原及其团队的带领下,

"三只松鼠"正从电商品牌转型为数字化供应链平台企业，持续强化"造货+造体验"的核心能力，全面转型"线上造货、立体卖货"，逐步形成了"深耕产品+玩转全网+立足线上+赢在全国+沉淀能力"五位一体的新商业模式。"三只松鼠"走出了一条极具特色的民营企业发展之路。

本章小结

本章首先介绍了创办企业的法律问题，重点介绍了新创企业设立方式的选择，主要包括新创企业的设立方式、组织形式的优劣势以及新创企业如何选择企业的组织形式；详细介绍了企业注册流程及相关事务，内容主要包括企业注册流程、开立企业银行账号、办理税务登记等，为大学生创业者经营企业奠定基础。

思考题

1. 了解章燎原创业故事，围绕创业组织形式展开话题讨论。试讨论"三只松鼠"公司的组建属于哪种企业组织形式，并分析其成功的原因对当代大学生创业有何参考价值。
2. 讨论方式：以4~6人为一组，每个小组内部讨论如何建立适合自己的企业，并列出具体注册流程，利用SWOT分析法对新创企业进行可行性分析；各小组发言完毕后可总结大学生创业实际情况思考企业可持续发展须具备的关键条件有哪些。

第十一章
新创企业管理

学习目标

1. 掌握新创企业管理的基本原理与方法。
2. 掌握企业危机的类型及相应的管理策略。

学习重点与难点

1. 重点是4种企业管理基本方法的运作原理。
2. 难点是新创企业危机信号的识别、危机化解及危机恢复方法。

导入案例

北京金考花卉公司是一家以进口荷兰花卉为主营业务的股份制公司。在经过对2002年春节荷兰进口花卉销售旺季略有盈余的盘点后，几位厌倦了年复一年地给别人打工度日的年轻人，凭借一股创业的激情，于2002年3月创办了自己的公司。

随着公司业务的不断发展，矛盾与分歧与日俱增。公司治理机制不明晰、货源品种选择不当、销售渠道不甚顺畅和彼此缺乏诚意的合作等成为"金考"必须面对的症结。

在"金考"的几大软肋中，公司管理机制不明晰是首要因素。由于我国花卉产业起点较低，政策及花卉从业人员的经营意识限制了花卉企业向现代企业运作模式的迈进。"金考"也是如此，同样未能避免管理、经营意识欠缺而造成的短板。"金考"虽然是股份合作制企业，但在内部管理和组织机构上却依然停留在个人单打独斗的"原始"状态上。由于缺乏必要的管理意识，使那些仅为"不算错钱"而制定的规章制度显得很苍白：员工手册只约束了"伙计"的行为，销售日报只起到反映销售流水的作用，库房台账只能表明还剩些什么商品。而真正反映企业资金流和盈利能力等财务状况的财务制度，直至"金考"倒闭时仍未建立，相关的财务数据只是凭借掌握在一个人手中的几组销售、进货数值简单地进行算术加减而得到。

2003年3月，"金考"的创业之路走到了尽头。

思考与讨论

1. 北京金考花卉公司从创立到失败遇到了哪些危机？
2. 北京金考花卉公司创业失败的原因是疏忽了企业管理的哪些方面？

第一节　企业管理基本职能与方法

创业者在创业初期有一个普遍现象，就是重视市场而不重视管理和财务，认为赚了钱可以解决一切问题，殊不知由于没有科学的管理和财务规划，这种做法给企业长远发展带来很大的隐患，最容易造成的后果就是由于管理不善，企业看上去生意不错却不赚钱，结果往往事与愿违。"金考"公司的失败就是一个很好的说明。

一、企业管理基本职能

随着企业的发展，即使在现有企业或成熟企业里，由于竞争、市场需求、产业演变和环境的变化，企业需要不断地寻求新的增长机会，开发新的业务，只有具有创新与创业精神的企业才能具有活力和竞争力，这就需要企业战略思想和管理方式的调整。因此，创业管理是一种以机会为驱动、以创新为导向的管理活动和方式，它不仅存在于新建企业，现有企业也需要创业管理。企业管理对企业的生存和发展至关重要，优秀的管理能够让组织活动更加富有成效，大学生创业者应掌握企业管理的基本职能。

1. 企业的成长与运营

新创企业一经建立，首先面临的是生存问题。如果管理不善或市场机遇不佳，新创企业就有可能夭折。在安全度过生存期后，新创企业面临的就是扩张和发展问题，其表现就是企业的成长，而企业的成长是企业经营的棘手问题，需要产品极致、战略支撑、组织创新等。企业成长是一种由"成长基因"推动企业系统组织与功能不断进化的过程，促进企业机体动态能力不断扩张、新陈代谢，从而与环境形成良性互动，共生发展。

作为创业者，成立创业公司后，要重点关注企业核心成长要素和自身优势塑造，制定发展战略，潜心开发并优化"拳头"产品；构建市场开拓、融资和扩张成长的商业逻辑，培育企业核心竞争力，雷厉风行地进行周密的战略实施，形成自身独特的竞争优势。首先，通过对市场的调查和预测，根据生产经营的需要，为企业的各个部门、环节和人员在时间和空间上规定其具体任务。其次，管理者根据企业的总目标和管理的要求，将生产经营的各个要素，在劳动分工、协作和人员配备等方面，用各种结构形式，合理、紧密、高效地加以组合与协调，以形成一个有机的整体。最后，管理者需要利用职权和威信施展影响，调动组织成员的积极性，指导和激励企业员工努力实现目标，对一切工作加以分析和检查，判断其是否背离原定的计划和目标，找出弱点和错误，及时分析原因并予以纠正，使企业资源有效运用于企业的各方面。

2. 企业的传承与发展

企业传承是成长的更高层次，需要根植企业文化、商业伦理和社会担当及价值创造的持久定位。企业尽管有生命周期，但随着转型的实现，可以持续地经营下去；而人的寿命是有限的，特别是随着生理上的衰老及精力的下降，就会难以继续经营企业，不管企业经营得多么成功，创业者终究会从所创建和经营的事业中退出，而由他人来继承和发展。这时就需要将企业传承下去，使创业者创建的事业得以延续和发展。

企业传承管理是指将企业的企业文化、经营模式、战略理念、人才培养、市场营销等关键因素进行有效传承和管理的一种综合性管理模式。在企业发展过程中，适时地开展传承管理，能够保证公司的持续发展，不断创造价值。实施企业传承管理的关键在于有效地保持企业稳定性，并对企业现有的考核、流程、设备、设施等进行规范化管理。在传承管理的过程中，企业需要更加注重人才的培养，让优秀人才在企业中更好地发挥作用，并帮助企业快速发展、成长为更强大的企业。

二、企业管理原理与方法

（一）企业管理的基本原理

企业管理的基本原理是管理理论的核心，是经营和管理企业必须遵循的一系列基本的管理理念和规则，也是实现企业有效管理的基础。大学生创业者应该掌握的企业管理基本原理主要有以下 6 点。

1. 人本原理

现代管理的核心是人，离开了人，就不存在管理。人本原理是指一切管理活动应以调动人的积极性、挖掘人的潜能为根本，注重人的思想、感情和需求的变化，以激发人的主动性和创造性为根本。人是管理活动中最活跃的因素，既是管理的主体，又是管理的客体。因此，现代企业管理强调以人为中心，要求对组织活动的管理既做到"依靠人的管理"，又做到"为了人的管理"。

2. 系统原理

系统原理是指在管理活动中必须运用系统理论、系统思路、系统工程、系统方法来进行系统管理。企业管理系统是一个多级多目标的系统，它本身又是国民经济大系统的组成部分，因此管理者要把企业作为一个整体来研究，注重系统内部各要素的合理组合、各层次的合理设置、各子系统的有机联系、系统与外部环境的主动适应，进而寻求系统的优化，使企业整体效益最优。

3. 能级原理

能级原理是指管理者应建立一个合理的能级结构，并按一定的规范和标准，将管理内容置于相应的能级之中，以实现管理的高效能。要根据不同的能级建立层次分明的组织机构，给予不同的权力，安排与职位能级要求相适应的人去担负管理任务。

4. 效益原理

效益原理是指企业通过加强企业管理工作，以尽量少的劳动消耗和资金占用，生产出尽可能多的符合社会需要的产品，不断提高企业经济效益和社会效益。企业在生产经营管理过程中，一方面努力设法降低消耗、节约成本；另一方面又努力生产适销对路的产品，保证质量，增加附加值。从节约和增产两个方面来提高经济效益，以求得企业的生存与发展。

5. 反馈原理

反馈原理是指管理者为了确保及时、准确、高效地完成既定计划，达成组织目标，必须快速准确掌握组织内部和外部环境的变化，及时将系统的运行状态和输出结果与原计划和目标进行比较，以便出现偏差时立即采取行动加以纠正或修改，保证组织目标的实现。

6. 弹性原理

弹性原理是指在管理中必须保持适当的弹性，以便及时地适应客观事物的各种变化，有效地实行动态管理。管理决策总是许多因素合力的结果,人要百分之百地反映客观规律的管理是不存在的。管理工作会随着时间、地点、条件、对象等客观条件的变化而变化,带有很大的不确定性。因此,企业管理必须留有余地,保持适当的弹性。

(二)企业管理的基本方法

企业管理的方法是指企业为实现自身目标和价值,提高效益和竞争力,而制定和实施的一系列管理措施和手段。人们在长期的经营实践以及科学研究中,总结出了很多行之有效的管理方法,而管理的基本方法就是从各种具体方法中概括出的基础性的、具有普适性的方法,主要包括以下4种:

1. PDCA 循环

PDCA 循环是一种常用的企业管理方法,也被称为戴明循环。它由4个阶段组成:计划(Plan)、执行(Do)、检查(Check)和处理(Action)。这4个阶段构成了一个闭环,周而复始地进行,以实现持续改进和提高管理效益的目标,如图11-1所示。

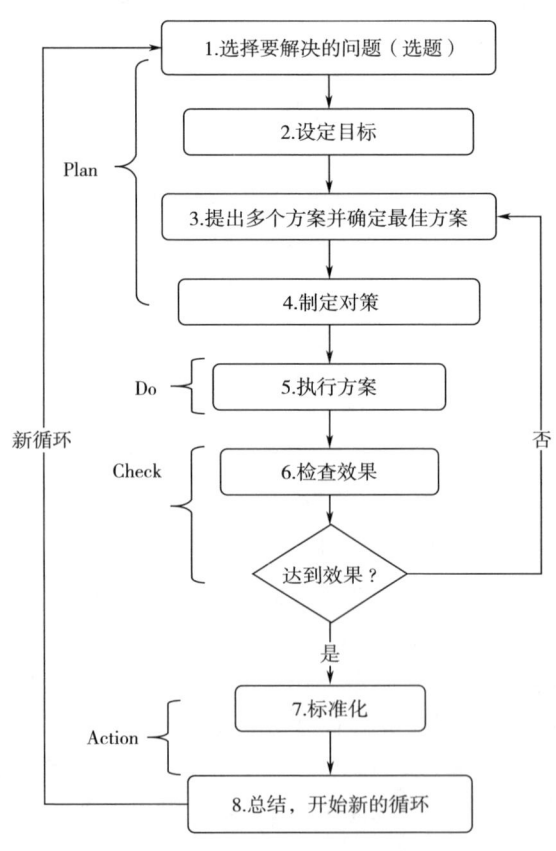

图 11-1　PDCA 循环的流程

①策划阶段(P阶段):这个阶段企业需要充分考虑实际情况,确保计划的可行性和有效性。具体分为4个步骤,分别是选择课题、设定目标、提出各种方案并确定最佳方案、制定对策。

②实施阶段(D阶段):按照预定的计划,进行实验和验证,努力实现预期目标的过程。

在实施的基础上，对过程进行测量和数据采集，确保工作能够按计划进度展开。

③检查阶段（C阶段）：确认方案是否有效，目标是否完成，实施方案是否达到了目标。如果没有出现预期的结果，就需要严格检查实施阶段是否按照计划实施对策，若是，则意味着对策失败，需要重新确定最佳方案。

④处置阶段（A阶段）：对检查的结果进行处理，包括标准化和问题总结两个步骤，标准化是指对已被证明的有成效的措施，要进行标准化，编制成工作标准，以便以后的执行和推广；问题总结是指对于效果不显著的方案或者实施过程中出现的问题进行总结，为开展新一轮的PDCA循环提供依据。

PDCA循环是一种重要的企业管理方法，可以帮助企业实现持续改进和提高管理效益。然而，PDCA循环的应用也存在一些挑战和限制。例如，需要投入大量的时间和精力进行计划、执行、检查和处理，而且需要具备一定的管理能力和经验。

2. 目标管理

目标管理是以目标为导向，以人为中心，以成果为标准，而使组织和个人取得最佳业绩的现代管理方法。其中心思想是管理者以企业总目标为依据，从最高领导开始，各级主管与下属协同制订本部门和每个人的目标、达到目标的计划及实施进度，通过上下协商，逐级制订出目标，既是"自上而下"的，又是"自下而上"的。

企业内每个单位、部门、层次和成员的责任与成果具有密切的联系，在目标执行过程中，需要根据目标决定上下级责任范围，上级权限下放，下级实现自我管理。在成果评定过程中，严格以各自的目标作为评价和奖励标准，需要不断地将实现目标的进展情况反馈给相应的层级，使其能够及时调整自己的行动，也使每个员工对所在部门的贡献更加明确，最终组织形成一个全方位的、全过程的、多层次的目标管理体系，以提高上级领导能力，激发下级积极性，保证企业目标的实现。

目标管理的特点主要体现在以下几个方面。

①明确目标：目标管理强调目标的明确性，要求企业或者团队设定清晰、具体、可衡量的目标，以便员工能够明确工作方向，了解预期成果。

②参与决策：目标管理鼓励员工参与目标的设定和决策过程，以提高员工的责任感和主动性，增强他们对目标的认同感。

③规定时限：目标管理要求为每个目标设定明确的完成期限，以便员工能够有计划地安排工作，确保目标的按时完成。

④评价绩效：目标管理强调以目标完成情况作为评价员工绩效的主要依据，这有助于激发员工的积极性和创造性，提高工作效率。

3. 满负荷工作法

所谓满负荷就是"人尽其力，物尽其用，时尽其效"，满负荷工作法即是使企业内部人、财、物等因素达到最佳性能，并加以适当组合，从而使企业整体效益达到最佳状态的管理方法。管理者先对企业的各项工作提出较为先进的目标，然后把目标分成几个阶段逐步实现，而后层层落实，形成保证体系，并与个人报酬挂钩。满负荷工作法的主要内容包括9项：质量指标满负荷、经营工作满负荷、设备运转满负荷、物资使用满负荷、资金周转满负荷、能源利用满负荷、费用降低满负荷、人员工作量安排满负荷、8h工作满负荷。

①质量指标满负荷：确保产品的质量达到预期标准，满足客户需求。通过科学的质量管

理方法，保证产品质量的稳定性和可靠性。

②经营工作满负荷：确保企业的经营工作达到预定目标，实现满负荷运转。这涉及销售、生产、采购等各个环节的高效运作，以确保企业整体运营的稳定和高效。

③设备运转满负荷：通过合理利用和调配设备资源，使其在预定时间内达到最大使用效率，降低闲置和浪费，提高生产效益。

④物资使用满负荷：合理规划和使用各类物资，确保物资在生产过程中的最佳利用，降低损耗和浪费。

⑤资金周转满负荷：通过有效的财务管理和运作，使资金在流动过程中达到最大效益，降低资金成本，提高企业的经济效益。

⑥能源利用满负荷：合理利用能源，通过节能技术和措施降低能源消耗，提高能源利用效率，实现绿色可持续发展。

⑦费用降低满负荷：通过优化管理、提高工作效率等方式降低运营成本和费用，实现费用降低满负荷。这有助于提高企业的盈利能力和市场竞争力。

⑧人员工作量安排满负荷：根据员工的能力和工作需求，合理安排工作任务和工作量，使员工的工作负荷达到最佳状态，提高工作效率和工作质量。

⑨8h 工作满负荷：在规定的工作时间内，使员工的工作效率和工作质量达到最大化，充分利用工作时间，避免浪费和闲置。

4. 例外管理

例外管理最初由"科学管理之父"弗雷德里克·温斯洛·泰勒（Frederick Winslow Taylor）提出，是指企业内部各级主管将日常发生的例行工作授权给下级人员处理，而自己只处理那些没有或无法规范化的例外工作。

例外管理要求企业各级主管在进行工作分类时，应先制定一些必要的标准和规章，然后把常规性工作交给经过训练或有经验的下属，使其在规定范围内按章执行、定期汇报。当遇到例外的事情时，则必须立刻报告主管，由主管亲自处理。

例外管理的优点是主管可以集中精力处理重要事务，同时给下属提供更多的机会参与管理、锻炼管理能力。缺点则是制定标准和规章需要技巧和经验；下属若不能及时汇报例外情况，则容易导致失误。

第二节　企业危机与危机管理方法

一、企业危机概念

企业危机是指危及企业形象和生存的突发性、灾难性事件，这些事件会对企业造成一系列的不良后果，通常会给企业带来较大的损失，造成企业形象严重破坏，甚至破产倒闭。危机无时不在，对于新创企业更是如此，外部环境或企业内部条件的变化都可能使得新创企业陷入成长危机。因此大学生创业者在新创企业时要了解可能面临的危机种类，要做好危机的预防，尽可能减少危机的发生，要做好危机管理工作，将危机的影响降到最低。

二、企业危机分类

一般来讲,企业危机大致可分为内部危机和外部危机。

1. 内部危机

内部危机主要有组织危机、财务危机、人才危机、经营决策危机、战略危机等。

①组织危机:一般是指企业组织结构与企业成长阶段和企业战略不相适应,管理体制不完善,组织文化落后等导致的危机。进而直接影响企业整个组织的稳定性,导致企业处于混乱状态。

②财务危机:财务危机的出现,主要与企业做出的重大投资决策有关,由于企业投资决策失误、资金周转不灵、股票市场波动、贷款利率和汇率的调整等因素使企业资金出现暂时断流,影响公司的正常运转,情况严重还会直接导致公司瘫痪。

③人才危机:指的是企业在关键时期面临人才流失或关键岗位空缺的情况。这种情况可能由于核心人员离职、领导层突然变动、重要岗位无人胜任等原因导致。导致企业关键职能无法正常运转,影响项目进展、决策制定或组织运作,从而给企业带来重大困难和危机。

④经营决策危机:经营危机是指企业管理不善而导致的危机,如造成严重的环境污染,抑或引发关系纠纷等,对企业产生一系列的负面影响,直接影响企业正常的经营管理。决策危机是指企业经营决策失误造成的危机。企业的经营策略如果发生严重错误,自然无法适应环境条件的变化,从而蒙受巨大的损失。

⑤战略危机:指的是由于企业在选择战略方向或实施战略过程中出现不当决策或执行不善而引发的危机。这包括未能掌握核心技术或缺乏关键资源、盲目进行多元化投资和经营,以及缺乏清晰的长远发展战略。这些问题可能使企业陷入困境,影响其竞争力和可持续发展。在面对这些挑战时,企业需要迅速调整战略,纠正不当决策,并制定明确的长期发展计划,以应对当前危机并确保未来的成功。

2. 外部危机

外部危机主要有媒体危机、信誉危机、灾难危机、法律危机等。

①媒体危机:因为客观事物和环境的错综复杂性,以及报道者观察问题时所持的不同立场和角度,媒体报道的角度、深度和广度往往存在失误的可能性。这种危机可能源自媒体对企业事件或行为的错误描述、夸大报道或歪曲事实,导致舆论受到影响,给企业带来危机。

②信誉危机:企业在长期的生产经营过程中,公众对其产品和服务会产生整体性的印象和评价。若企业出现了不讲信用的言行,那么其公众形象必然会遭到损害。引起一系列纠纷问题,若是情况严重,会直接损害消费者、合作伙伴利益,致使企业信誉急剧下降,进而失去公众信任与支持,对企业整体发展造成巨大的不利影响。

③灾难危机:指的是突发、严重的不可预测事件,可能由自然灾害(如地震、洪水、火灾)、人为事故(爆炸、恶意破坏、网络攻击),以及战争、重大工伤事故、经济危机、交通事故等或其他意外事件引发。通常对企业的设施、人员安全、财务状况和声誉造成重大威胁,有时甚至会对企业的持续运营和生存造成严重影响,造成巨大损失危机。

④法律危机:其是指企业在生产、销售等过程中触犯了法律法规,事件暴露后,企业陷入危机,如偷税漏税、违反广告法等。或企业高层管理人员因缺乏足够的法律意识而使经营管理出现非常严重的违法违规行为,引发企业投资者出现集体诉讼的情况。

三、企业危机管理策略

（一）企业危机管理的概念

危机管理这一概念是美国学者于 20 世纪 60 年代提出的，其中一种观点受到较广泛的认同："危机管理"是企业为了预防、转化危机而采取的一系列维护企业生产经营正常进行，使企业摆脱逆境，避免或减少企业财产损失，将危机化解为机遇的一种企业管理的积极主动行为。对于企业危机，新创企业应该把握其规律，根据可获取的相关知识来进行危机管理。危机管理可以被划分为 4 个阶段，即危机的预防、危机的确认、危机的控制和危机的化解。一般将后面的 3 个阶段归结为危机的处理。因此企业的危机管理可划分为两大方面，即危机的预防与危机的处理。危机管理最有效的措施是危机的预防。危机处理是危机管理的主要环节。

（二）企业危机预防与危机处理

危机管理，不在处理，而在预防。几乎每次危机的发生都有其预兆，因此，只要对可能面临的危机进行预测，及时做好预警工作，并采取有效的防范措施，就可以避免危机发生或把危机造成的损害和影响减小。

1. 危机预防的步骤

（1）通过教育与培训，全员树立强烈的危机意识　企业任何行为都是通过人的行为来实现的，因而对企业员工进行危机管理教育和培训就显得十分重要。居安思危、未雨绸缪是危机管理理念之所在。企业应该树立一种危机理念，营造危机氛围，让全体员工都明白危机管理的重要性和必要性，提高员工对危机事件发生的警惕性，以此提高全员的危机意识，提高企业抵御危机的能力，有效地预防危机。

（2）建立危机预警系统　信息监测是预警的核心，企业须注重信息的监测、鉴别、分类和分析，预测可能发生的危机类型及其危害程度。必要时发出危机警报，最终实现将隐患消灭在萌芽状态的目标。

（3）成立危机管理小组　成立危机管理小组是企业顺利处理危机，协调各方面关系的组织保障。危机管理小组成员一般是兼职的，应该选择熟悉企业和本行业内外环境、居于较高位置的管理人员和专业人员。危机管理小组负责危机预防管理的指导工作、制定危机预测有关策略和计划、进行危机模拟训练，并在危机实际发生的时候，立即转变为危机领导核心，对工作进行全面指导。

（4）进行危机模拟训练　企业应根据危机应变计划进行定期的模拟训练，包括心理训练、危机处理知识培训和危机处理基本功演练等，以提高危机管理小组的快速反应能力，强化危机管理意识，并验证预先制定的危机应变计划的实际可行性。这种模拟演练不仅有助于企业更好地理解危机应对程序，还有助于发现和纠正潜在的缺陷，确保在真正的危机发生时，企业能够以最佳状态应对挑战。

2. 企业危机处理的方法

危机处理是危机管理的主要环节。一旦企业发生危机事件，不同的危机处理方式将会给企业带来截然不同的结果。成功的危机处理不仅能够化解危机，还有可能通过危机处理过程的具体举措增加外界对企业的了解，为重塑企业形象争取机会。相反，不成功的危机处理或不进行危机处理则会将企业置于非常不利的地位。以新闻媒介为代表的社会舆论压力将使企业形象严重受损，企业员工因无法承受危机所带来的压力而信心动摇甚至辞职等。识别危机信号、危机化解和危机恢复是危机处理的3个基本程序。

（1）识别危机信号　多数危机在爆发前都会出现或多或少的征兆或迹象，企业需要在危机预警系统鉴别、分析、判断后，及时识别危机的种类及其严重程度。

企业危机出现前兆主要表现在以下几个方面。

①财务问题：不断恶化的财务状况，包括营业额下降、利润下滑、负债增加等，可能是企业面临危机的明显迹象。

②员工不满：高员工离职率、工作满意度下降、劳资纠纷等迹象可能表明组织内部存在问题，可能影响到整体的运作。

③供应链问题：关键供应商的问题、物流中断、原材料短缺等，都可能对生产和交付产生重大影响。

④法规和合规问题：涉及法规、合规或道德问题的丑闻，可能导致法律诉讼、罚款，对企业声誉和财务状况造成负面影响。

⑤市场变化：行业竞争激烈、新技术崛起、市场需求下降等因素可能使企业陷入困境。

⑥管理层变动：不稳定的管理层、高级别管理人员的频繁变动可能导致组织内部混乱，影响战略制定和执行。

⑦声誉问题：负面的媒体报道、社交媒体上的负面舆论，以及公众对企业形象的负面看法，都可能对企业的声誉产生影响。

⑧技术问题：安全漏洞、数据泄露、系统故障等技术问题可能导致客户流失、法律问题，以及对企业品牌的损害。

⑨战略失误：不适应市场变化、错误的战略决策、过度扩张等可能使企业陷入困境。

⑩自然灾害：企业所在地区的自然灾害，如地震、风暴、洪水等，可能对生产和供应链产生直接影响。

当企业出现上述前兆时，这可能是危机即将来临的信号。在这种情况下，企业应该积极从各个渠道及时捕捉这些征兆信号，并对其进行深入的分析和判断。及时采取必要的预防措施，以确保潜在问题不会演变为真正的危机。这包括迅速调整战略、解决员工满意度问题、加强供应链管理、提升技术安全性等措施。及时而精准的反应有助于企业更好地应对潜在的危机，最大程度地减少可能的损失。

（2）危机化解　企业须按照合理的程序来化解危机事件，一般来讲，危机化解应按如下的程序来进行。

①听取危机事件报告及评估：企业最高负责人和高层人员听取汇报后，必须在最短的时间内对危机事件的发展趋势、对企业可能带来的影响和后果、企业能够采取的应对措施、对危机事件的处理方针以及人员、资源保障等重大事情作出初步的评估和决策。

②组建危机处理小组：危机处理小组应由企业最高负责人担任小组负责人。小组的其他成员至少应包括公司法律顾问、公关顾问、管理顾问、业务负责人、行政负责人、人力资源负责人和小组秘书及后勤人员。作为企业处理危机事件中的最高权力机构和协调机构，危机处理小组有权调动企业的所有资源，有权独立代表企业作出任何妥协、承诺或声明。

③及时沟通：危机发生后，企业需要积极展开内外部的有效沟通，确保信息的流通畅通，防止谣言和不实信息的传播。建立透明的沟通渠道，及时向内部团队、关键利益相关者以及公众提供准确、全面的信息，以稳定局势、维护声誉，并避免造成不必要的恐慌和误解。

④相关公众公关：如果危机事件尚未被媒体曝光，则必须控制事件的影响。企业可以在合理合法的前提下，适当让步，争取牺牲小利换来事件的快速处理，以免因事态的进一步恶化所带来的无法控制的局面和企业声誉的损失。如果危机事件已由媒体公开并已造成广泛影响，则危机处理应将重点转到媒体公关上来。对媒体的公关，主要方式是让媒体了解事实真相，引导其客观公正地报道和评价事件。如果事实真相对企业不利，则危机处理小组必须表现出真诚的悔意和改正的决心，并强调该次事件的偶然性和企业的改正措施，以及企业承担责任的方式和范围，以取信于媒体和公众。如果事实的真相对企业有利，则危机处理小组必须让媒体充分了解事件原委并引导其对事件本身进行客观的报道和评论，努力塑造企业的受害者形象，博取舆论的同情。

（3）危机恢复　在识别危机信号、危机化解后，企业需要进行危机恢复。根据企业从危机处理过程中总结出来的经验和教训，进行企业经营管理活动的改进。危机恢复中非常重要的一个方面是对危机处理过程中发现的问题，有针对性地开展系列的企业形象恢复管理活动，例如，

①投放企业形象广告：通过广告来重新树立企业形象，强调企业价值观和承诺，向公众传达积极的信息和形象。

②新产品与服务推出：推出全新的产品和服务，突显企业创新和发展的能力，吸引客户和投资者的关注。

③管理团队调整：引入新的管理团队成员，尤其是那些具有良好形象和领导力的高管，以加强公众对企业的信任感。

④公布市场拓展和产品发展计划：公开企业未来的发展规划，展示企业前景和战略，增加公众对企业未来的信心等。通过一系列有针对性的形象恢复管理活动，企业可以在公众关注度高涨、对企业关注尚未减弱的时期内，改善企业形象，重塑公众对企业的印象，并增强公众对企业未来发展的信心。

（三）总结经验

在危机处理过程中，企业通常会发现平时未察觉的问题，随着危机事件的处理，这些问题逐渐显露。企业可以通过对这些问题的深入分析，进行必要的改革和调整，以避免未来犯类似或更大的错误。同时，企业还可以通过危机处理来积累包括危机处理经验在内的各种经验，通过这一过程，企业能够建立起在平时难以获得的社会关系资源，如媒体关系、政府关系以及与消费者的互信关系。进一步地，企业还有机会通过危机处理过程进行积极正面的宣传，扩大企业的社会影响力，提升品牌知名度和美誉度，积累更多的品牌资源。

――― 案例分享 ―――

途家网的创业故事始于2011年，其由罗军创立。罗军曾创立新浪乐居，并携手易居中国成立了中国房产信息集团，在纳斯达克成功上市。在创建新浪乐居之前，他曾长期服务于

Cisco、Oracle、Avaya 等全球性著名公司，担任高级管理职位。

罗军创建途家网的想法源于他发现旅行住宿过程中的体验不如人意，有很多痛苦的住宿经历。他希望通过途家网为旅行者提供高品质的度假公寓和别墅，提升住宿体验。途家网通过国际领先的 O2O 模式，线上提供旅游地高端度假公寓和别墅的在线查询和预订服务，线上呼叫中心提供 24h 客户服务，线下提供五星级酒店标准的分布式度假公寓服务。用户可以通过途家网站搜索知名旅游城市的度假公寓，在线查询周边情况并成功预订。

在短短几年内，途家网获得了顶级机构联投的 28 亿融资，估值超 10 亿美元，正式进入互联网公司的"独角兽"俱乐部。途家网还并购了携程、去哪儿网的公寓民宿业务，覆盖中国及其他国家多个目的地，在线房源超过 42 万套。

罗军对途家网的管理和战略规划非常明确，注重用户体验和服务质量，持续创新并关注合作伙伴关系建设。这些管理策略的实施和战略规划的制定，使得途家网在短租行业中取得了显著的成绩。

本章小结

本章重点介绍了企业管理的基本职能与方法，内容包括企业的成长、运营、传承及发展，详细介绍了企业管理的基本原理和方法。同时，本章还介绍了企业危机的概念、特征和分类，重点介绍了企业危机的管理策略，包括危机管理的概念、危机预防与危机处理和总结经验，让大学生创业者在应对危机时能够从容不迫地快速找到解决的办法。

思考题

1. 了解罗军的创业故事，围绕新创企业的管理展开话题讨论。试讨论途家网公司的管理有什么特点？曾经遇到和解决过哪些企业危机？分析其成功的原因对当代大学生创业有何参考价值。
2. 讨论方式：以 4~6 人为一组。每个小组内部讨论新创企业的管理方式，并列出企业可能出现的危机情况和解决方案；各小组发言完毕后可总结新创企业管理过程中的难点和痛点。

第十二章

新创企业市场营销

学习目标

1. 掌握传统营销的四大策略。
2. 学习市场的分类方法。
3. 学习服务营销的方法。

学习重点与难点

1. 重点是借鉴传统营销策略的优点,融合到现代农业发展中。
2. 难点是市场分类的方法应用以及根据不同的市场选择不同的营销方式。

导入案例

电子商务巨头——亚马逊的市场策略

亚马逊,作为全球最大的电子商务巨头之一,其成功背后的市场策略值得深入探讨。从最初的在线书店起步,亚马逊通过不断创新和拓展,逐步演变成一个综合性的在线购物平台。在这个过程中,亚马逊运用了一系列有效的市场策略,为其在竞争激烈的市场中赢得了领先地位。

亚马逊充分利用大数据和人工智能技术,对用户行为进行分析和预测,为用户提供个性化的购物推荐。这不仅提高了用户的购物体验,还有效地提高了销售额。同时,亚马逊还利用这些技术优化库存管理、物流配送等方面,进一步提升了运营效率。

为了拓展国际市场,亚马逊积极实施全球化战略,将业务拓展至全球多个国家和地区。通过与当地企业合作、建立本地化的运营团队等措施,亚马逊成功地将其市场策略应用于不同国家和地区,实现了全球化布局。

通过以上市场策略的应用,亚马逊成功地在竞争激烈的市场中脱颖而出,成为全球电子商务领域的佼佼者。这些案例提供了宝贵的启示:在市场竞争中,企业需要不断创新、优化用户体验、拓展产品线、充分利用先进技术以及实施全球化战略等措施,才能在市场中立于不败之地。

消费者是一个极其庞大和复杂的群体,顾客个体由于在思想、经济收入、消费心理与生活习惯、身处的地理环境和人文等影响下,导致其需求具有复杂多样性,这导致了消费市场多元化发展。任何一个企业面对一个大市场,它是没有能力也没有必要提供满足这个市场所有的消费者需求的商品和劳务的，正确地选择目标市场，明确市场中的服务对象和服务内容，是制定市场营销战略的首要内容和基本出发点。

思考与讨论
1. 亚马逊成为电子商务巨头经历了几个阶段？
2. 在市场竞争中，哪些市场策略可以取得成功？

第一节　市场营销

一、市场细分

（一）市场的构成要素

市场构成要素包括人口、购买力、购买欲望。

1. 人口

人口是构成市场的最基本要素，消费者人口的多少决定着市场规模和容量的大小，人口的构成及其变化影响着市场需求的构成和变化。

2. 购买力

购买力是消费者支付货币以购买商品或服务的能力，是构成现实市场的物质基础。

3. 购买欲望

购买欲望是消费者购买商品或服务的动机、愿望和要求，由消费者心理需求和生理需求引发，产生购买欲望是消费者将潜在购买力转化为现实购买力的必要条件。

市场三要素相互制约、缺一不可，可以用一个等式描述：市场＝人口＋购买力＋购买欲望。

（二）市场细分的概念

市场细分可称为市场区隔、市场分片、市场分割，营销者通过市场调研，依据消费者在需求上的各种差异（如生活习惯、购买需求、人文环境和地理环境等因素），把某一产品的市场整体划分为若干消费者群的市场分类过程。市场上消费者的需求差异很大，任何一个企业均无法为市场中所有消费者提供全部商品或服务，企业只能根据自身优势，划分、选择、确定能够提供有效产品或服务的各级子市场进行营销活动。

（三）市场细分的作用

市场细分对于企业发展具有重要作用。归纳起来，市场细分的作用具体有以下 6 个方面。

1. 企业发现新机会的关键

在一个看似饱和、充满竞争的市场中，企业如何找到新的增长点和市场机会？答案就在于市场细分。市场细分意味着将整体市场划分为若干个具有共同特征的小市场或子市场。这些子市场由具有相似需求、兴趣或行为的消费者组成。通过深入了解和分析这些子市场，企业可以更准确地把握消费者的真实需求，进而开发出更符合市场需求的产品或服务。

2. 推动中小企业市场拓展

与大企业相比，中小企业在生产能力和竞争实力上可能相对较弱。由于总体实力有限，中小企业可能难以在整个市场或大型细分市场中建立显著优势。然而，通过市场细分，中小企业可以发现并满足那些可能被大型企业忽视或因其特殊性而不愿涉足的需求。

3. 指引企业明确经营方向，实施精准营销活动

现代营销理论强调，明确目标市场是企业成功的关键。只有清晰地了解服务对象，企业才能制定有针对性的市场策略，实现资源的最大化利用。面对多样化的市场需求，企业不可能满足所有消费者的需求，因此，明智地选择符合企业资源和能力的市场细分至关重要。

4. 优化企业资源配置

市场细分对企业资源配置的优化至关重要，主要体现在3个方面：首先，企业可以根据目标市场的需求和变化，灵活调整产品组合和营销策略。其次，通过细分市场，企业能够更有效地构建销售和物流网络，从而提高市场推广的针对性和效果。最后，市场细分使企业能够集中有限的资源于关键市场，实现资源的最大化利用，避免资源的浪费，实现可持续发展。

5. 促进信息的及时反馈与策略调整

市场细分的一个显著优势是，它使企业能够更精准地关注目标市场。由于目标市场的规模相对较小，企业可以更加迅速地捕捉到市场的动态和变化。因此，当市场出现新趋势、新需求或潜在问题时，企业能够更及时地发现问题，掌握其发展脉络，从而作出相应的调整。

6. 精准评估营销策略的有效性

市场细分使得企业能够在个别目标市场上测试营销策略的有效性。由于目标市场的规模相对较小，营销策略的正确与否、产品是否适销对路，都能更快地在整个市场中反映出来。这种快速的反馈机制为企业提供了宝贵的市场信息，帮助企业及时评估营销策略的效果。

（四）市场细分的要求

1. 可衡量性

市场细分的标准必须是可衡量和可量化的，这样才能明确划分出不同的市场群体，并对各个群体的规模进行度量，规模度量后有利于企业的资源规划，避免不必要的资源浪费。

2. 可进入性

细分市场应该是企业可以进入并开展有效经营活动的，这取决于企业的资源、技术和能力等条件，根据企业自身条件，量力而行。

3. 可营利性

细分市场应该具有一定的规模和购买力，能够为企业带来足够的利润。如果市场规模过小或购买力不足，企业可能无法从中获得足够的收益。

（五）市场细分的标准

市场是在有消费者的基础上建立的，因此消费者不同的需求决定了市场的商品和服务方向，可分为消费者为主的消费者市场和以产品为主的产品市场。

1. 消费者市场细分

（1）心理细分　在商品种类日益繁多的市场环境下，消费者的购买行为不再仅仅受物质需求驱动，更多的是受到其内在心理因素的影响。这种心理变量对于商家来说，是理解和把

握消费者行为的关键。

有的消费者追求名牌和奢侈品，这背后可能是对于社会地位、经济实力的展示欲望。对于这类消费者，商家需要满足他们对于身份认同的需求。而有些消费者则更加注重个性和独特性。商家在为这类消费者提供产品时，需要满足他们对于个性和独特的追求。

还有一些消费者，他们可能更加看重产品的实用性和性价比，追求的是物有所值。对于这类消费者，商家需要强调的是产品的性能、质量和价格优势，满足他们对于实用性和性价比的需求。

（2）行为细分　行为细分是根据消费者的购买行为、使用习惯等因素来细分市场。例如，购买时机就是一个重要的行为细分变量。商家需要了解消费者在什么时间、什么场合下购买商品，从而制定更加精准的营销策略。另外，商品的使用频率、消费者对产品的了解和态度等也是行为细分的重要变量。总之，心理细分和行为细分是商家进行市场细分的重要方面。商家需要综合考虑各种变量，深入了解消费者的内心世界和购买行为，从而制定更加精准、有效的营销策略，赢得消费者的青睐。

（3）地理细分　地理细分作为市场细分的一种方式，主要是根据消费者所在的地理位置、地形地貌、气候条件等地理特征来划分市场。

以我国的南方地区为例，虽然整体上南方地区对空调的需求较高，但像昆明这样的城市，由于其独特的四季如春的气候条件，对空调的需求就相对较低。因此，在进行地理细分时，企业需要结合具体的市场环境和消费者行为，深入分析各个地理区域内部的差异，以便更准确地识别和定位目标市场。

企业在进行市场细分时，需要综合考虑多种因素，包括地理、人口、心理和行为等因素，以便更全面地了解消费者需求，制定更有效的市场策略。

2. 产品市场细分的标准

产品市场细分是企业制定市场策略的关键步骤，它能够帮助企业更准确地识别和理解目标市场的需求和特点。产品市场细分的主要依据包括以下几个方面。

（1）产品的最终用户　不同的用户群体可能有不同的需求和偏好。通过了解不同用户群体的需求和特点，企业可以更有针对性地开发和推出适合他们的产品。

（2）用户地点　不同地区的用户可能由于地理条件、交通等因素的差异，对产品的需求和偏好也不同。

（3）用户规模　不同规模的用户可能对企业的产品和服务有不同的需求和期望。企业需要根据不同规模用户的需求和特点，提供相应的产品和服务。

（4）购买者追求的利益　企业需要通过了解购买者的利益追求，提供符合他们期望的产品和服务，从而赢得他们的信任和支持。

产品市场细分的主要依据包括最终用户、用户地点、用户规模和购买者追求的利益等多个方面。企业需要根据这些依据，制定相应的市场策略，以满足不同市场的需求和特点，实现更好的市场表现和业绩提升。

二、市场定位概念及作用

1. 市场定位概念

市场定位是指企业根据目标市场中的竞争状况，针对消费者对产品某些特征或属性的重视程度，为其产品塑造独特且引人注目的形象，并通过有效的传播手段将这一形象传递给消费者，以获得消费者的认同和偏好。市场定位的核心目的是使企业在消费者心中占据一个与众不同的、有价值的位置，它更侧重于通过强化或突出产品的某些特性，塑造出独特且引人注目的市场形象。产品差异化只是实现市场定位的一种手段，而不是其全部内容。

2. 市场定位作用

市场定位在商业竞争中的作用不可忽视。它有助于企业建立独特的市场形象，从而在激烈的市场竞争中脱颖而出。企业的市场定位将直接影响其产品设计、定价、促销和分销等策略的制定。市场定位不仅是企业塑造自身形象的关键手段，也是其制定有效市场营销策略的基础。在竞争日益激烈的市场环境中，一个明确且有特色的市场定位能够为企业赢得消费者的青睐，从而取得商业成功。

三、目标市场选择

目标市场是企业决定进入的特定市场领域。在完成了整体市场的细分后，企业需对各细分市场进行评估，综合考虑市场潜力、竞争状况以及自身资源条件等因素，来确定最适宜的目标市场。

1. 选择目标市场的标准或条件

（1）市场规模与潜力　企业在选择目标市场时，首要考虑的是市场规模与潜力。一个具有足够规模且呈增长趋势的市场，能够为企业提供更多的机会和利润空间。因此，企业在进入市场前，应对市场规模和增长趋势进行深入分析，避免进入规模过小或增长乏力的市场。

同时，企业也不应仅以市场吸引力作为唯一标准，而应结合自身资源和能力，选择最适合自身的目标市场。过度追求大规模市场可能导致过度竞争和资源浪费，同时忽视了一些具有潜力的细分市场。

（2）细分市场结构的吸引力　除了市场规模与潜力外，细分市场的结构吸引力也是选择目标市场时的重要考虑因素。波特提出的五力模型，即同行业竞争者、潜在的新竞争者、替代产品、购买者和供应商的威胁，是评估细分市场吸引力的关键框架。

企业在选择目标市场时，应综合考虑市场规模与潜力、细分市场结构的吸引力以及自身资源和能力等因素。通过科学评估和合理决策，企业能够选择到最适合自己的目标市场，为未来的发展奠定坚实基础。

2. 目标市场的覆盖模式

在评估了不同的细分市场并确定了目标市场后，企业需要选择合适的市场覆盖模式来执行其市场策略。以下是3种常见的市场覆盖模式。

（1）产品与市场集中化　企业选择一个特定的细分市场，并专注于生产满足该市场需求的单一产品。这种策略使企业能够深入了解特定市场的需求和偏好，从而集中资源提供精确的产品和服务。例如，某家家具制造商可能选择专注于生产高端实木家具，以满足对品质和风格有特定要求的消费者群体。

（2）选择性专业化　在这种模式下，企业选择进入多个具有吸引力的细分市场，并为每个市场提供不同的产品。企业通常会选择那些与其核心能力和资源相匹配的市场，以确保在每个市场中都能取得成功。

（3）产品专业化　这种模式下，企业专注于生产某一类产品，并将其销售给多个市场的不同消费者群体。这种策略使企业能够充分利用其在某一产品领域的专业知识和技能，同时满足不同市场的需求。

企业在选择目标市场覆盖模式时，应充分考虑自身的资源条件、营销实力、市场洞察能力以及风险承受能力等因素。通过选择适合自身特点和市场需求的覆盖模式，企业可以更好地实现市场扩张和盈利增长。

3. 目标市场竞争战略分析

企业在评估不同的细分市场后，会选择一个或多个作为目标市场。为了更好地满足这些市场的消费者需求，企业需结合自身的内外部环境，选择恰当的目标市场战略。STP 市场理论根据多个维度，如市场数量与规模、需求特性等，将目标市场战略划分为 3 种：无差别、差异化和集中性市场战略。

（1）无差别市场战略　无差别市场战略是企业将整个市场视为目标市场，不考虑各细分市场的消费者需求差异，而是设计生产单一产品、采用统一价格，并通过市场营销组合方案吸引所有消费者。这种战略主要关注顾客需求的共性或同质性。

（2）差异化市场战略　差异化市场战略是一种深入市场细分，选择多个细分市场为目标，并为每个细分市场提供独特产品或服务的战略。这种战略的核心在于满足消费者的多元化需求。

这种战略适用于需求多样化、产品差异化明显的市场，如服装、家电等。对于实力雄厚的大企业，这种战略可以发挥其资源和规模优势。但需要注意的是，过度的市场细分可能导致成本上升，因此并非细分越细越好。

（3）集中性市场战略　集中性市场战略是指企业选择一个或少数几个细分市场作为目标，集中资源满足这些市场的需求。这种战略强调在特定市场建立强大的竞争优势。

这种战略适合生产周期短、需求波动大的产品，或特色鲜明的产品。对于实力不强的中小企业，集中资源在特定市场建立优势是一种明智的选择。

总之，企业在选择目标市场战略时，需全面考虑市场环境和自身实力，权衡各种战略的利弊，选择最适合的策略。同时，随着市场环境和消费者需求的变化，企业还需灵活调整战略，以适应不断变化的市场竞争。

第二节　传统营销策略

案例分享

乡村振兴助力特色农产品市场营销

我国西北地区人烟稀少，而且地域广袤，导致农产品销售面临物流和防腐方面的困境。在新媒体快速发展的背景下，许多行业纷纷借助电商直播开展营销活动，取得了不错的营销效果。在 2022 年爆火的电商主播"疆域阿力木（刘元杰）"通过电商直播的营销方式带动尉犁县蜂蜜销售。在刘元杰的带动下，尉犁县 26 家蜂农共同合作，组建蜂蜜生产、销售的行业协会，实现抱团发展，并通过蜂农直播的形式销售蜂蜜产品，顺便带动了尉犁县黑枸杞、香梨膏、馕等农产品的销售。在两个月的时间内，尉犁县蜂农共销售蜂蜜超过50t，黑枸杞销售量超过30t，解决了尉犁县长期以来存在的农产品销售难题。因此，在未来的特色农产品销售方面，地方政府应当通过挖掘本地人才、吸引外来人才两种方式推动营销团队建设，借助电商平台扩大农产品影响力，增加特色农产品销量。

与此同时，地方政府与大型物流企业建立相应的合作关系，确保地方农产品能够顺利到达消费者手中。在这一方面，喀什地区的伽师县取得了突出成果。伽师县是我国新梅的重要种植区，当地的新梅产量占到国内总产量的40%以上，但受到物流因素的影响，当地的新梅只能以果干、果脯的形式销售，导致新梅销售渠道相对单一，而且果干、果脯制品的销售定价明显低于鲜果定价。针对这一问题，伽师县政府与广东援疆指挥部建设"粤伽新梅产业园"，并在京东集团的帮助下搭建相应的物流链条和防腐冷库。

在营销领域，品牌形象至关重要。为了提升农产品在市场中的竞争力，地方政府应当协调行业协会、企业或农户共同打造优质的品牌，突出农产品的品牌价值。例如，新疆玛纳斯县盛产一四八团彩棉，棉花株型紧凑、色泽纯正，被广泛应用于高端纺织品的生产。在当地政府部门的协调下，一四八团与当地农业领域的龙头企业"西域彩棉"达成合作，采取"基地生产+农工产业发展+企业营销"的模式，不仅实现了彩棉的深加工，而且打造了相应的彩棉品牌"西域艾瑞斯"。在"西域艾瑞斯"品牌效应的带动下，当地开始采取订单式农业发展模式，有效避免彩棉产品积压，有效提升彩棉种植的经济效益。

乡村振兴战略的实施为农业发展带来了契机，但在现阶段的农业发展中，特色农产品销售困难是农业发展必须解决的问题。为解决特色农产品市场营销困境，具体而言，地方政府应当主动作为，完善农产品销售的顶层设计，着力打造特色农产品品牌，推动农产品营销与其他产业联合开展，积极推动营销团队建设，发掘本土人才，吸引外来人才，借力电商直播提升营销效果，最后则要推动当地基础设施建设，做好物流运输和防腐保鲜工作。

市场营销的核心在于市场细分、确定目标市场、明确定位。企业通常在市场细分的基础上选择目标市场，即在评估不同细分市场之后，决定选择哪些细分市场。企业针对目标市场的基本情况，选择合适的策略进行市场营销。传统的市场营销策略有四大类（4Ps）：产品策略、定价策略、渠道策略和促销策略。

一、产品策略

产品是市场营销组合中最重要、最基本的要素。产品策略是整个营销组合的基础，其他市场营销策略都是围绕产品策略展开的。制定营销组合策略，首先需要考虑开发什么产品满足目标市场。同时，重视产品生命周期的变化，认识现有产品，不断开发新产品。适宜的产品策略是企业在激烈的竞争中立于不败之地的基础。

（一）产品及产品整体概念

产品概念具有极其宽广的外延和丰富的内涵。产品是指向市场提供的，引起注意、获取、使用或消费，以满足人的欲望或需要的所有东西。市场营销学认为，产品不仅包括一般意义上具有物质形态和具体用途的有形产品，还包括服务、事件、人员、地点、组织、观念等无形的和特殊的产品。

产品的整体概念包括 5 个层次：核心产品、形式产品、期望产品、延伸产品和潜在产品（图 12-1）。

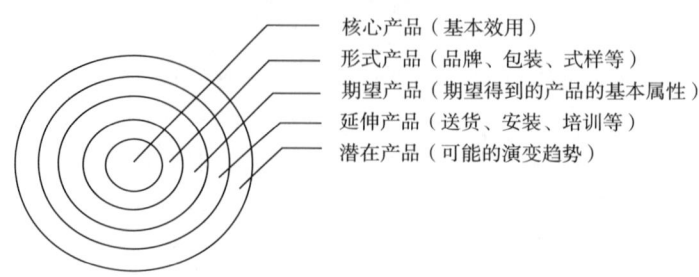

图 12-1　产品的整体概念

1. 核心产品

核心产品是指企业向消费者提供的产品的基本效用或利益，即产品的使用价值或有用性。它是产品的核心内容。例如，人们购买羽绒被是为了保暖；购买牙膏和漱口水是为了清洁口腔、清新口气。这就是这些产品的核心作用所在。因此，企业在设计和促销产品时，应该明确消费者所追求的能解决问题的核心作用或服务，这样产品才具有吸引力。

2. 形式产品

形式产品是核心产品借以实现的形式和载体，是产品外在的实体形象，包括品质、款式、特征、商标和包装等。产品的基本效用必须通过特定形式才能实现，企业应当设计合适的组合、完善产品外在的形式，以实现核心顾客价值，满足顾客需求。

3. 期望产品

期望产品是指购买者在购买该产品时期望得到的与产品密切相关的一整套属性和条件。如果商家提供的商品不具备顾客期望的基本属性，其商品就缺乏进入市场的基本条件。

（二）产品组合及其相关概念

1. 产品组合、产品线及产品项目

产品组合是指企业提供给市场的全部产品线和产品项目的组合或结构，即企业的业务经营范围。为了实现营销目标，充分有效地满足目标市场的需求，企业必须设计一个优化的产品组合。

产品线是指产品组合中的某一产品大类，是一组密切相关的产品。

产品项目是指产品大类中各种不同品种、档次、质量和价格的特定产品。例如，某自选购物中心经营食品、家电、文具、百货等，这就是产品组合。其中的"食品"或"文具"等大类就是产品线；每一大类中包括的具体品种、品牌就是产品项目。

2. 产品组合的宽度、长度、深度和关联度

产品组合包括 4 个衡量变量，即宽度、长度、深度和关联度（黏度）。产品项目是衡量产品组合各种变量的一个基本单位，指产品线内的不同品种及同一品种的不同品牌，如同一品种有 3 个品牌，即有 3 个产品项目。企业的产品组合策略就是根据企业的目标与市场的需要

对产品组合的宽度、长度、深度和关联度进行决策（表12-1）。

表12-1　　　　　　　　　　　　　某企业产品组合示意表

变量	产品组合宽度			
	洗发水	香皂	沐浴露	洗面奶
产品组合深度	飘逸牌	竹韵	优乐美	牛乳
	固发牌	梅香	妙然乐	清香
	清新牌	兰悠	乐可舒	玉兰
			爱清风	朵乐

（1）产品组合的宽度　产品组合的宽度是指企业产品组合中所拥有产品线的数目。产品线越多则产品组合越宽，反之则越窄。在表12-1中，该企业有洗发水、香皂、沐浴露、洗面奶4条产品线，因此产品组合的宽度为4。

（2）产品组合的长度　产品组合的长度是指产品组合中产品项目的总数。在表12-1中，该企业有3个洗发水产品、3个香皂产品、4个沐浴露产品、4个洗面奶产品，因此产品组合的长度为14（3+3+4+4）。

（3）产品组合的深度　产品组合的深度是指产品项目中每一个品牌所含不同样式、规格产品数目的多少。

一般而言，产品组合的深度是一个企业各个产品线的平均深度，即产品组合的长度除以宽度。表12-1中企业的产品组合平均深度为14/4=3.5。

（4）产品组合的关联度（黏度）　产品组合的关联度是指在企业的产品组合中，各条产品线之间在最终用途、生产条件和销售渠道选择等方面的相关程度。相反，大型超市中各个品种、各个类型、各个用途的产品都有，产品线多，但其相互之间的关联度较小。表12-1中企业的产品线都属于生活类产品，关联度较高。

产品组合的宽度、长度、深度和关联度对企业产品策略的制定有重要意义，进而会影响企业的经营绩效。扩大产品组合的长度和深度，有利于占领同类产品更多细分市场，满足更广泛的市场需求，增强企业的竞争能力。加强产品组合的相关度，则可以使企业增强竞争能力和树立良好形象。因此，企业在开展营销活动的过程中有必要合理安排其产品组合的结构。

（三）产品组合策略

为了优化产品组合，农业企业可以结合自身的营销战略采取相应的产品组合策略，主要包括以下3种。

1. 产品线延伸策略

产品线延伸就是把产品线延长，使其超出目前范围的一种策略。产品线延伸的目的是开拓新的市场，吸引更多的顾客。可供选择的产品线延伸策略有3种形态：向下延伸、向上延伸及双向延伸。

2. 扩大产品组合

扩大产品组合主要是扩大产品组合的宽度和加深产品组合的深度，即增加一条或多条生产线，拓宽产品经营领域，或在原生产线的基础上增加新的产品项目。例如，某牌瓜子在500g、250g 包装的基础上增加了 100g 的包装。但是，产品线扩充要合理。例如，如果该瓜子已经有 500g、250g、100g 3 种规格的包装，就没有必要再增加 200g 包装的规格了。

3. 缩减产品组合

与扩大产品组合策略相反，企业为了减少不必要的投资，降低成本，增加利润，必须集中力量发展获利较多的产品线和产品项目。该策略的主要特点是集中企业优势发展利好产品，缩减利润低的产品组合，降低成本。

二、定价策略

在激烈的市场竞争中，企业必须把产品的价值和价格统一起来，制定既能吸引消费者又能实现企业最佳利润的策略。价格是市场营销组合中十分敏感而又难以控制的因素，企业的定价策略应集科学性、艺术性、灵活性于一体。企业不仅需要分析影响定价的基本因素，选择合适的定价方法，制定产品的基础价格，还需要使用定价策略适宜地调整价格。

定价策略在市场营销活动中有着重要的地位。定价策略在营销过程中，与其他因素存在相互依存、相互制约的联系。从哪里入手了解价格，采取何种方法制定价格，应用哪些定价策略实现灵活经营，如何调整价格以及应对竞争者的价格挑战等，是营销管理者需要考虑的问题。

（一）影响定价的因素

1. 定价的定义

价格是商品价值的货币表现，是顾客购买商品所愿意支付的经济成本。价格不仅影响着市场需求的水平，还决定着企业的盈利水平。价格也是营销组合中最容易调整且唯一表现为收入的要素。价格还是产品质量的指示器，向市场传递着企业对其产品的价值定位。

2. 影响定价的因素

（1）定价目标　企业在组织和实施各种经营活动之前，必须建立一个与企业营销总目标相一致的定价目标。因为企业所处的内外环境不同，所以企业的定价目标也不相同。一般情况下，企业的定价目标有以下 4 种：利润最大化、提高市场占有率、维持生存和产品质量最大化。

（2）产品成本　一般来讲，任何产品的销售价格都必须高于成本费用。这里的成本不是指企业生产该产品的个别实际成本，而是该产品的平均成本或社会成本。产品成本是企业经济核算的盈亏临界点，产品定价必须至少能够补偿产品成本，这是企业再生产的最基本条件。企业在定价时，不应当孤立地对待成本，而应将产量、销量、效率、价格、成本综合起来考虑。

除此之外，影响定价的因素还包括市场供求关系、竞争者的价格和政府的政策法规。

（二）定价的策略

价格高低是企业成本回收以及现金流的体现，合理有效定价对于新创农业企业至关重要：定价过高会导致产品滞销；定价过低会导致企业入不敷出。因此，新创农业企业须在充分了解市场需求、自身产品情况的基础上，找到合适的价位，以实现收益最大化。一般的定价策略如下。

(1) 市场撇脂定价法　市场撇脂定价是将新产品的价格定得很高，也叫高价法。一般而言，对于全新产品、受专利保护的产品、需求价格弹性小的产品、流行产品、未来市场形势难以测定的产品等，可以采用撇脂定价方法。如具有竞争优势的优质、特色农产品，上市时可有意识地提高价格。因为这类农产品需求弹性比较小且暂无竞争对手，可通过提高价格在短时间内获取高回报。

(2) 市场渗透定价法　市场渗透定价是在新产品上市初期把价格定得很低，也叫低价法，是以吸引大量顾客购买，达到渗透市场、提高市场占有率的目的。这种定价策略以提高市场占有率为主要目标，营销利润反而退为次要目标。市场渗透定价法对于无明显竞争优势的传统农产品，新创企业可采用低价上市的方法，先快速占领市场、提高市场份额，直至市场稳定后再通过改变产品特性进而逐步提高价格。

(3) 折扣定价法　折扣定价是指企业为了鼓励顾客及早付清货款、大量购买、淡季购买等，可以酌情降低商品的价格，这种价格调整即为折扣定价策略。折扣价格的主要类型包括：现金折扣、数量折扣、功能折扣、季节折扣、价格折扣等。影响折扣定价策略的主要因素有：竞争对手的实力、折扣的成本、市场总体价格水平下降等。企业实行折扣定价策略时，还应该考虑企业流动资金的成本、金融市场的汇率变化、消费者对折扣的疑虑等因素。

三、渠道策略

分销渠道是市场营销组合的一个非常重要的因素。选择和构建合适的分销渠道，不仅关系到企业产品能否"物畅其流"，直接影响经济效益；而且可使企业通过与渠道成员建立的业务关系，形成"结合竞争力"，在战略层面上影响企业的长期发展。

（一）营销渠道设计过程

营销渠道设计要求企业分析消费者需求，制定渠道目标，确定主要的渠道备选方案并对这些方案进行评估。

1. 分析消费者需求

营销渠道是顾客价值传递系统的一部分，每个渠道成员和渠道层级都为顾客增加价值。一般来讲，送货速度快，产品类型丰富，提供的服务全面，渠道服务水平就高。可以通过"可批量购买""等待时间""便利性""选择性"和"服务支持"各方面衡量渠道服务水平。

2. 制定营销渠道的目标

营销渠道设计是一个系统工程，当企业具体实施营销渠道设计时，首先就是要建立渠道目标。一般是在分析目标顾客对服务的要求的基础上辨别顾客的分销需要。

企业的渠道目标常常受到企业的性质、产品、营销中介、竞争者以及环境的影响。在竞争条件下，营销渠道的有效性取决于在其实现预定功能与服务的同时整个渠道的运营成本是否最低。因此，应设定渠道的效率、营销渠道的控制程度、财务开支。此外，经济形势、法律约束等环境因素也可能会影响营销渠道目标的设计。

(1) 建立渠道经营目标　有效的渠道设计首先要决定达到什么目标，进入哪个市场。渠道目标因产品特性不同而不同（表12-2）。

表 12-2　　　　　　　　　　　　　　　　渠道经营目标

目标	操作说明
顺畅	最基本的功能，直销或短渠道较为适宜
增大流量	追求铺货率，广泛布局，多路并进
便利	应最大限度地贴近消费者，广设网点，灵活经营
开拓市场	一般较多地倚重中间商，待站稳脚跟后，再组建自己的网络
提高市场占有率	渠道拓展和渠道维护至关重要
扩大品牌知名度	争取和维护客户对品牌的信任度与忠诚度
经济型	要考虑渠道的建设成本、维系成本、代替成本及收益
市场覆盖面和密度	多家分销组合分销或者采用密集分销
控制渠道	厂家应重点加强自身能力，以管理、资金、经验、品牌或所有权来掌握渠道主动权，实现渠道"软控制"

（2）确定备选的渠道方案　　企业确定了目标市场和期望的服务之后，必须明确主要的渠道方案。渠道方案涉及以下 3 个因素：渠道模式、中间商数目和每一渠道成员的权利与责任。

①渠道模式：企业必须确认能够完成渠道任务的中间商类型，即企业应根据产品特点和顾客要求的服务程度，决定是采取短渠道还是长渠道，或者是直接渠道。

②中间商数目：企业必须决定每一层次渠道要使用的中间商数目。

③渠道成员的权利与责任：企业必须确定渠道成员的权利与责任。在交易关系组合中，最重要的因素就是价格政策、销售条件、地区划分权和每一成员提供的特殊服务。

3. 对营销渠道的方案进行评估

如何从几个渠道方案中挑选最佳方案？每一渠道方案都必须从经济性、可控性和适应性 3 个方面加以考察。

（1）经济性标准　　营销渠道评估的经济性标准主要是指每个营销渠道方案可能达到的销售量及销售成本水平，从而确定在特定的销售量水平上选择何种营销渠道方案的成本更低，即更具经济性。

（2）可控性标准　　可控性是制造商对营销渠道的控制能力。一般来讲，只用中间商就意味着制造商对营销渠道失去了部分或全部控制。中间商的数量越多，制造商对营销渠道的可控性就越小。因此，制造商对直接营销渠道、短营销渠道和窄营销渠道的可控性较大，而对间接营销渠道、长营销渠道和宽营销渠道的可控性较小。企业必须进行全面比较、权衡，选择最优营销渠道方案。

（3）适应性标准　　在一个特定的时期内，营销渠道成员之间会允诺在某种程度上维持合作关系和履行营销义务。但是，如果制造商与所选择的中间商签订的合约时间较长，而在此期间其他营销方法更有效，制造商又不能随便解除合同，这时制造商在选择营销渠道上便缺乏适应性和灵活性。因此，在迅速变化和充满不确定性的市场上，制造商要建立适应性更强的营销渠道结构和策略。

（二）渠道策略

市场营销的目的在于通过市场把产品从生产者手中转至消费者手中，以实现价值创造和价值转移。销售渠道就是该过程得以实现的中间桥梁,新创农业企业须根据产品特性与消费者分布情况,选择合适的销售渠道。对于农业企业,传统的销售渠道主要分为三大类。

(1) 专业市场　对于新创农业企业,该渠道的优势主要体现在直接面对市场、消费者集中、市场容量大、运输和贮藏功能较为成熟;劣势在于目标市场不明确、竞争激烈。

(2) 贸易中介(贸易企业或者大型超市)　对于新创农业企业,该渠道的优势主要体现为市场交易成本低;劣势在于企业与市场隔离。

(3) 直接销售　对于新创农业企业,该渠道的优势主要体现在目标市场明确、定价方式灵活;劣势在于市场覆盖率低。

四、促销策略

促销是市场营销中最富有活力和创意的领域,也是市场营销最直接的体现。善于经营的企业,不仅要努力开发适销对路的产品,制定具有竞争力的价格和选择合理的分销渠道,更重要的是及时有效地将产品或劳务的信息传递给目标消费者,建立生产者与消费者之间的联系,激发消费者或客户的需求欲望和兴趣,并满足其需要,促使其完成购买行为,这就是促销策略。

1. 促销定义及作用

促销(Promotion)即促进销售,指企业通过人员和非人员的方式,沟通企业与消费者之间的信息,引发、刺激消费者的消费欲望和兴趣,进而使其产生购买行为的活动。理解促销要注意以下几点。①促销的实质是信息沟通;②促销的目的是引发、刺激消费者产生购买行为;③促销的方式有人员促销和非人员促销两类。

促进销售的任务,就是使信息顺畅地传递,以达到扩大销售的目的。促销主要有以下作用。①提供情报、传递信息;②突出特点、扩大销售;③反馈信息,提高经济效益。

2. 促销的方式及促销组合

企业的促销方式有人员推销、广告、营业推广和公共关系。企业开展促销活动,往往会在过程中将各种促销方式搭配起来,综合运用,形成一种组合策略或技巧,称为促销组合。以上几种促销方式的优缺点如表 12-3 所示。

表 12-3　主要促销方式优缺点比较

促销方式	优点	缺点
人员推销	直接沟通,反馈及时,针对性强,可当面达成交易,互动性强,有利于与顾客形成长期的关系	人员编制大,费用高,接触面窄
广告	传播面广,传递信息快,节省人力,形象生动	信息单向传递,只针对一般消费者,效果不能立即体现,投入较高
营业推广	容易吸引注意力,作用快速,刺激性强	接触面窄,适用于短期促销行为,有时会降低价格
公共关系	对消费者来说真实、可信,容易接受,有利于树立企业形象	活动牵涉面广,花费较大,效果难以控制

促销策略是在产品、定价和渠道策略的基础上，扩大市场份额、稳定市场占有率的策略，其在市场营销中也具有非常重要的作用。新创农业企业要围绕自身产品的特性、销售目的、目标市场等资源与条件，设计出效用最大化的推销方式、销售广告、推广策略和公共关系维护等一系列促销方式。

第三节　现代营销策略

案例分享

星巴克：重塑咖啡文化与社交体验的现代营销之旅

星巴克，这个全球知名的咖啡品牌，不仅仅是一个提供高质量咖啡的连锁企业，更是一个通过精心设计的营销策略，将咖啡文化与社交体验完美融合的典范。它的现代营销案例充满了创新、情感连接与数字技术的完美结合，成为许多营销专家研究的对象。

情感连接与品牌塑造。星巴克成功地将咖啡与情感连接在一起。通过强调咖啡的社交属性，星巴克创造了一个让人们可以在其中放松、交流、工作和学习的空间。随着数字技术的不断发展，星巴克也紧跟潮流，通过移动应用程序、社交媒体和移动支付等方式，为消费者提供更加便捷、个性化的服务。例如，星巴克的应用程序允许消费者提前下单、积累积分、获取优惠等，这不仅提高了消费者的忠诚度，也增加了品牌的互动性。

星巴克非常注重社区的建设。它通过与当地艺术家、音乐家等合作，为店铺注入独特的文化气息。此外，星巴克还定期举办各种社区活动，如咖啡研讨会、音乐会等，进一步加强与消费者之间的联系。

在现代营销中，可持续发展和环保也成了重要的议题。星巴克在这方面也做出了积极的努力。它不仅致力于使用可持续采购的咖啡豆，还通过减少浪费、提高能源效率等方式，努力减少对环境的影响。这种环保理念不仅赢得了消费者的认可，也为品牌赢得了良好的声誉。

作为一个国际品牌，星巴克在全球扩张的过程中，也非常注重与当地文化的融合。它根据不同国家和地区的消费者习惯和需求，调整产品和服务，使其更加贴近当地市场。这种文化融合的策略使得星巴克在全球范围内都能够取得成功。

星巴克通过情感连接、数字化创新、社区建设、可持续发展和全球扩张等策略，成功地打造了一个具有独特魅力和广泛影响力的现代营销案例。它的成功不仅仅在于提供了高质量的咖啡产品，更在于通过创新的营销策略，将咖啡文化与社交体验完美融合，为消费者带来了全新的体验和价值。

一、网络营销

随着网络经济的崛起，全球的商业生态正在发生翻天覆地的变化。企业不再仅仅局限于传统的实体店面，而是纷纷进军互联网，寻找更广阔的商业天地。据统计，到2022年1月，全球互联网用户已经占到了总人口的62.5%，这是一个庞大的市场，充满了无限商机。

在这样的背景下，网络营销成为企业提高知名度和实现利益最大化的重要手段。那么，企业如何利用网络营销来提高知名度和实现利益最大化呢？首先，企业需要明确自身的品牌定位和目标用户群体，制定出相应的营销策略。其次，通过社交媒体不断提升品牌曝光度和用户黏性。同时，企业还需要不断优化产品和服务。

在这个互联网时代，网络营销已经成为企业发展的重要引擎。只有不断适应变化，才能在激烈的市场竞争中立于不败之地。

（一）网络营销的概念

网络营销并非仅仅是通过互联网进行销售，它实际上是以现代营销理论为基础，借助互联网这个强大的工具，来满足消费者的需求，并为他们创造价值的一种营销活动。

与传统的营销方式相比，网络营销具有更广泛的覆盖面和更高的互动性。同时，网络营销还更加注重数据的收集和分析，使得企业能够更准确地了解消费者的需求和行为习惯，从而制定出更加精准的营销策略。

（二）网络营销的特点

1. 网络营销和传统营销的区别

市场营销，无论是传统还是网络形式，其核心都是企业与客户之间的信息传播与交流。然而，这两种营销方式在信息传播渠道上存在着根本性的区别。

传统营销，作为长期以来的主流方式，依赖于一系列传统的信息传播渠道。这些方式在过去为企业带来了大量的曝光和销售机会，但受限于地域、时间和成本等因素，其效果往往难以完全满足企业的期望。

而网络营销，作为随着互联网发展而兴起的营销方式，其信息传播渠道则显得更为多样和灵活。企业可以通过电子邮件向潜在客户发送定制化的营销信息，或者利用分类信息和产品黄页等在线平台来展示产品信息。更为重要的是，企业可以建设自身的官方网站，并通过搜索引擎优化（SEO）、社交媒体推广等方式，使网站获得更多的曝光和流量。这些方式不仅降低了营销成本，还大大提高了信息传播的效率，使企业能够更快速、更广泛地触达目标客户。

网络营销和传统营销，虽然各自有着独特的优势，但它们并不是相互排斥的。相反，这两种营销方式可以互为补充，共同为企业创造更大的价值。通过综合运用这两种营销方式，企业可以充分拓展全新的销售通路，提高品牌知名度和市场占有率，从而在激烈的市场竞争中脱颖而出。

2. 网络营销的优点

（1）打破时间和空间的限制　网络营销打破了时间和空间的限制，使得企业能够全天候、全球范围内进行产品或服务的推广。传统的营销方式往往受限于特定的时间、地点和受众群体，而网络营销则通过互联网这一全球性的信息平台，将企业的信息迅速传递给目标受众。无论是大型企业还是初创企业，都可以通过网络营销迅速扩大品牌影响力，吸引更多的潜在客户。

（2）创造公平的竞争环境　网络营销为企业创造了一个公平的竞争环境。在传统的营销模式下，大型企业由于拥有更多的资源和资金，往往能够占据更多的市场份额。然而，在互联网上，每个企业都有机会建立自己的网站、发布产品信息，并与客户进行直接沟通。这种平等的竞争环境为中小企业提供了与大企业竞争的机会，使得他们能够凭借创意、服务和质量来赢得市场份额。

（3）降低销售成本　　网络营销以其低廉的成本，为现代企业带来了前所未有的市场机遇。通过网络平台，企业可以轻松地发布产品信息、推广品牌，而无需承担高昂的广告费用和昂贵的店面租金。相比传统的广告方式，网络营销的成本仅为直邮促销的1/3，传统广告的1/8，但其营销效果却能翻番。这是因为网络营销打破了地域和时间的限制，让信息能够迅速、广泛地传播给目标受众。

3. 网络营销的缺点

（1）网络营销缺乏生趣　　网上购物虽然方便，但面对的是冷冰冰、没有感情的机器，缺乏与实体店面优雅舒适的环境氛围的互动。在商场里，消费者可以三五成群地逛街，享受购物的乐趣，还可以欣赏到精美的商品。而网上购物则缺乏这些体验，消费者无法亲身感受商品的质量和细节，也无法从推销者的表情和态度上判断商品的真假。此外，网上购物还存在试用不便的问题，消费者无法实地感受商品的使用效果，这也使得一些消费者对于网上购物缺乏足够的吸引力。

（2）网络营销缺乏信任感　　尽管网络购物越来越普遍，但人们仍然信奉"眼见为实"的观念。对于许多消费者来讲，买东西还是要直接接触才放心。在网络购物中，消费者无法直接接触到商品和商家，无法判断商品的质量和商家的信誉，这使得一些消费者对于网络购物持谨慎态度。

（3）网络营销中的价格问题也越加敏感　　由于网上信息的充分性，消费者可以轻松比较不同商家的价格，这使得商家在定价上更加谨慎。然而，这也容易引发价格战，导致行业利润率降低，甚至可能导致两败俱伤。对于一些价格存在一定灵活性的产品，网上购物也不便于讨价还价，可能会贻误商机。

网络营销虽然带来了诸多便利，但也存在着一些不可忽视的劣势。为了推动网络营销的健康发展，需要不断完善网络基础设施，提高信息安全保障能力，同时也需要加强消费者权益保护，提高消费者对于网络购物的信任度和满意度。

4. 网络营销的职能

网络营销的职能广泛而重要，通过多种网络营销方法的综合运用，实现企业在互联网上的品牌推广、网站推广、信息发布、销售促进、网上销售、顾客服务、顾客关系建立以及网上调研等关键任务。这些职能共同构成了网络营销的核心价值，对于企业的发展和市场竞争具有至关重要的意义。

（1）网络品牌推广　　网络品牌推广是网络营销的核心职能之一。通过建立和推广企业的线上品牌，使企业的形象和价值观在互联网上得到广泛传播和认可，进而实现品牌价值的转化，为企业带来持久的顾客关系和直接收益。

（2）网站推广　　网站推广是网络营销的基石。通过有效的网站推广策略，吸引更多的访问者，提高网站的知名度和影响力。对于中小企业而言，网站推广是提升知名度、塑造品牌形象的重要途径；对于大型企业而言，则更是巩固市场地位、拓展业务领域的有效手段。

（3）信息发布　　信息发布是网络营销的基础职能。利用互联网的高效传播特性，将企业的营销信息精准地传递给目标用户、合作伙伴和广大公众，实现信息的快速扩散和有效覆盖。

（4）销售促进　　销售促进也是网络营销的重要目标。通过各种网络营销手段，直接或间接地促进销售增长，提升市场份额。同时，网络营销对于促进线下销售同样具有重要意义，帮助企业实现线上线下的协同发展。

(5) 网上销售　网上销售作为网络营销的延伸，为企业提供了全新的销售渠道和交易平台。通过构建具备网上交易功能的企业网站或利用专业的电子商务平台，实现销售渠道的多元化和拓展。

网络营销的职能涵盖了多个方面。这些职能相互关联、相互促进，共同构成了网络营销的完整体系。通过综合运用各种网络营销方法和手段，企业可以在互联网上实现品牌价值的提升、市场份额的扩大以及顾客关系的稳固和发展。

二、绿色营销

（一）绿色营销的性质

绿色营销，作为一种新兴的营销方式，其性质与重要性在当前的商业环境中日益凸显。它不仅仅是一种营销策略，更是一种全新的经济发展模式，体现了企业对环境保护和社会责任的深刻认识。从多个角度来看，绿色营销的性质及其在经济与环境协同发展中的作用不容忽视。

1. 消费者角度

绿色营销是一种以满足消费者绿色需求为导向的营销理念。随着消费者对环境保护意识的提高，他们越来越倾向于选择环保、健康、安全的产品。因此，企业实施绿色营销，不仅是为了满足消费者的当前需求，更是为了满足他们的长远利益和根本利益。这种营销理念要求企业在产品开发、生产、销售等各个环节都注重环保，从而为消费者提供真正符合他们需求的产品。

2. 企业发展角度

绿色营销是一种层次更高、要求更严的营销方式。它要求企业在传统营销模式和营销理念上进行调整，将生态、环保、健康、安全等有益于实现可持续发展的因素融入营销中。这不仅有助于企业提升品牌形象和竞争力，还能够为企业带来长远的经济效益。因此，企业需要将绿色营销作为一种新的经营战略来选择，以实现经济与环境的协同发展。

3. 技术进步视角分析

绿色营销是一种基于技术创新的新型营销模式。技术进步在绿色营销中起着至关重要的作用。随着科技的不断进步，企业可以通过采用先进的环保技术、提高生产效率、降低资源消耗等方式来减少对环境的影响。这不仅有助于企业实现绿色营销的目标，还能够推动整个行业的技术进步和产业升级。

（二）绿色营销的内容

绿色营销是一种将环境保护和可持续发展原则融入企业营销活动的战略。它强调在满足消费者需求的同时，尽量减少对环境的负面影响，并促进资源的有效利用。绿色营销的主要内容包括：

1. 树立绿色营销观念

这种观念强调企业在制定营销决策时，必须首先考虑环境保护和资源的可持续利用。企业不仅要关注消费者的传统需求，还要关注消费者的绿色需求，即消费者对环保、健康、安全等方面的需求。同时，企业还要研究如何减少生产活动对环境的影响，并推动绿色消费文化的形成。

2. 研发绿色产品

绿色产品是绿色营销的核心。它要求企业在产品设计、生产、包装、运输等各个环节都考虑环保因素，确保产品对环境的影响最小化。绿色产品不仅要满足消费者的传统需求，还要符合环保和安全卫生的标准，尽可能利用可再生资源，减少资源消耗和环境污染。

3. 制定绿色价格策略

绿色价格策略是指企业根据绿色产品的成本、市场需求和竞争状况等因素，制定合理的价格策略。绿色产品的价格通常会比传统产品略高，因为绿色产品在生产、包装、运输等方面都需要更多的环保投入。然而，随着消费者对绿色产品的认识和需求不断增加，绿色产品的市场份额也在不断扩大。

4. 开展绿色促销活动

绿色促销活动是指企业通过宣传、推广和营销活动，向消费者传递绿色产品的环保优势和价值，提高消费者对绿色产品的认知度和购买意愿。企业可以通过广告、公关、销售促进等方式开展绿色促销活动，同时也可以与政府部门、环保组织等合作，共同推动绿色消费市场的发展。

绿色营销是一种将环境保护和可持续发展原则融入企业营销活动的战略。通过实施绿色营销，企业不仅可以满足消费者对环保、健康、安全等方面的需求，还可以提高自身的竞争力和社会责任感。

（三）绿色营销与传统营销的区别

绿色营销，作为市场营销的一个分支，与传统营销有着密切的联系，但在多个方面又展现出了明显的区别。这种区别不仅反映了市场环境的变化，也反映了消费者需求和社会责任感的提升。

1. 绿色营销与传统营销的联系

绿色营销并不是完全独立于传统营销的新概念，而是在传统营销的基础上进行了延伸和发展。传统营销的核心目标是满足消费者的需求，实现企业的经济效益。而绿色营销则是在此基础上，融入了环境保护和可持续发展的理念。它强调企业在满足消费者需求的同时，必须考虑对环境的影响，实现经济效益和环境效益的双赢。因此，绿色营销和传统营销在目标上是一致的，只是手段和方法上有所不同。

2. 绿色营销与传统营销的区别

（1）前提不同　传统营销的前提是消费者对产品的基本需求，即产品的功能、性能、价格等。而绿色营销的前提则是消费者对绿色产品的需求，即对产品环保、健康、安全等方面的要求。这种需求的出现，既源于消费者对自身健康和环境的关注，也源于社会对绿色消费的倡导和推动。因此，绿色营销的前提更加广泛和深入，它不仅关注产品的物质属性，还关注产品的环境属性和社会属性。

（2）侧重点不同　传统营销主要侧重于产品的生产和销售，追求的是企业的经济效益。而绿色营销则更加侧重于环境的保护和可持续发展，追求的是企业的经济效益和环境效益的双赢。在绿色营销中，企业不仅要关注产品的质量和价格，还要关注产品的生产过程、包装、运输等对环境的影响。

（3）目标不同　传统营销的目标是实现企业的经济效益，而绿色营销的目标则更加广泛和深远。它不仅要实现企业的经济效益，还要实现社会的环境效益和消费者的健康效益。因此，绿色营销的目标更加多元化和综合性。这种目标的转变不仅反映了市场环境的变化和消费者需求的变化，也反映了企业社会责任感的提升和可持续发展理念的深入人心。

（四）绿色营销的意义

随着全球环境污染问题的日益严重，可持续发展已成为21世纪的核心议题。企业，作为社会的重要组成部分，其经营行为对环境和社会的影响不容忽视。在这一背景下，绿色营销不仅成为企业实现自身可持续发展的有效途径，更是推动社会整体进步的重要力量。

1. 绿色营销与社会可持续发展

环境污染已成为全球性的挑战，它威胁着人类的生存环境和未来发展。在这样的背景下，可持续发展的理念应运而生。可持续发展要求企业在追求经济利益的同时，必须兼顾环境和社会利益，实现三者的协同发展。企业选择绿色营销，正是对这一理念的积极响应和实践。

绿色营销强调企业在产品研发、生产、销售等各个环节都遵循环境保护的原则，确保产品对环境的影响最小化。这不仅有助于减少企业对环境的污染和破坏，还能促进资源的合理利用和循环利用，从而实现企业与环境的和谐共生。

同时，绿色营销还关注社会利益，强调企业在追求经济利益的同时，必须承担起对社会的责任。企业通过推广绿色产品，引导消费者形成绿色消费观念，推动社会的绿色转型。这不仅有助于提升企业的社会形象和声誉，还能为社会的可持续发展作出积极贡献。

2. 绿色营销与企业市场竞争

随着消费者环保意识的日益增强，绿色消费已成为一种时尚和趋势。消费者更倾向于选择那些环保、健康、安全的产品和服务。因此，企业开展绿色营销，不仅能满足消费者的绿色需求，还能在市场中获得竞争优势。

绿色营销要求企业在产品研发、生产、销售等各个环节都注重环保和可持续性。这不仅能降低企业的生产成本和风险，还能提升产品的品质和附加值。同时，绿色营销还能帮助企业树立良好的社会形象，提升品牌的知名度和美誉度。这些优势都有助于企业在激烈的市场竞争中脱颖而出，赢得消费者的信任和青睐。

此外，随着国际贸易壁垒的不断加强，尤其是绿色贸易壁垒的盛行，企业要想在国际市场上立足，就必须注重绿色营销。通过研发绿色技术、生产绿色产品、获取绿色认证等方式，企业可以突破绿色贸易壁垒的限制，开拓国际市场，提升国际竞争力。

绿色营销不仅有利于企业的可持续发展和市场竞争力的提升，更是推动社会整体进步和绿色文明建设的重要力量。在未来的发展中，应该进一步推广和普及绿色营销理念和实践，为实现人类社会的可持续发展和绿色文明建设作出更大的贡献。

三、服务营销

（一）服务的概念和特性

1. 服务的概念

服务是一个广泛且深远的概念，它涵盖了人类生活的方方面面。为了更好地理解服务的含义，可以从其特性和定义入手。服务不同于传统的商品，它是无形的，无法触摸或拥有它，但它确实能够为人们带来价值。

关于服务的定义，各国学者给出了不同的解释。例如，美国市场营销协会（AMA）在1960年将服务定义为"用于出售或者是同产品连在一起进行出售的活动、利益或满足感"。这个定义强调了服务的可出售性和与产品的关联性。而著名学者雷根在1963年则将服务定义为"直接提供满足（交通、房租）或者与有形商品或其他服务（信用卡）一起提供满足的不可感知活动"。这个定义则更侧重于服务的不可感知性和与有形商品的结合。

然而，这些定义都有其局限性，不能全面反映服务的本质。为了更准确地理解服务的含义，可以综合各种定义，将其定义为："服务是具有无形特征却可给人带来某种利益或满足感的可供有偿转让的一种或一系列活动。"这个定义既强调了服务的无形性和价值性，又突出了服务的可转让性和活动性。

服务经济的兴起和市场环境的剧变使得服务的内涵和外延不断扩大。如今，服务已经渗透到人们生活的方方面面，从衣食住行到教育医疗、休闲娱乐等各个领域。服务不仅满足了人们的基本需求，还为人们带来了更多的便利和愉悦。

为了更好地理解服务的本质和特性，需要从多个角度进行分析和研究。通过深入了解服务的定义、特性和发展趋势，可以更好地理解市场动态、消费者需求以及服务企业的竞争优势。同时，这也有助于更好地规划和管理职业生涯，以适应不断变化的市场环境。

2. 服务的特性

（1）不可感知性　这并不仅仅意味着服务是无形无质的，不可感知性更多地反映了服务产品的非物质性。想象一下，当走进一家餐厅，支付的是食物和饮料的费用，但真正让人们感到满足的，是那份热情的服务、舒适的环境和宾至如归的感觉。这些都是难以触摸，但却又极其重要的元素。

（2）不可分离性　这一特性凸显了服务生产过程中消费者与服务的紧密关联。当人们坐在理发椅上，理发师的手法和技巧直接影响发型和体验。这种即时的互动使得服务成了一个高度个性化的过程。

（3）差异性　差异性则进一步揭示了服务的复杂性和多样性。由于服务人员的不同和消费者的个性化需求，每次的服务体验都可能是独一无二的。这也是为什么有些顾客对同一部电影或同一堂课有着截然不同的感受。

服务的这几个特性不仅定义了服务的本质，也为服务企业提供了独特的挑战和机会。只有深入理解和把握这些特性，服务企业才能在激烈的市场竞争中脱颖而出，为消费者创造真正的价值。

（二）服务营销的概念

服务营销，作为市场营销的一个重要分支，主要研究的是如何有效地推广和销售服务产品。与有形产品相比，服务具有其独特的内涵和特征。这些特性使得服务营销在策略制定和执行上与传统产品营销存在显著区别。

服务营销的核心在于满足顾客对服务效用的需求，并通过一系列的营销策略来达成服务交易。在这个过程中，企业需要深入了解顾客的需求和期望，以顾客满意和忠诚为核心理念，来制定和实施服务营销策略。这种以顾客为中心的导向，使得服务营销更加注重顾客体验和服务质量。服务营销与实体产品营销的主要区别体现在以下几个方面：

①服务营销强调顾客对服务过程的参与。由于顾客直接参与到服务过程中，如何进行有效的顾客管理，确保服务推广的有效性，成为服务营销管理的核心任务之一。

②服务营销面临着更为复杂的质量控制问题。由于服务过程中存在许多不可控因素，服务质量往往难以用统一的标准来衡量。因此，如何在这些不可控因素中找到平衡点，确保服务质量的稳定和提升，也是服务营销管理的重要任务。

③时间因素在服务营销中尤为重要。由于服务的生产和消费是同时进行的，服务推广必须及时、快捷，以避免需求和供给的不匹配现象。否则，顾客可能会因为等待时间过长而产生不满情绪，影响服务体验和服务质量。

（三）服务营销的特点

服务营销在新世纪无疑成了全球经济的重要组成部分。与有形产品的营销相比，服务营销展现出了许多独特的特点，这些特点使得服务营销更具挑战性，但也为其带来了更多的机遇。

①服务营销的一个显著特点是供求的分散性。由于服务产品的特殊性，服务的供应方覆盖了第三产业的各个部门和行业。同时，服务的需求方也涉及了各种各样的企业和消费者。

②由于服务产品的生产和消费是同时进行的，因此服务营销通常只能采取直销的方式。这种单一性在一定程度上限制了服务市场规模的扩大，但也使得服务营销更加注重与消费者的直接沟通和互动。

③服务营销的对象复杂多变。购买服务产品的消费者具有多元化的特点，他们的购买动机和目的各不相同。这种复杂性要求服务提供者必须深入了解消费者的需求，提供个性化的服务以满足他们的期望。

④服务营销的特点使得服务营销更具挑战性和复杂性。然而，正是这些特点也为服务提供者带来了更多的机遇和发展空间。通过深入了解消费者的需求、提供个性化的服务、建立广泛的服务网络以及提高服务人员的技能水平，服务提供者可以在激烈的市场竞争中脱颖而出，实现持续的发展和创新。

本章小结

通过本章的学习，系统性地掌握传统市场营销的策略，分别从产品策略、定价策略、渠道策略和促销策略掌握产品的内涵及层次。明确产品组合及其管理，把握分销渠道的发展趋势，了解促销及促销组合的基本概念与原理，熟悉促销组合策略。根据产品生命周期、企业自身定位和企业目标等方面制定个性化的营销策略，获得最大经济收益。

思考题

1. 剖析产品的内涵,针对熟悉的一种产品阐述其产品层次。
2. 列举熟悉的一个品牌,简要分析其定价策略的成功与失败之处。
3. "酒香不怕巷子深"这句古语在现代社会是否依然适用?
4. 什么是促销?促销的作用有哪些?
5. 对于农业企业,可选择的营销策略有哪些?
6. 什么是网络销售?
7. 绿色销售的特点?
8. 目标市场选择的依据是什么?
9. 消费者市场的划分有哪些?
10. 如何判断市场的前景?

第十三章

大学生创新创业政策

学习目标

1. 了解国内外创新创业政策异同点,熟悉创新创业过程,初步掌握创新创业的常用方法和主要途径。
2. 通过典型案例,加强对实际问题分析、解决的应用能力,培养对创新创业活动的兴趣探索和自我实践能力的发掘。
3. 主动适应国家经济社会发展和人的全面发展需求,能够立足专业特色,服务乡村振兴,投身基层就业创业,正确理解创新创业与职业生涯发展的关系。

学习重点与难点

1. 重点是国内外创新创业政策异同点;培养创新创业思维和能力,营造大学生创新创业的氛围。
2. 难点是对比不同的创新创业模式与政策,启发创新创造思维;增强创新创业活动,主动适应职业发展和国家社会的需求。

第一节 国外大学生创新创业促进制度

近年来,我国努力改善创新创业环境,激发民众热情。但数据显示,高校毕业生自主创业比例仅为2.86%,远低于美国等国家的20%~30%。这表明我国在鼓励高校毕业生自主创业方面仍需加强。同时,大学生创业成功率也较低,约为2%。

全球范围内,美国、日本和西欧地区在创新创业方面表现出色,建立了完善的推动大学生创新创业的制度和方式,有效促进了高校毕业生就业创业。因此,在新时代背景下,需要构建与创新发展理念相契合的大学生创新创业机制,以提升大学生的创新创业能力。这既是贯彻国家创新驱动发展战略的需要,也是激发大学生自主创新创业热情的迫切需求。

一、美国

美国历史中一直崇尚冒险精神,这一精神在西进运动时期得到加强。美国社会对创业成功者高度尊重，支持个人创业活动。两次世界大战后，美国经济迅速崛起，主要得益于新技术革命的推动。因此，美国成为年轻人勇于探险和创业的理想之地。

2023年以来，ChatGPT、Sora代表的新一波AI引爆全球。其中，由人工智能巨头OpenAI发布首款文生视频模型Sora，其背后的团队却十分年轻，团队成立时间不到1年，几个核心成员也都是刚博士毕业。正是基于美国坚实的文化底蕴和经济支柱，在支持大学生创业方面，各参与主体之间的协作与互动展现出高度的协调性，彼此交融，构建了一种"高校、社会和政府"的三维螺旋责任体系。

1. 政府引导，制定完善的创新创业制度

政府作用主要体现在：通过小企业管理局实施杠杆融资，促进小微企业融资与发展；营造宽松政策和法律环境，保障企业运营公正稳定；实施优惠税收政策，减轻企业负担，激发市场活力；提供政府补贴、预签购货合同等扶持措施，为企业提供实质性帮助。

在创业投资领域，政府扮演重要角色，确立规则框架并提供指导。美国政府以小企业管理局为枢纽，引导商业机构和民间资本，间接调控对小企业的贷款和投资。政府遵循"民利为先"导向，避免与民营经济争利，使更多投资收益流向民营部门。

2. 社会主导，营造良好的创新创业氛围

美国社会各界在大学生创业促进体制中扮演着关键角色，他们对大学生创业的扶持表现出极高的积极性和热情，这成为美国大学生创业促进体系的一大显著特征。

在美国，大学生创业得到了来自私人企业、社会组织以及基金会的全方位和多样化支持。他们扮演了举足轻重的角色，主要体现在美国社会中介服务及融资贷款等多个领域，为大学生的创业活动提供了坚实的引导与协助。

例如，NPO、考夫曼创业流动基金中心、国家独立企业联合会、德拉皮尔实验室等机构，以及科技中介、技术转让、咨询评估、政策研究等服务机构，在大学生创业中起重要作用。它们资助创业大赛，表彰杰出学生，推动创业教育发展。SCORE志愿服务团队为大学生创业提供全方位咨询与支持。管理学会创业分部、科尔曼基金会及考夫曼基金会亦积极协助高校加强创业教育师资培养与发展。

3. 高校辅导，提供优越的创新创业教育

美国在实施创新创业教育方面已有近70年的历史，其在教育体系中，从学前教育到大学及研究生阶段，均高度重视并致力于培养学生的创新创业能力。

创业学已在美国高校确立为独立学科。目前，美国大学内开设超过2200门创新创业相关课程，旨在为学生提供全面的创业知识和技能。教学团队多元化，包括大学教授、资深专家、风险投资家、企业家、创业者及政府官员等，形成专职与兼职相结合的教学力量。教学模式包括理论阐述、案例剖析及仿真模拟，确保理论与实践的深度融合。

麻省理工学院（MIT）在创新创业教育领域取得了显著成功，成为美国典范之一。在社会经济领域，MIT校友展现出了卓越的创新创业精神和成就。他们创立并经营的公司为社会创造了大量工作岗位和可观的年收入。若将这些公司视为一个独立经济体，其全球排名将相当靠前，突显了MIT校友对经济发展和创新创业的巨大贡献。

学校建立了完善的创业组织架构，覆盖创业各环节。官方机构如创业中心、企业论坛、服务中心和技术创新办公室等，为创业活动提供坚实支持。同时，设立全球创业工作坊、创新俱乐部、创业者俱乐部和创业社区等学生社团，培养学生创业意识和实践能力。整体而言，学校创业组织架构严谨全面，提供全方位创业支持和指导。

二、欧洲

自自由资本主义在欧洲大陆诞生并蓬勃发展以来，欧洲逐渐演变为一个由商人占据主导地位的社会形态。19世纪与20世纪，商人阶层在欧洲社会中发挥了举足轻重的作用，产生了深远影响。他们凭借冒险精神和拼搏意志，不仅推动了人类世界进入新的历史纪元，更在无形中催生了欧洲及美洲社会的创业文化。

以英国为例，欧洲地区促进创新创业主要可以划分为以下4个部分。

1. 促进创业的完善架构

长期以来，英国是创业和营商环境优越的国家之一。2018年比2010年新增120万家企业，平均每75s诞生一家新企业。这得益于其完善的创业架构。英国在推动大学生创业方面，充分发挥了各级政府、各类组织及民间力量的作用。经过近30年的实践，英国形成了政府、学校、企业和民间社团共同推动创业教育发展的特色体系。

英国科技管理体系由科学与创新办公室统领，协同八大研究理事会，构建分散管理架构，涵盖政府教育与技能部、贸工部、财政部和首相办公室等部门。这一体系保障科技管理的严谨性、稳定性和高效性，为科技创新和产业发展提供组织保障。

英国政府是大学生创业的坚定倡导者和推动者，推广创业教育，成立专门机构，拨出财政资源设立激励基金，激发大学生创业热情，鼓励他们勇于创新、投身创业实践。

2. 推动创业的政府引领

自20世纪80年代，英国政府认识到创业教育对经济发展的重要性。与美国不同，英国政府为创业教育提供资金支持。英国政府的财政部和首相办公室等部门在创业教育中扮演重要角色，负责制定和执行相关政策，提供资金支持，推动创业教育的持续发展。这些部门的合作保障了高校创业教育的健康发展。

1987年，英国政府推出"Enterprise in Higher Education Initiative（EHE）"计划，标志着大学生创业教育政策的初步确立。该计划强调政府需加强科技与社会的联系，促进科技成果的转化与应用。为实现创新发展，英国重视企业与科学研究中心的紧密互动。

3. 支持创业的项目组织

英国研究理事会和高等教育基金理事会是科技发展的两大支柱，尽管主要依赖政府预算，但它们是独立的公共机构，政府不干预其日常运作。

英国科学创业中心和全国大学生创业委员会在英国高校创业教育中地位重要。这些机构依托大学资源，搭建大学与社会间的桥梁，推动创业教育发展，促进智力成果转化。

项目在支持英国的大学生创业也发挥着十分重要的作用，目前，英国有两大颇具影响力和成效的企业正在大力支持高校创业项目。第一，壳牌技术创业项目致力于为大学生提供中小企业实习的机会，助力他们积累实践经验并促进创业能力的提升。该项目由英国壳牌公司于1986年发起，是一项具有深远影响的社会投资项目。其初衷在于通过地方性计划，为大学生提供企业实习机会，以促进其实践能力和职业素养的提升。经过试点并取得了显著成功后，该项目在全国范围内得到了广泛推广，为社会培养了大量优秀的人才。

第二，壳牌集团积极支持大学生创业。自2000年6月起，由荷兰皇室与壳牌集团联合创立的壳牌基金会，始终致力于资助可持续性能源项目、推动可持续发展社团项目，并特别关注青年创业项目。

4. 服务创业的专门机构

设立中小企业服务局（SBS）是英国首个针对小型企业的政府部门，旨在促进创新和创业环境。为更好地服务，SBS 设立企业联络办公室和创业顾问，将服务延伸至社区，为小型企业提供全面高效支持。英国科学创业中心（UKSEC）和全国大学生创业委员会（NCGE）在大学生创业方面发挥引领作用。英国社会各界重视大学生创业，通过赞助和奖学金等方式提供支持，虽力量不如美国，但仍为大学生创业提供坚实推动力。"商业连接"作为大学生创业的重要支持服务机构，与英国私人股权创业投资市场相结合，每年为大学生创办科技型企业提供全面细致的服务和稳定的资金支持。

三、日本

相较于美国，亚洲国家受中国文化深远影响，思想文化层面侧重于集体主义。故而在大学教育体系中，对于创业教育的重视程度尚显不足。然而，自 1997 年亚洲金融危机后，亚洲各国大学生的就业形势普遍严峻。尤其在一些国家，如日本，开始愈发重视对大学生创业能力的培养。

1. 完善技术创新扶持政策

日本政府积极推动大学生创业促进制度，以应对经济萎缩带来的就业挑战，并不断完善科技创新扶持政策，革新教育科研体系。日本建立了以产业界、学术界和政府合作为基础的创新体系，体现了独特的创新路径。政府采取多项措施激励大学生参与创业，为国家创新发展注入新活力。

具体措施包括修订政策为创业提供法制保障，推行国立大学独立行政法人化改革，促进教育资源共享，加强银行对创业的融资支持，设立创业支援人才保障基金等。这些措施为大学生创业提供全方位支持，推动创业蓬勃发展。

2002 年，日本政府颁布《产学官合作促进税制》，通过税收优惠推动产学研合作。在金融政策领域，政府主导的金融机构起关键作用。

政府创建了中小企业金融公库、商工组合中央金库和国民金融公库，提供便捷高效的金融服务，满足中小企业融资需求。这些机构与政府合作，制定特殊融资政策，促进中小企业健康发展。为留住创新创业人才，日本鼓励留学生创业，放宽在留资格，给予最长 1 年的"创业准备签证"。国家战略特区如福冈市已尝试放宽在留资格，为留学生提供签证延期。过去 2 年，福冈市已为 40 多位留日创业人才提供"创业准备签证"。

2. 改革创新创业教育科研体制

日本高校创业教育改革诞生于 20 世纪 90 年代经济低谷期，旨在应对就业压力。其核心目标是培养具有成功企业家特质的学生，强调创新、挑战和实践精神。

目前，日本已有多所高校涉足创业教育，其模式主要包括：以基础教育为核心，结合校企合作的实习评估学习，以及以项目解决为导向的创业教育路径。

第一种教学模式以基础教育为核心，广泛采用于日本高校。课程内容聚焦于基础知识与技能传授，辅以创业教育相关知识和技能，为学生提供全面学习体验。第二种教学模式强调实践与学习结合，学生在阶段性实践后根据企业评价反馈调整学习策略。高校聘请有实践经验的企业人员担任讲师，与企业共建创业教育实践平台，让学生提前体验真实创业场景，积累经验，促进成长。第三种教学模式鼓励学生自主设计并尝试实施小型创业项目或模拟创业实践。学生需解决实际问题，记录总结经验教训，以全面提升创业教育的知识与能力。以东京大学为例，其创业教育主要通过"创业道场"实施，类似于我国的"创业计划大赛"。学生可在此平台学习创新理念转化、锻炼创新精神，培养企业家能力。每轮"创业道场"约7个月，持续进行创业教育。

通过对上述国家与地区大学生创业促进制度的剖析，发现这些国家推动大学生创业采取了综合性措施。高积极性国家中，创业促进机制的实现往往是政府、社会和学校三方紧密协作的结果。3个主体各具特色、职责不同，但通过制定有效措施并积极实践，形成了顺畅配合和高效运转的责任体系。

第二节　我国大学生创新创业政策

就业，民生之根本，社会关注之焦点。大学生作为创新主力军，其创业活动对个人发展及国家经济、社会进步有积极作用。新时代背景下，我国以创新驱动、高质量发展为核心，贯彻新发展理念，构建新发展格局，高度重视大学生创业就业问题。政府制定促进大学生创业法规政策，为其创业之路铺实基石。这些政策包括资金支持、税收优惠、企业登记和经营场所等。

在税收优惠上，政府为大学生创业企业提供税收减免，降低经营成本，增强竞争力。在企业登记上，政府简化注册流程，降低市场准入门槛，便利大学生创业。对于经营场所，政府提供创业园区、孵化器等设施，为大学生创业提供良好物理空间。总的来讲，国家和省级政府促进大学生创业的努力体现了对青年人才的关爱和支持，也展示了推动高质量发展的决心。接下来将从国家综合性政策与地方政府政策两方面论述。

一、国家综合性政策

（一）国务院指导意见

国务院办公厅关于进一步支持大学生创新创业的指导意见（国办发〔2021〕35号）（节选）
一、总体要求

以习近平新时代中国特色社会主义思想为指导，深入贯彻落实党的十九大和十九届二中、三中、四中、五中全会精神，全面贯彻党的教育方针，落实立德树人根本任务，立足新发展阶段、贯彻新发展理念、构建新发展格局，坚持创新引领创业、创业带动就业，支持在校大学生提升创新创业能力，支持高校毕业生创业就业，提升人力资源素质，促进大学生全面发展，实现大学生更加充分更高质量就业。

二、提升大学生创新创业能力

（一）将创新创业教育贯穿人才培养全过程。深化高校创新创业教育改革，健全课堂教学、自主学习、结合实践、指导帮扶、文化引领融为一体的高校创新创业教育体系，增强大学生的创新精神、创业意识和创新创业能力。

（二）提升教师创新创业教育教学能力。强化高校教师创新创业教育教学能力和素养培训，改革教学方法和考核方式，推动教师把国际前沿学术发展、最新研究成果和实践经验融入课堂教学。完善高校双创指导教师到行业企业挂职锻炼的保障激励政策。

（三）加强大学生创新创业培训。打造一批高校创新创业培训活动品牌，创新培训模式，面向大学生开展高质量、有针对性的创新创业培训，提升大学生创新创业能力。

三、优化大学生创新创业环境

（四）降低大学生创新创业门槛。持续提升企业开办服务能力，为大学生创业提供高效便捷的登记服务。推动众创空间、孵化器、加速器、产业园全链条发展，鼓励各类孵化器面向大学生创新创业团队开放一定比例的免费孵化空间，并将开放情况纳入国家级科技企业孵化器考核评价，降低大学生创新创业团队入驻条件。

（五）便利化服务大学生创新创业。完善科技创新资源开放共享平台，强化对大学生的技术创新服务。各地区、各高校和科研院所的实验室以及科研仪器、设施等科技创新资源可以面向大学生开放共享，提供低价、优质的专业服务。

（六）落实大学生创新创业保障政策。落实大学生创业帮扶政策，加大对创业失败大学生的扶持力度，按规定提供就业服务、就业援助和社会救助。

四、加强大学生创新创业服务平台建设

（七）建强高校创新创业实践平台。充分发挥大学科技园、大学生创业园、大学生创客空间等校内创新创业实践平台作用，面向在校大学生免费开放，开展专业化孵化服务。

（八）提升大众创业万众创新示范基地带动作用。加强双创示范基地建设，深入实施创业就业"校企行"专项行动，推动企业示范基地和高校示范基地结对共建、建立稳定合作关系。

五、推动落实大学生创新创业财税扶持政策

（九）继续加大对高校创新创业教育的支持力度。在现有基础上，加大教育部中央彩票公益金大学生创新创业教育发展资金支持力度。

（十）落实落细减税降费政策。高校毕业生在毕业年度内从事个体经营，符合规定条件的，在3年内按一定限额依次扣减其当年实际应缴纳的增值税、城市维护建设税、教育费附加、地方教育附加和个人所得税；对月销售额15万元以下的小规模纳税人免征增值税，对小微企业和个体工商户按规定减免所得税。做好纳税服务，建立对接机制，强化精准支持。

六、加强对大学生创新创业的金融政策支持

（十一）落实普惠金融政策。鼓励金融机构按照市场化、商业可持续原则对大学生创业项目提供金融服务，解决大学生创业融资难题。落实创业担保贷款政策及贴息政策。

（十二）引导社会资本支持大学生创新创业。充分发挥社会资本作用，以市场化机制促进社会资源与大学生创新创业需求更好对接，引导创新创业平台投资基金和社会资本参与大学生创业项目早期投资与投智，助力大学生创新创业项目健康成长。

七、促进大学生创新创业成果转化

（十三）完善成果转化机制。研究设立大学生创新创业成果转化服务机构，建立相关成果与行业产业对接长效机制，促进大学生创新创业成果在有关行业企业推广应用。做好大学生创新项目的知识产权确权、保护等工作，强化激励导向。

（十四）强化成果转化服务。推动地方、企业和大学生创新创业团队加强合作对接，拓宽成果转化渠道，为创新成果转化和创业项目落地提供帮助。鼓励国有大中型企业和产教融合型企业利用孵化器、产业园等平台，支持高校科技成果转化，促进高校科技成果和大学生创新创业项目落地发展。

八、办好中国国际"互联网+"大学生创新创业大赛

（十五）完善大赛可持续发展机制。鼓励省级人民政府积极承办大赛，压实主办职责，进一步加强组织领导和综合协调，落实配套支持政策和条件保障。坚持政府引导、公益支持，支持行业企业深化赛事合作，拓宽办赛资金筹措渠道，适当增加大赛冠名赞助经费额度。

（十六）打造创新创业大赛品牌。强化大赛创新创业教育实践平台作用，鼓励各学段学生积极参赛。坚持以赛促教、以赛促学、以赛促创，丰富竞赛形式和内容。

九、加强大学生创新创业信息服务

（十七）建立大学生创新创业信息服务平台。汇集创新创业帮扶政策、产业激励政策和全国创新创业教育优质资源，加强信息资源整合，做好国家和地方的政策发布、解读等工作。及时收集国家、区域、行业需求，为大学生精准推送行业和市场动向等信息。加强对创新创业大学生和项目的跟踪、服务，畅通供需对接渠道。

（十八）加强宣传引导。大力宣传加强高校创新创业教育、促进大学生创新创业的必要性、重要性。及时总结推广各地区、各高校的好经验好做法，选树大学生创新创业成功典型。

（二）税收政策

关于继续实施科技企业孵化器、大学科技园和众创空间有关税收政策的公告（财政部 税务总局 科技部 教育部公告 2023 年第 42 号）

为继续鼓励创业创新，现将科技企业孵化器、大学科技园、众创空间有关税收政策公告如下：

一、对国家级、省级科技企业孵化器、大学科技园和国家备案众创空间自用以及无偿或通过出租等方式提供给在孵对象使用的房产、土地，免征房产税和城镇土地使用税；对其向在孵对象提供孵化服务取得的收入，免征增值税。

本公告所称孵化服务是指为在孵对象提供的经纪代理、经营租赁、研发和技术、信息技术、鉴证咨询服务。

二、国家级、省级科技企业孵化器、大学科技园和国家备案众创空间应当单独核算孵化服务收入。

三、国家级科技企业孵化器、大学科技园和国家备案众创空间认定和管理办法由国务院科技、教育部门另行发布；省级科技企业孵化器、大学科技园认定和管理办法由省级科技、教育部门另行发布。

四、国家级、省级科技企业孵化器、大学科技园和国家备案众创空间应按规定申报享受免税政策，并将房产土地权属资料、房产原值资料、房产土地租赁合同、孵化协议等留存备查，税务部门依法加强后续管理。

五、科技、教育和税务部门应建立信息共享机制，及时共享国家级、省级科技企业孵化器、大学科技园和国家备案众创空间相关信息，加强协调配合，保障优惠政策落实到位。

特此公告。

二、地方政府政策

1. 福建省

①创业培训补贴：参加有资质的教育培训机构组织的创业培训并取得培训合格证书的，可按规定享受培训补贴。

②网络创业扶持：经工商登记注册的网络创业高校毕业生，同等享受各项创业扶持政策；未经工商登记注册的，可认定为灵活就业人员，享受相应扶持政策。

③一次性创业补贴：对首次创办小微企业或从事个体经营并正常经营6个月以上的毕业5年内大中专院校（含技校）毕业生，可给予最高不超过10000元的一次性创业补贴。

④社会保险补贴：毕业5年内高校毕业生在闽自主创业，本人及其招收的应届高校毕业生（包括毕业学年高校毕业生及按发证时间计算，获得毕业证书起12个月以内的高校毕业生）可同等享受用人单位招收就业困难人员社会保险补贴政策。

⑤创业省级资助项目：符合条件的申报人在创业企业或实体中出资总额不低于注册资本的30%。申报项目经资格审核、书面评审、实地考察和现场答辩等评审流程并入围的，给予3万~10万元创业资金扶持。

⑥初创企业经营者能力提升资助：鼓励各地与高校、知名培训机构合作，举办初创企业经营能力提升班。支持各地每年资助一批有发展潜力的初创企业经营者，参加进修学习或交流考察，按每人最高1万元标准给予补助。

⑦创业带动就业补贴：对初创三年内的小微企业、个体工商户吸纳就业的（签订1年以上期限劳动合同并缴纳社会保险费），可按人数给予每人不超过1000元、总额不超过3万元的创业带动就业补贴。

⑧创业税费减免：毕业年度内高校毕业生从事个体经营或创办个人独资企业的，在3年内按每户每年14400元为限额依次扣减其当年实际应缴纳的增值税、城市维护建设税、教育费附加、地方教育附加和个人所得税。

⑨支持返乡入乡创业：支持高校毕业生返乡入乡参与农村电商、乡村旅游、新媒体运营等领域创业，符合条件的优先给予贷款贴息、场地安排、资金补贴等政策支持，优先纳入农业生产经营人才、农村创业创新带头人、农村电商人才等培养计划，优先纳入村级后备干部培养并积极吸纳进入党组织。对高校毕业生在省内乡镇以下（含乡镇）创办创业主体，正常经营6个月以上的（含6个月），有条件的地方可在场租、水、电、气等费用以及高校毕业生创业生活方面给予适当补贴。

⑩创业担保贷款：符合创业担保贷款申请条件的大中专院校（含技校）在校生及毕业5年内的毕业生贷款额度最高30万元。小微企业当年新招用符合创业担保贷款申请条件的人员数量达到企业现有在职职工人数15%（超过100人的企业达到8%）并与其签订1年以上劳动合同的，可申请最高300万元的创业担保贷款。

⑪创业项目落地补贴：对获得国家级创业创新大赛金、银、铜奖（或前三名相当奖项）并在闽落地发展6个月以上（含6个月）的创业项目，有条件的地方可给予不超过30万元的创业项目落地补贴，所需资金可从创业支持资金列支。

⑫创业孵化服务：鼓励高校、科研院所、企业、创业投资机构和各类社会组织等，利用现有房屋和闲置厂房等兴办创业孵化基地、创业大本营、众创空间等各类创业孵化载体，为创业者提供低成本场地支持、指导服务和政策扶持。

⑬创业安居保障：支持各地统筹商品住房、市场租赁住房等社会资源和人才公寓、公共租赁住房、保障性租赁住房、共有产权住房等公共产品，多渠道解决高校毕业生创业居住需求。有条件的地方可为在创业地无自有住房的创业高校毕业生发放一定数额的租房补贴。

2. 广东省

①创新创业资助政策：开展大学生创新创业训练计划，对入选国家级创新训练项目和创业训练项目给予平均不低于2万元/项的经费支持，入选国家级创业实践类项目给予平均不低于10万元/项的经费支持。符合条件的自主创业大学生可申请1万元一次性创业资助，以及每年4000~6000元、最长3年租金补贴。省人力资源社会保障部门评定为省级优秀创业项目的，可按规定享受5万~20万元资助。

②创新创业税费减免政策：高校毕业生在毕业年度内从事个体经营，符合规定条件的，在3年内按一定限额依次扣减其当年实际应缴纳的增值税、城市维护建设税、教育费附加、地方教育附加和个人所得税；对销售额在免税标准以下的小规模纳税人免征阶段性增值税，对小微企业和个体工商户按规定减免所得税。

③创业担保贷款支持：加大创业担保贷款及贴息支持力度，符合条件的大学生个人可申请最高30万元的创业担保贷款，创业带动5人以上就业的可申请最高50万元的创业担保贷款，对大学生创办的符合条件的小微企业可申请最高500万元的创业担保贷款。引导社会资金进入大学生创业投资领域，为大学生创新创业项目提供资金支持。

④大学生创新创业便利化服务：鼓励各类孵化器、众创空间、大学科技园、创业孵化基地等孵化载体开放一定比例的免费孵化空间，降低大学生创新创业团队入驻条件，为入驻大学生团队提供政务服务代理、补贴申请、创业辅导等服务。政府投资开发的孵化器等创业载体应安排30%左右的场地，免费提供给高校毕业生。有条件的地方可对高校毕业生到孵化器创业给予租金补贴。

3. 江苏省

①税收优惠：毕业年度高校毕业生从事个体经营的，在3年内按每户每年14400元为限额，依次扣减其当年实际应缴纳的增值税、城市维护建设税、教育费附加、地方教育附加和个人所得税（政策执行期限至2025年12月31日）。

②信贷支持：创业的在校大学生和高校毕业生，可在创业地申请最长期限3年、最高额度50万元的富民创业担保贷款，合伙经营或创办企业的，可以提高贷款额度，并由财政据实全额贴息。

③一次性创业补贴：对首次成功创业并带动其他劳动者就业，正常经营6个月以上，依法申报纳税的高校毕业生（在校及毕业2年内），可享受一次性创业补贴。

④带动就业补贴：高校毕业生（在校及毕业2年内）初创主体需吸纳其他劳动者就业并与之签订1年以上期限劳动合同，并按规定为其缴纳社会保险费的，可按实际带动就业人数享受创业带动就业补贴。

⑤场地租金补贴：高校毕业生（在校及毕业2年内）初次创业租用各类创业孵化基地（含大学生创业园、农民工返乡创业园及众创空间等新型孵化机构），可享受不超过3年的创业场地租金补贴。

⑥项目补助：毕业5年内的高校毕业生（含留学回国）或在校生在江苏省行政区域范围内已经实施的创业项目，入选为江苏省大学生优秀创业项目的，给予最高10万元的一次性创业项目奖励。

⑦社保补贴：对在市场监管部门首次注册登记起3年内的创业者，在企业注销后登记失业并以个人身份缴纳社会保险费6个月以上的，可按其实际纳税总额的50%、最高不超过

1万元的标准，给予一次性补贴，用于个人缴纳的社会保险费。

⑧培训补贴：高校毕业生（含毕业前2年的在校大学生），参加经当地人社部门认定的创业培训项目（包括创业培训、实训等）并取得合格证书的，按规定给予创业培训补贴。

⑨弹性学制：建立并实行灵活的学习制度，可放宽学生修业年限、保留学籍休学创新创业；建立创新创业学分积累与转换制度，探索将学生开展自主创业等情况折算成学分。

4. 浙江省

①给予高校毕业生到中小微企业就业补贴：毕业2年以内的高校毕业生到山区县中小微企业就业，并依法缴纳社会保险费1年以上的，在参保期内按规定给予就业岗位补贴，补贴期限最长3年，有条件的地区可放宽至毕业5年以内高校毕业生。

②提高灵活就业社保补贴标准：毕业2年以内的高校毕业生和就业困难人员在山区县实现灵活就业的，社保补贴标准为本人缴纳社会保险费的2/3，核定补贴的缴费基数不超过上年度全省非私营和私营单位就业人员加权平均工资。

③放宽重点人群创业政策享受条件：重点人群（在校大学生和毕业5年以内的高校毕业生、登记失业半年以上人员、就业困难人员、持证残疾人、自主择业军转干部和自主就业退役士兵）初次创业时未享受创业扶持政策的，在山区县再次创业3年内可享受创业担保贷款及贴息、一次性创业社保补贴、创业带动就业补贴等初创扶持政策。

④鼓励创业带动就业：重点人群在山区县初次创业，带动1人以上就业并依法缴纳社会保险费1年以上的，按规定给予创业带动就业补贴，每年最高2万元，期限最长3年。其中，从事电子商务及山区县结合实际确定的主导产业创业的，补贴标准可上浮20%。

⑤大力推进返乡入乡创业：推广"1+3+N"返乡入乡合作创业组织模式，重点支持山区县培养一批返乡入乡合作创业带头人，打造更多返乡入乡合作创业带头人。

第三节　大学生农村基层创业

乡村振兴全面推进，农村青年积极响应国家号召，返乡创业，振兴乡村，涌现出"新农人""新知青""新村民"。青年与乡村双向奔赴，成为乡村振兴的重要力量。2022年底中央农村工作会议提出，引进人才，引导大学毕业生、能人、农民工、企业家回乡创业，解决后顾之忧，助其留得下、能创业。

一、大学生农村创业现实意义

1. 有利于缓解新时代大学生就业压力，实现人生价值

近年来，我国高校毕业生人数逐年递增，且受新冠肺炎疫情影响，就业形势日趋严峻。2022年起，毕业生人数已超千万，2023年预计超过1100万人。新冠肺炎疫情影响下，部分行业市场需求缩减，竞争压力增大。加之，招聘模式受限，以线上为主，线下招聘控制面试人数，影响学生与就业单位沟通，降低就业率。用人单位观念误区，偏向名校毕业生，忽视综合能力。高校专业设置与就业市场联系不紧密。部分大学生择业观念也存在误区，过于追求稳定工作，忽视中小民营企业。这些因素都加大了大学生就业压力。乡村振兴战略为大学生提供农村创业机遇，缓解就业压力，实现人生价值。

2. 有利于创新农村经济发展模式，提升新时代农业经济竞争力

农村经济是国民经济发展的重要基础。改革开放40多年来，我国农业生产力大幅提升，农村面貌焕然一新，农民幸福指数显著提高。进入新时代，农村发展更加迅速。到2020年底，我国成功消除了绝对贫困，书写了人类反贫困历史新篇章。然而，仍存在一些待解问题，如农村发展模式单一、就业渠道不畅等。新时代大学生具备丰富的知识、文化和能力，前往农村创业可推动农村经济模式创新。

3. 有助于磨炼新时代大学生意志品质，提升实践创新能力

新时代大学生多为"00后"，成长于网络信息化时代，生活条件优越。他们思想开放，敢于创新，善于利用网络技术，竞争意识和为人处世能力较强。但存在过度追求自我价值、以自我为中心、抗压力弱、团队合作不强等问题。因此，号召新时代大学生到农村创业，尤其艰苦地区，能磨炼意志品质，发扬艰苦奋斗精神，使其认识到美好生活来之不易，必须走好新时代长征之路。

二、返乡创业就业政策

（一）国家相关政策

国务院办公厅关于支持返乡下乡人员创业创新 促进农村一、二、三产业融合发展的意见（国办发〔2016〕84号）

各省、自治区、直辖市人民政府，国务院各部委、各直属机构：

近年来，随着大众创业、万众创新的深入推进，越来越多的农民工、中高等院校毕业生、退役士兵和科技人员等返乡下乡人员到农村创业创新，为推进农业供给侧结构性改革、活跃农村经济发挥了重要作用。返乡下乡人员创业创新，有利于将现代科技、生产方式和经营理念引入农业，提高农业质量效益和竞争力；有利于发展新产业新业态新模式，推动农村一、二、三产业融合发展；有利于激活各类城乡生产资源要素，促进农民就业增收。在《国务院办公厅关于支持农民工等人员返乡创业的意见》（国办发〔2015〕47号）和《国务院办公厅关于推进农村一、二、三产业融合发展的指导意见》（国办发〔2015〕93号）的基础上，为进一步细化和完善扶持政策措施，鼓励和支持返乡下乡人员创业创新，经国务院同意，现提出如下意见。

一、重点领域和发展方向

（一）突出重点领域。鼓励和引导返乡下乡人员结合自身优势和特长，根据市场需求和当地资源禀赋，利用新理念、新技术和新渠道，开发农业农村资源，发展优势特色产业，繁荣农村经济。重点发展规模种养业、特色农业、设施农业、林下经济、庭院经济等农业生产经营模式，烘干、贮藏、保鲜、净化、分等分级、包装等农产品加工业，农资配送、耕地修复治理、病虫害防治、农机作业服务、农产品流通、农业废弃物处理、农业信息咨询等生产性服务业，休闲农业和乡村旅游、民族风情旅游、传统手工艺、文化创意、养生养老、中央厨房、农村绿化美化、农村物业管理等生活性服务业，以及其他新产业新业态新模式。

（二）丰富创业创新方式。鼓励和引导返乡下乡人员按照法律法规和政策规定，通过承包、租赁、入股、合作等多种形式，创办领办家庭农场林场、农民合作社、农业企业、农业社会化服务组织等新型农业经营主体。通过聘用管理技术人才组建创业团队，与其他经营主体合作组建现代企业、企业集团或产业联盟，共同开辟创业空间。通过发展农村电商平台，

利用互联网思维和技术，实施"互联网+"现代农业行动，开展网上创业。通过发展合作制、股份合作制、股份制等形式，培育产权清晰、利益共享、机制灵活的创业创新共同体。

（三）推进农村产业融合。鼓励和引导返乡下乡人员按照全产业链、全价值链的现代产业组织方式开展创业创新，建立合理稳定的利益联结机制，推进农村一、二、三产业融合发展，让农民分享二、三产业增值收益。以农牧（农林、农渔）结合、循环发展为导向，发展优质高效绿色农业。实行产加销一体化运作，延长农业产业链条。推进农业与旅游、教育、文化、健康养老等产业深度融合，提升农业价值链。引导返乡下乡人员创业创新向特色小城镇和产业园区等集中，培育产业集群和产业融合先导区。

二、政策措施

（四）简化市场准入。落实简政放权、放管结合、优化服务一系列措施，深化行政审批制度改革，持续推进商事制度改革，提高便利化水平。落实注册资本认缴登记和"先照后证"改革，在现有"三证合一"登记制度改革成效的基础上大力推进"五证合一、一照一码"登记制度改革。推动住所登记制度改革，积极支持各地放宽住所（经营场所）登记条件。县级人民政府要设立"绿色通道"，为返乡下乡人员创业创新提供便利服务，对进入创业园区的，提供有针对性的创业辅导、政策咨询、集中办理证照等服务。对返乡下乡人员创业创新免收登记类、证照类等行政事业性收费（工商总局等负责）。

（五）改善金融服务。采取财政贴息、融资担保、扩大抵押物范围等综合措施，努力解决返乡下乡人员创业创新融资难问题。稳妥有序推进农村承包土地的经营权抵押贷款试点，有效盘活农村资源、资金和资产。鼓励银行业金融机构开发符合返乡下乡人员创业创新需求的信贷产品和服务模式，探索权属清晰的包括农业设施、农机具在内的动产和不动产抵押贷款业务，提升返乡下乡人员金融服务可获得性。推进农村普惠金融发展，加强对纳入信用评价体系返乡下乡人员的金融服务。加大对农业保险产品的开发和推广力度，鼓励有条件的地方探索开展价格指数保险、收入保险、信贷保证保险、农产品质量安全保证保险、畜禽水产活体保险等创新试点，更好地满足返乡下乡人员的风险保障需求（人民银行、银监会、保监会、农业部、国家林业局等负责）。

（六）加大财政支持力度。加快将现有财政政策措施向返乡下乡人员创业创新拓展，将符合条件的返乡下乡人员创业创新项目纳入强农惠农富农政策范围。新型职业农民培育、农村一、二、三产业融合发展、农业生产全程社会化服务、农产品加工、农村信息化建设等各类财政支农项目和产业基金，要将符合条件的返乡下乡人员纳入扶持范围，采取以奖代补、先建后补、政府购买服务等方式予以积极支持。大学生、留学回国人员、科技人员、青年、妇女等人员创业的财政支持政策，要向返乡下乡人员创业创新延伸覆盖。把返乡下乡人员开展农业适度规模经营所需贷款纳入全国农业信贷担保体系。切实落实好定向减税和普遍性降费政策（财政部、税务总局、教育部、科技部、工业和信息化部、人力资源社会保障部、农业部、国家林业局、共青团中央、全国妇联等负责）。

（七）落实用地用电支持措施。在符合土地利用总体规划的前提下，通过调整存量土地资源，缓解返乡下乡人员创业创新用地难问题。支持返乡下乡人员按照相关用地政策，开展设施农业建设和经营。落实大众创业万众创新、现代农业、农产品加工业、休闲农业和乡村旅游等用地政策。鼓励返乡下乡人员依法以入股、合作、租赁等形式使用农村集体土地发展农业产业，依法使用农村集体建设用地开展创业创新。各省（区、市）可以根据本地实际，制定管理办法，支持返乡下乡人员依托自有和闲置农房院落发展农家乐。在符合农村宅基地管理规定和相关规划的前提下，允许返乡下乡人员和当地农民合作改建自住房。县级人民政府可在年度建设用地指标中单列一定比例专门用于返乡下乡人员建设农业配套辅助设施。城乡建设用地增减挂钩政策腾退出的建设用地指标，以及通过农村闲置宅基地整理新增的耕地和建设用地，重点支持返乡下乡人员创业创新。支持返乡下乡人员与农村集体经济组织共建农业物流仓储等设施。鼓励利用"四荒地"（荒山、荒沟、荒丘、荒滩）和厂矿废弃地、砖瓦窑废弃地、道路改线废弃地、闲置校舍、村庄空闲地等用于返乡下乡人员创业创新。农林牧渔业产品初加工项目在确定土地出让底价时可按不低于所在地土地等别相对应全国工业用地出让最低价标准的70%执行。返乡下乡人员发展农业、林木培育和种植、畜牧业、渔业生产、农业排灌用电以及农业服务业中的农产品初加工用电，包括对各种农产品进行脱水、凝固、去籽、净化、分类、晒干、剥皮、初烤、沤软或大批包装以供应初级市场的用电，均执行农业生产电价（国土资源部、国家发展改革委、住房城乡建设部、农业部、国家林业局、国家旅游局、国家电网公司等负责）。

（八）开展创业培训。实施农民工等人员返乡创业培训五年行动计划和新型职业农民培育工程、农村青年创业致富"领头雁"计划、贫困村创业致富带头人培训工程，开展农村妇女创业创新培训，让有创业和培训意愿的返乡下乡人员都能接受培训。建立返乡下乡人员信息库，有针对性地确定培训项目，实施精准培训，提升其创业能力。地方各级人民政府要将返乡下乡人员创业创新培训经费纳入财政预算。鼓励各类培训资源参与返乡下乡人员培训，支持各类园区、星创天地、农民合作社、中高等院校、农业企业等建立创业创新实训基地。采取线上学习与线下培训、自主学习与教师传授相结合的方式，开辟培训新渠道。加强创业创新导师队伍建设，从企业家、投资者、专业人才、科技特派员和返乡下乡创业创新带头人中遴选一批导师。建立各类专家对口联系制度，对返乡下乡人员及时开展技术指导和跟踪服务（人力资源社会保障部、农业部、教育部、科技部、民政部、国家林业局、国务院扶贫办、共青团中央、全国妇联等负责）。

（九）完善社会保障政策。返乡下乡人员可在创业地按相关规定参加各项社会保险，有条件的地方要将其纳入住房公积金缴存范围，按规定将其子女纳入城镇（城乡）居民基本医疗保险参保范围。对返乡下乡创业创新的就业困难人员、离校未就业高校毕业生以灵活就业方式参加社会保险的，可按规定给予一定社会保险补贴。对返乡下乡人员初始创业失败后生活困难的，可按规定享受社会救助。持有居住证的返乡下乡人员的子女可在创业地接受义务教育，依地方相关规定接受普惠性学前教育（人力资源社会保障部、财政部、民政部、住房城乡建设部、教育部等负责）。

（十）强化信息技术支撑。支持返乡下乡人员投资入股参与信息进村入户工程建设和运营，可聘用其作为村级信息员或区域中心管理员。鼓励各类电信运营商、电商等企业面向返乡下乡人员开发信息应用软件，开展农业生产技术培训，提供农资配送、农机作业等农业社会化服务，推介优质农产品，组织开展网络营销。面向返乡下乡人员开展信息技术技能培训。通过财政补贴、政府购买服务、落实税收优惠等政策，支持返乡下乡人员利用大数据、物联网、云计算、移动互联网等新一代信息技术开展创业创新（农业部、国家发展改革委、工业和信息化部、财政部、商务部、税务总局、国家林业局等负责）。

（十一）创建创业园区（基地）。按照政府搭建平台、平台聚集资源、资源服务创业的思路，依托现有开发区、农业产业园等各类园区以及专业市场、农民合作社、农业规模种养基地等，整合创建一批具有区域特色的返乡下乡人员创业创新园区（基地），建立开放式服务窗口，形成合力。现代农业示范区要发挥辐射带动和示范作用，成为返乡下乡人员创业创新的重要载体。支持中高等院校、大型企业采取众创空间、创新工厂等模式，创建一批重点面向初创期"种子培育"的孵化园（基地），有条件的地方可对返乡下乡人员到孵化园（基地）创业给予租金补贴（农业部、国家发展改革委、科技部、工业和信息化部、财政部、人力资源社会保障部、商务部、文化部、国家林业局等负责）。

三、组织领导

（十二）健全组织领导机制。各地区、各有关部门要充分认识返乡下乡人员创业创新的重要意义，作为经济社会发展的重点任务予以统筹安排。农业部要发挥牵头作用，明确推进机构，加强工作指导，建立部门间协调机制，督促返乡下乡人员创业创新政策落实，加强经验交流和推广。地方人民政府要建立协调机制，明确任务分工，落实部门责任，形成工作合力；加强调查研究，结合本地实际，研究制定和落实支持返乡下乡人员创业创新的政策措施。探索建立领导干部定点联系返乡下乡人员创业创新制度，深入了解情况，帮助解决实际问题（农业部、省级人民政府等负责）。

（十三）提升公共服务能力。积极开展面向返乡下乡人员的政策咨询、市场信息等公共服务。推进农村社区综合服务设施和信息平台建设，依托现有的各类公益性农产品市场和园区（基地），为返乡下乡人员创业创新提供高效便捷服务。做好返乡下乡人员创业创新的土地流转、项目选择、科技推广等方面专业服务。利用农村调查系统和农村固定观察点，加强对返乡下乡人员创业创新的动态监测和调查分析（农业部、国家发展改革委、民政部、人力资源社会保障部、商务部、国家统计局、国家林业局等负责）。

（十四）加强宣传引导。采取编制手册、制定明白卡、编发短信微信微博等方式，宣传解读政策措施。大力弘扬创业创新精神，树立返乡下乡人员先进典型，宣传推介优秀带头人，发挥其示范带动作用。充分调动社会各界支持返乡下乡人员创业创新的积极性，广泛开展创业大赛、创业大讲堂等活动，营造良好氛围（农业部等负责）。

（二）福建省相关政策

福建省人力资源和社会保障厅 福建省财政厅 福建省农业农村厅关于进一步推动返乡入乡创业工作的实施意见（闽人社文〔2020〕91号）

各设区市人力资源和社会保障局、财政局、农业农村局，平潭综合实验区社会事业局、财政金融局、农业农村局：

为贯彻落实《人力资源社会保障部 财政部 农业农村部关于进一步推动返乡入乡创业工作的意见》（人社部发〔2019〕129号）要求，全力做好返乡入乡创业工作，现结合我省实际，提出以下实施意见：

一、加大返乡入乡创业政策支持力度

（一）加大创业扶持政策支持力度。对首次创业、正常经营1年以上的返乡入乡创业人员，可给予不超过1万元的一次性创业补贴。返乡入乡创业企业吸纳就业困难人员、农村建档立卡贫困人员就业的，按规定给予社会保险补贴，符合条件的可参照新型农业经营主体支持政策给予支持。将符合条件的返乡入乡创业项目纳入创业资助项目评审，对返乡入乡创业的优秀项目给予3万~10万元的资金扶持。

（二）加大返乡入乡创业资金支持力度。加大创业担保贷款政策实施力度，对符合有关规定的创业人员、创业项目、创业企业等特定群体，免除反担保要求。鼓励有条件的地方对其他创业担保贷款逐步降低或免除反担保要求。降低小微企业创业担保贷款贴息政策申请条件，小微企业当年新招用符合条件人员达到现有职工人数15%（超过100人的企业达到8%），并与之签订1年以上劳动合同的，可以申请财政贴息支持。各级政府性融资担保、再担保机构在可持续经营的前提下，适当调降融资担保费率，逐步将平均担保费率降至1%以下。探索设立省级返乡入乡创业投资专项引导资金，鼓励县（市、区）与省级基金合作设立子基金，吸引多方社会资本参与，采取股权投资和债权投资模式，对返乡入乡创业项目给予定向扶持。

二、大力开展创业培训提升培训质量

（三）大规模开展创业培训。将有培训需求的返乡入乡创业人员纳入创业培训范围，加强返乡创业重点人群、贫困村创业致富带头人、农村电商人才等培训培育。支持普通高校、职业院校（含技工院校）、教育培训机构积极承担相应创业培训任务。鼓励各地以政府购买服务形式开展各类创业培训，采用线上和线下相结合的模式，针对不同的创业群体提供相应的培训课程和培训内容。返乡入乡人员参加创业培训，取得创业培训合格证书的，按每人不超过1200元标准给予培训补助。

（四）提升创业培训质量。积极探索创业培训+技能培训，创业培训与区域产业相结合的培训模式，根据返乡入乡创业人员特点，开发一批特色专业和示范性培训课程，实施培训下乡"直通车"、农民夜校、远程培训、网络培训，推动优质培训资源城乡共享，提高培训的针对性、实用性和便捷度。鼓励各地探索组建由企业家、返乡创业带头人、天使投资人、专家学者组成的创业导师志愿团队，为返乡入乡创业者提供创业咨询、指导等服务。

三、加强返乡入乡创业人才队伍建设

（五）大力培养本地人才。发掘一批"田秀才""土专家""乡创客"和能工巧匠，吸引企业家、专家学者、技术技能人才等回乡创业创新，按规定为返乡入乡创业人员提供配套公共服务。对返乡入乡创业企业招用的技术技能人才、经营管理人才，按规定在项目申报、职称评审以及各类重点人才选拔培养奖励项目等方面予以倾斜。鼓励专业技术人才以技术投资、入股等方式转让、转化科研成果，帮助支持返乡入乡创业企业发展。实施高层次人才认定、工科青年人才支持等项目，利用"海外高层次人才福建行""海归英才八闽行"等引才引智活动，积极引进海外留学人才回乡创业创新。支持承担省级"三支一扶"计划组织招募工作的县（市、区），将县（市、区）以下公共就业服务机构岗位纳入省级"三支一扶"计划派遣范围，选派"三支一扶"高校毕业生开展公共就业创业服务。实施"师带徒"引凤还巢计划，以"师带徒"结对子的方式，遴选一批创新创业领军人才（专家）的实用新型成熟项目，孵化一批乡村振兴带动型企业人才。引导各市、县人才驿站吸引青年人才返乡创业，为返乡青年提供政策咨询、技术指导、渠道对接、融资贷款等方面的帮扶。

四、优化返乡入乡创业服务保障

（六）提升返乡入乡创业服务能力。实施基层公共创业服务经办能力提升计划，加强基层（含社区、村）公共创业服务平台建设，开展政策宣传、返乡入乡创业人员入户调查、项目信息、培训信息推送等创业服务，可纳入对村和社居的绩效奖补，具体服务内容和奖补办法由县级人社部门制定。鼓励市场化中介服务机构等社会人力资源服务机构提供上述服务。建立返乡入乡创业企业用工需求信息采集制度，提供信息发布、用工指导等服务，返乡入乡创业企业将相关岗位信息发送至当地人社部门，各级人社部门建立健全岗位信息汇集更新机制，依托各级人社部门网站实现岗位信息在线发布和向上归集。

（七）加强返乡入乡创业载体服务建设。加强返乡入乡创业孵化基地建设，支持各地推广新型孵化模式，整合建设一批创业孵化基地、小型微型企业创业创新基地、众创空间和星创天地等平台，打造综合性返乡入乡创业孵化载体。实施"双创"支撑平台项目，引导各类创业孵化基地承担相关公共服务事务。支持建设一批农村创新创业园区，农村创新创业孵化实训基地，为返乡入乡创业人员提供低成本、全要素、便利化的创业服务。构建"生产+加工+科技+营销+品牌+体验"多位一体、上下游产业衔接的创业格局，打造"预孵化+孵化器+加速器+稳定器"的全产业链孵化体系，力争5～10年农村创新创业孵化实训基地覆盖省内所有县（市、区）。各地可根据入驻实体数量、孵化效果和带动就业成效，对获评省级创业孵化示范基地的，给予50万元补助。进一步健全以县、乡、村三级物流节点为支撑的物流网络体系，打通农村物流"最后一公里"。建设一批县级农村电商服务中心、物流配送中心和乡镇运输服务站，降低返乡入乡创业企业生产经营成本。

（八）加强托底服务返乡入乡创业。推进扶贫车间、卫星工厂、返乡入乡小微企业等按规定参加工伤保险，积极推进工伤保险参保扩面工作，保障法定职业人员工伤保险权益，积极开展新业态从业人员职业伤害保障试点。对返乡入乡创业并符合领取失业保险金条件的人员，及时发放失业保险金。对返乡入乡创业失败的劳动者，按规定提供就业服务、就业援助和社会救助。

五、强化组织实施

（九）加强组织领导。县级以上人社部门建立返乡入乡创业部门协调机制，积极争取当地政府支持，把返乡入乡创业工作摆上重要议事日程，建立协调推进机制，制定工作方案，明确任务分工，落实部门责任。健全完善调查统计制度，加强动态监测和调查分析。建立完善领导干部联系返乡入乡创业企业制度，掌握返乡入乡创业需求，及时化解难题。

（十）加强引导扶持。各地结合地方资源禀赋和产业优势，合理确定返乡入乡创业工作方向，鼓励发展"一县一品、一乡一业"创业模式，培育"一村一品"示范村镇。落实"互联网+返乡入乡创业"，实施信息进村入户工程、电子商务进农村综合示范等项目，支持返乡入乡创业人员开展技术、产品、管理模式、商业模式等创新，进一步提升返乡入乡创业效能。

（十一）强化示范带动。以省内劳务输出规模较大、返乡入乡创业意愿较强、工作基础和条件相对成熟的县为重点，推出一批返乡入乡创业示范县，各地在资金、政策等方面给予倾斜支持。建设一批返乡入乡创业示范载体，推动创业创新资源集聚。遴选一批创新性强、适用面广、示范性好的优质返乡入乡创业示范项目，给予跟踪帮扶。

（十二）加大宣传力度。创新政策宣传方式，鼓励各地发挥各类社会机构作用，建立多方参与的宣传工作机制，探索开展分众化、个性化、精细化、精准化宣传。鼓励举办返乡入乡创业大赛、项目展示交流等活动，大力宣传推进返乡入乡创业的政策措施、经验做法和创业典型人物，大力弘扬创业创新文化，营造鼓励创业创新的良好氛围。对当地经济社会发展作出突出贡献、带动就业效果好的返乡入乡创业优秀带头人和优秀乡村企业家，加强典型宣传推介，按规定予以表彰。

本章小结

在全球一体化的背景下,世界各国均高度重视作为服务创新型国家建设、培养学生创新精神和实践能力的创新创业教育。

大学生作为国家内部活力充沛的重要群体,拥有卓越的自主创新及创业潜能,是推动社会进步与发展的重要力量。大力加强创新创业教育,全面培养大学生的创新创业素质,既可以促进就业、构建和谐社会,还可助力经济增长、为建设创新型国家起到正面作用。

本章通过对我国创新创业政策的解读以及对典型国家和地区大学生创业促进制度的深入剖析,不难发现,我国在创新创业领域仍然具有发展空间与潜力,想要构建良好的大学生创新创业生态系统,培育大学生创新创业新质生产力,必须全面加大师资、财物、政策、文化等资源的持续投入,推动我国大学生创新创业。创新的重要方向及举措在于注重对大学生创新人才的培育,持续增加对研发投入,注重发挥社会力量在创新中的重要作用,典型案例的宣传引导,注重协同创新以及创新生态的营造等,这样才能最终真正促进专业化、一体化、实效化的创新创业事业发展。

思考题

1. 概述我国促进大学生创新创业政策的趋势。
2. 党的二十大以来,国家对新质生产力进行了深入系统的阐述,这对于广大的创新创业者来讲充满了新机遇、新挑战,请思考大学生创新创业能力的培养与新质生产力培育之间的关系。
3. 2022年1月国家统计显示,目前我国灵活就业人员已经达到了2亿人左右。对此有人认为这是一种大趋势,也有人说年轻人投身其中是短视行为,不利于社会创新创业的氛围营造。对于社会"灵活就业"与大学生创新创业的关系,你怎么看?

第十四章

大学生创业案例

学习目标

1. 掌握大学生创新创业竞赛项目的特征和创新关键点。
2. 感悟校友企业家的创业精神，涵养知农爱农强农报国情怀。
3. 培养关注"三农"的意识，提升创业实践能力。

学习重点与难点

1. 重点是通过学习创业案例，感悟创业精神。
2. 难点是学以致用，切实提升创业实践能力。

第一节 创新创业竞赛获奖案例

案例一 北斗海丝团队

1. 团队简介

近年来，港航安全事故频发。2020 年全球航运中集装箱坠海 4000 多个，2021 年坠海 2000 多个，2022 年坠海 661 个，其原因是在途船舶信息不对称，无法侦察前方航线的恶劣天气。在福建农林大学"数字福建智能交通技术物联网省重点实验室"的支持与指导老师林宇洪的带领下，2019 年创立了"北斗海丝"团队。团队基于省重点实验室与外出调研累计的交通安全、海洋航运和港口物流等大数据，在创新领域深耕 3 年，在多个学科竞赛上取得优异成绩。

2021 年 4 月，团队负责人张江曜注册了"福建狄泰科技有限公司"，创立了"北斗海丝"项目品牌。2021 年 5 月，团队受邀参加"第十二届中国卫星导航年会北斗之夜"学术活动，此后团队不断完善技术路线，对解决方案持续优化改进，划分为"智慧航道、智慧航运、智慧港口、智慧联运"四个研发内容。团队已申请"一种海上交通用防止漂移的航标""一种海上交通智能化监控设备"等专利与"基于 WEBGIS 航道交通风险评估系统""基于 AR 的集装箱内置货物透视系统"等软著，项目成果于 2023 年 12 月入选第十六届全国大学生创新创业年会。

2. 项目（产品）简介

（1）数字海丝航道新基建　海上丝绸之路是福建对外经济交往的重要通道，数字海丝航道系统采集了海丝航道大数据，为其他系统提供了船舶轨迹、到港通知、交通风险检测、北斗导航、北斗时钟、北斗通信等基础功能支持。

在硬件设计中，团队研发了"智慧航标灯"，设计了"基于 NB-IOT 无线数传模块""船舶航行动态数据采集模块（AIS 接收模块）"。后两个模块集成于智慧航标灯内部，拓展航标灯的功能，让航标灯成为感知、通信、控制一体的智慧海上装备。

（2）智慧航运系统　团队设计了智慧航运系统，以数字航道系统采集到的数据为基础，智慧船舶为载体，智慧物流为平台，智慧服务为支撑，助力打造智慧物流平台。

智慧航运系统软件模块为："助航信息播报模块""航行风险评估模块"。主要功能是把航道和港口划分成多个交通微时空，每个微时空采用边缘计算的方法独立处理本微时空内的各种风险因子，快速响应，实现微观最优。各个微时空把风险数据汇总到云端，由云计算实现了各微时空的跨区联动，最终实现全局交通安全最优化。

（3）智慧港口系统　为增强港口上下游的企业、部门协同运作信息交流，团队建立了智慧港口系统。该系统进行数据处理分析并生成智慧决策，助力于打造产业链、监管链、供应链的高质量发展。

在智慧港口系统中，①开发了"港口交通风险评价"模块，在港口水域的多个关键位置布置了智慧浮标。通过北斗差分定位来检测出真实浪高和洋流漂流方向，卫星宏观数据与更加精细的浪高数据。在数学模型与神经网络计算下可以通过浪高反推台风风速。从而在复杂的港口水域中找到合适的台风避风区域。②研发了"基于 AR 的集装箱透视装置"，能有效地提升集装箱作业效率。开发"基于 RFID 的集装箱寻找与识别装置"，能在港口货场中快速找到特定的集装箱，有利于加强危化品管控、加强安全生产，能实现与智慧联运系统的无缝对接，提高集装箱联运效率。③实现了智慧联运系统的无缝对接，提高港口的集疏能力，减少港口库存，杜绝化工原料混存的现象，避免再次出现黎巴嫩港口、天津港口大爆炸的事故。

（4）智慧联运系统　为了能发挥内河码头、集装箱场站资源优势，以实现港口区、物流园区、工业园区及铁路站之间的集装箱无缝联运，并适应集装箱联运比例越来越大的趋势，团队发明了"集装箱联运无人车"。

"集装箱联运无人车"应用了北斗双天线姿态定位技术，在差分信号的配合下，牵引车和挂车又置于相同的无线电干扰环境中，相对定位精度误差可以达到厘米级，多数场景可以达到实用的要求。但是实测也发现偶发的分米级误差，相对定位精度并不能满足勾环类的对接装置。于是又设计了磁吸自校准的对接方式，这样挂车衔铁在牵引车的电磁铁吸力作用下，能自动变换方向角，以完美匹配牵引车电磁铁，达到自动校准的作用。

"集装箱联运无人车"有助于港口对危险品的吞吐转运能力，减少危险品在港口上的堆积，减少港口大爆炸事故概率，其还可适用于城际高速、高轨，助力粤港澳、京津冀等区域一体化，实现城市群之间海运、铁运、空运的运力共享，让城市发挥互补作用，协同发展。

3. 创新点

①智慧航道：研发智慧航标灯，提出多级无线传感网，实现海上零盲区通信。

②智慧航运：开发智慧航运系统，实现全局最优，跨时空联动，降低碰撞风险。
③智慧港口：划分港口货场与水域的风险等级，利用 AR 技术提升货场疏货效率。
④智慧联运：研发"联运无人车"，降低港口转运风险，助力城市群间运力共享。

4. 获得荣誉

项目参加各级各类创新创业赛事，获得第五届全国"互联网+"快递大学生创新创业大赛金奖、第七届全国大学生物流设计大赛一等奖、第十二届"北斗杯"全国青少年科技创新大赛一等奖、第十七届全国大学生交通运输科技大赛一等奖、第十二届"挑战杯"福建省大学生创业计划竞赛金奖、第九届全国大学生物联网设计竞赛 CSA 联盟特别创新奖、第八届中国国际"互联网+"大学生创新创业大赛银奖、第九届中国大学生物联网设计竞赛一等奖（六强）、中国大学生服务外包创新创业大赛二等奖、"挑战杯"竞赛黑科技展示活动特等奖等。

案例二　得芯科技团队

1. 团队简介

为了提高我国芯片自给率，2015 年得芯科技团队开始了芯片研发的征程。团队专注研发具有自主知识产权的光通信集成电路技术和产品，历时 5 年研究，研发出了 25G TIA 芯片。在芯片设计研发阶段，如何让芯片产品在竞争日益激烈的芯片市场上脱颖而出成了团队亟须解决的第一难题。针对这一问题团队始终认为："芯片的性能才是核心竞争力，而其他的部分只是锦上添花。"基于此，团队致力于提高产品的性能，但是在芯片的研发中，由于器件噪声、电源噪声和高频耦合噪声度的存在，芯片灵敏度一直未能达到预期水平，团队的技术研究进入了瓶颈期。通过查阅国内外相关文献资料，团队成员打破了原来的方案，在实验室中进行了多次研究后，提出了宽带及低噪声设计技术，这一技术串并芯片领域两种主流技术，结合发明的新型电路和集成电路版图优化等系列新技术，显著提高芯片质量。经权威机构检验，产品灵敏度达到国际领先水平，领先国际主流产品 1~2dBm（30dBm=1W）。

本团队由 9 位指导老师、专业顾问和 12 位本硕博学生组成。项目负责人丁昊凡，福建农林大学攻读电子信息硕士研究生学位，研究方向为集成电路工程。以第一作者发表 SCI（二区）论文 1 篇，以第二作者发表过 SCI（二区）论文 1 篇，获得专利授权 5 项。具备良好的知识体系和设计能力，参与项目的电路设计，完成芯片版图设计，经过多版设计，得到了能最大程度体现高性能、低功耗、低成本、能实际可靠工作的芯片版图，并以第一作者申请集成电路布图专利 3 项。在工信部认证 IC 企业亿芯源半导体公司实习 4 年；参与国家重点研发计划（课题编号：2018YFB2201003）、深圳市重大攻关重点项目（重 2019N023）、厦门市重大科技项目等重点研发课题。团队成员已申请 5 项集成电路版图专利（均已授权）和 1 项发明专利，发表高质量期刊论文 13 篇。

2. 项目简介

目前高速光通信电芯片国产化率极低，不足 1%，国内市场几乎处于空白；全球光通信芯片市场规模保持稳定增长，2020 年已达到 427.16 亿元，中国作为全球最大光通信芯片市场，2020 年国内市场规模达到 147.6 亿元，年增长率达 67.5%，截至 2024 年国内 25G TIA 芯片市场规模约 56.1 亿元。

以创"芯"为创新之主题，源于得芯科技对于专业知识的运用，团队成员认为每一次的芯片问题的出现都昭示着芯片安全问题亟须解决，这也催生了团队研发高质量 25G TIA 芯片的想法。目前国内 TIA 芯片主要面临着两大痛点，第一，各类噪声源降低芯片灵敏度；第二，工艺、电压和温度（PVT）波动、器件失配等问题降低产品良率，导致成本高昂难以量产。

本团队所研发设计的产品——25Gbps TIA 芯片 DX1028 是一款面向 5G 和高速数据中心的具有国际竞争力的光通信电芯片，它是构成高速光器件/光模块的核心芯片，其功能是将光电二极管的电流信号放大为电压信号。本团队实现两个方面核心技术创新，围绕灵敏度、速率、带宽、一致性等一系列性能指标形成了高性能、高可靠性、低功耗、低成本的核心竞争力，可以有效解决芯片灵敏度指标低、良品率低等痛点问题。此芯片在输入噪声、功耗和过载性能指标均达到了国际先进水平，其灵敏度性能指标国际领先。

3. 创新点

①创新串/并联峰化和电流注入技术解决低噪声设计的技术难题，实现灵敏度指标领先行业 1~2dBm。

②创新集成电路版图优化技术（BS.215509803），如减少压焊块（PAD）与输入管距离源漏极接触孔数量输入管米勒电容降低 20% 以上，有效扩展带宽 1.3 倍；电流模式逻辑（CML）驱动器输出端采用不同宽度的金属，与负载端匹配，优化眼图等。

③国内首创减小光电二极管寄生电容电路技术（ZL201720739614.0），有效扩展光电接口环节的带宽，大幅度降低自动化耦合机台的精度要求，光接收次模块（ROSA）不良率低于 2‰。

④创新低寄生电容与高安全度的静电防护（ESD）设计技术，所研发的新型分布式静电放电防护电路，ESD 能力高达 5kV，大幅提升芯片可靠性。

4. 获得荣誉

项目参加各级各类创新创业赛事，获得第七届中国国际"互联网+"大学生创新创业大赛银奖、第七届福建省"互联网+"大学生创新创业大赛金奖、第十二届"挑战杯"福建省大学生创新创业竞赛金奖、第八届"创青春"中国青年创新创业大赛铜奖、第八届"创青春"福建省青年创新创业大赛金奖等。

案例三　菌肥管家团队

1. 团队介绍

菌肥管家项目负责人包兴胜于 2021 年创办福州鑫胜宇农业科技有限公司，这是一家专业从事微生物农业综合生产体系设计与研发，种养结合全程机械化整体解决方案的设计与实施，智慧农业技术装备的设计与研发，高标准农田建设规划与建设，农产品产、供、销互联网平台运营等现代农业科技型企业，是以"农业生态循环科技"为核心的技术企业。鑫胜宇农业通过专业的农业生境监控技术、农业微生物饲料发酵技术、农业种养结合精细管理技术、智能化作物灌溉技术、农业物联网技术等，向规模化农业发展系统、数字化温室高效生产系统、智能化畜禽水产安全生产系统、城镇人居环境园林生态景观系统等行业提供整体解决方案。公司与微生物菌剂开发与应用国家地方联合工程研究中心、福建省农业科学院、福建农林大学等知名院所建立了紧密的合作关系，建立了微生物农业研究中心，研发出水—肥—菌一体化智能装备系统、微生物水料智能化装备系统、益生菌添加智能化装备系统、种养结合全程机械化模式系统，获得国家发明专利和实用新型专利 10 多项。

2. 项目介绍

我国畜禽养殖业的发展迅速，但农牧循环种养结合不紧密，粪污废弃物处理成本高、水源污染重等问题长期存在；同时，能作为有机肥的沼液存在利用率低、肥效差等弊病，始终困扰着农业生产者。粪污生态化处理、沼液资源化利用成为当今时代的重点议题，展现出广阔的市场前景。菌肥管家团队深耕前沿，历经4年，自主研发出智能沼液菌肥一体化设备系统。该设备系统通过云平台监控处理数据，智能化管理从粪污收集至沼肥施用全过程，化污为沼、变废为宝，实现经济效益、社会效益、生态效益的三重开花。

沼液菌肥设备系统，能较好地将养殖场的液态粪污根据植物自身的生长营养特性和土地承载力消纳到周边种植园。关键技术主要包含以下几点：明晰腐熟的沼液中氮磷钾及相关中微量元素的占比；明晰消纳作物生育期的营养需求；明晰植物根区土壤的营养成分和微生物菌群变化；了解当地年气候变化情况。目前产品已在省内外多家养殖场和种植园使用。

3. 创新点

①创新专用沼液过滤组件：国内首个采用石英砂组合介质和不锈钢楔形网自清洗技术，高效过滤沼液中的动物毛羽，破除传统过滤方式中沼液杂质难以清除的弊端，实现了易堵物质的全方位过滤。

②独家研发微生物菌剂：利用菌草汁作为培养基，通过营养调控、菌种调控、环境调控、生态位调控，充分利用不同菌种的生态位特性，研发出"混合微生物菌剂"。能在24h内快速转化粪污有机物形成沼液菌肥原液，比传统工程发酵效率提高1000倍以上。

③创新种养结合数据库：市场仅有的可根据作物不同生育时期的营养需求特性，精准施用沼液菌肥，提高肥料利用率。远程控制的人工智能控制核心具有液位计和压力传感器等配套设备配合智能沼液菌肥设备采用智能控制核心进行自动控制，对沼液氮磷钾、EC值和pH及气象站数据、管道内压力等信息进行实时监测，并反馈至配水电动调节阀和水泵等器件，从而对沼菌肥及压力等进行调配。同时通过监测土壤墒情，配合数据化模型，有利于计算优化水溶肥补足作物所需养分。

4. 获得荣誉

项目参加各级各类创新创业赛事，获得福建省第九届"互联网+"大学生创新创业大赛金奖、第九届中国国际"互联网+"大学生创新创业大赛铜奖、第十届"创青春"中国青年创新创业大赛铜奖等。

案例四 环保菌基团队

1. 团队简介

环保菌基团队依托福建农林大学设施农业科学与工程技术平台，于2016年筹备，2018年正式组建，团队致力于菌渣处理技术的研究。历时多年，团队取得突破性进展，国内首创"菌渣循环深加工"技术，将菌渣废弃物"变废为宝"，促进无土栽培与低碳循环农业的发展，全面推动乡村振兴发展，巩固脱贫攻坚成果。

团队成员知识结构涵盖生物工程、园艺、设施、金融、管理等多个领域。团队成员累计获得专利9项（其中3件为第一发明人），计算机软件著作权5项（3项自主研发，2项已授权），发表基质相关学术论文2篇（核心1篇）。项目导师林碧英教授从事蔬菜无土栽培技术研究与推广工作30多年，参与福建省国家重大蔬菜农技推广服务试点（首席专家）、省重大专项等科研项目 30 余项,拥有丰富科研与技术推广经验。

2. 项目简介

目前,国内 80% 蔬菜产业化育苗采用基质栽培,基质占据千亿级市场。大量基质使用导致供需严重失衡,仅满足需求量 15%,其余全部依靠进口外国基质,大部分基质市场被进口基质占据。传统基质原料多以泥炭等不可再生资源为主,其大量开采导致了我国生态环境严重破坏,国内已明确禁止利用此类不可再生资源,导致基质原料供应不足。在此基础上,面对需求量及进口量仍在逐年递增的市场环境,开发并推广绿色环保的新型基质刻不容缓。

项目产品环保菌基所用原料菌渣是解决这一难题的优良方案。根据有关菌渣转化数据,菌渣平均生产量是食用菌总产量的 5 倍,我国食用菌总产量已达 2938.78 万 t,估算因食用菌生产而带来的菌渣废弃物总量已超过 1 亿 t。传统菌渣转化率为 50%,我国转化为基质的菌渣约占国内菌渣总量的 42.9%。

食用菌菌渣,是指食用菌生产采收后遗留的包含菌丝体的培养料。菌渣内不仅富含有机物质和矿质元素,还含有食用菌菌体蛋白,次生代谢物和微量元素,具有良好的物理性状和化学性质,有较高的资源化利用价值。采用二次栽培利用技术,可以降低种菇成本,提高种菇产量;采用菌渣还田技术将其用作有机肥料,能够调节土壤肥力,防止出现水土流失、土质疏松等问题,调节土壤表面湿度和温度,增强土壤内部的透气性,起到保护农作物根系生长和改良土壤结构的作用;对菌渣进行基质化利用,与传统栽培基质相比,能提高农作物根际环境的稳定性,极大提高育苗成活率和品质,并能促进农作物的生长,增强抗病能力,同时减少农药的施用,且极大地提升产量和品质。菌渣的垫料化和饲料化利用也具有极大潜力。废弃食用菌菌渣资源化利用方式多样,将菌渣进行蔬菜基质化利用,可有效推动我国生态农业循环发展,将食用菌与蔬菜产业有机串联。

菌基,享有"未来基质"之称,是由食用菌菌渣经一系列处理并与其他传统基质原料等进行复方配比而成,高效继承菌渣所含有机物质和矿质元素,含量远高于传统基质,并具有良好的物理性状与营养供应能力。其原料来源广,抑菌能力强,缓冲能力好,有望成为新兴蔬菜设施无土栽培的首选基质,可极大减少农药使用量,有效克服设施蔬菜土壤盐碱化、土传病害等连作障碍问题,其高热值、强持水,富含有机质的特性能显著提高蔬菜单位面积产量、蔬菜品质和设施蔬菜生产效益,同时为食用菌菌渣资源化利用寻找新途径。

3. 创新点

①依托平台,分类腐熟:环保菌基团队依托福建农林大学园艺学院设施农业科学与工程实验室开展研究,立足设施农业,以主栽设施植物为载体,研究其外部环境设施和内部环境包括发育、激素等对其生长发育品质的影响及其调控作用。对 30 多种菌渣废弃物成分进行诊断检测,建立以海鲜菇、杏鲍菇为主体的菌渣诊断体系。分析不同菌渣废弃物与常用基质原料组合,运用电阻法、分光光度法、原子荧光法等技术对菌渣的理化性质、有害物含量、微生物(菌群等)种类及含量进行高效诊断,依据诊断报告将菌渣精准地分为草本类、木屑类及粪渣类。团队根据诊断后的分类结果并结合不同需求,针对性地配备独家腐熟工艺进行高效处理,根据分类结果设计相关参数(温度、湿度、含氧量等),创造适宜的发酵环境,借此来腐熟菌基原料。腐熟之后,大分子有机物在高效腐熟剂作用下分解,形成富含氮、磷、钾且易于植物吸收利用的物质,使菌基效果更佳,实现菌渣高效再利用,研发多项基质配方,推动在乡村进行产业转化落地与实践应用。

②技术入乡村，实惠助产：引新技术入乡村，促进菌渣转化，降低农户成本。菌渣转化率提升，增加食用菌农户收入。传统行业中，食用菌栽培种植后废弃菌渣利用程度低，多以堆放或用作牲畜饲料，使得该农业废弃物转化率极低，使用焚烧方式处理，造成环境破坏问题。环保菌基团队历时5年时间开发"四技术、六配方"体系（四技术：理化指标技术、诊断分离技术、三级发酵技术、指标检测技术；六配方：2个育苗配方，4个栽培配方），将废弃菌渣转化率由原本的50%提升至76.5%，腐熟天数缩短5~10d，收购废弃菌渣进行转化，增加食用菌农户菌渣废弃物利润，减少其废弃物处理成本。

③菌渣资源化利用，助力农业提质增效：充分利用菌渣废弃物，实现菌渣高效再利用，研发多项基质配方，填补基质市场空缺，提高蔬菜品质与产量，促进产品在实践应用与乡村产业转化落地，带动无土栽培种植与现代设施农业的发展。团队将不同的菌渣废弃物与常用基质原料组合，把菌渣与泥炭、椰糠、蛭石按不同的体积比复配，依据不同类别植物个性需求，配方试验，得出最佳配方。以环保菌基代替传统基质提升蔬菜产量和品质（使用后的产量和品质高于行业标准45%），大大节省蔬菜栽培成本（成本节省30%~50%）且有效提高专业化栽培水平，农民无需使用国外的菌基基质，解决农户种植本高的问题。

4. 获得荣誉

项目参加各级各类创新创业赛事，获得第六届中国国际"互联网+"大学生创新创业大赛铜奖、第八届中国国际"互联网+"大学生创新创业大赛铜奖、第六届福建省"互联网+"大学生创新创业大赛金奖、第八届福建省"互联网+"大学生创新创业大赛金奖、第十一届全国大学生电子商务"创新、创意及创业"挑战赛福建赛区选拔赛特等奖等。

案例五　点草成金团队

1. 团队简介

2021年，团队负责人易超在福建农林大学国家菌草工程技术研究中心副主任林冬梅老师的指导下，成立福建农林大学菌草创智社。团队主要成员由国家菌草中心青年科研人员与福建农林大学在校学生组成，其中博士生15人，硕士生26人，本科生39人，专业领域涉及生态学、微生物学、植物保护、园艺、环境安全与工程、企业管理、国际经济与贸易、产品设计、会计学等。团队推动高校科研成果转化，通过"科技平台+三下乡+科特派+人才培养"模式在多地开展科技志愿服务。团队成员长期驻扎在内蒙古、宁夏、新疆等地的菌草生态治理示范基地，实践经验丰富，定期前往福建省南平市顺昌县菌草科技小院服务农户，助力乡村振兴。目前，团队已发表论文35篇，拥有15项发明专利的使用权，荣获12项国家级和省级创新创业大赛奖项。

2. 项目简介

团队于2021年成立福建农林大学菌草创智社，项目创始人易超基于社团组建项目核心队伍、公益团队，历经3年时间，逐渐摸索出可持续发展的公益模式。团队传承"发展菌草业，造福全人类"的菌草精神，团队成员从最开始15人逐步扩大到包括菌草专业所有研究生在内的228人，吸引着成百上千被菌草精神所鼓励的青年学子投身菌草事业发展。团队拥有核心成员25人，在册成员208余人，带动近百名本科和硕士生自主学习菌草相关知识，协助学校增设"菌草学"专业，发扬菌草精神，传播菌草技术。

团队通过不断吸纳人才扩大科研团队，以求探索出使菌草技术更加易于操作的途径。团队成员上山下乡出海，助力技术帮扶，学习掌握菌草综合利用技术，在当地政府和企业的支持下，依托"草、菌、畜"三物循环生产体系，构建菌草循环产业，带动当地就业，协同推进生态脆弱地区的生态治理与产业振兴，实现"生态、经济、民生"的共赢。

福建省南平市顺昌县作为中国"食用菌之乡"，团队通过实地调研发现该县食用菌栽培历史悠久，闲置土地多样。2022年6月，顺昌县与福建农林大学国家菌草工程技术研究中心合作，着力发展特色产业。团队先后探究出菌草和蚕豆、马铃薯、春玉米等粮食作物套种新模式，让土地1年365天都能起作用。而种出的巨菌草作为培养基种菇，不仅透气、保湿，而且发酵自带热，更有利于菌菇生长。用菌草做饲草，育肥期大耳黄羊月增重可达4.2kg，羊群产生的沼液直排回田里，可成为菌草的肥料，形成种养循环模式，实现"草、菌、畜"三物循环生产。

近年来，团队持续在内蒙古、陕西、宁夏、甘肃、新疆等地，扎根生态治理与产业振兴前线。截至目前，团队核心公益服务区已覆盖南北方6省9市25个村，累计志愿时长近3万h。团队成员与指导教师定期前往卢旺达、斐济、巴布亚新几内亚等海外菌草示范基地开展技术帮扶，定期与国家林业和草原局等政府部门、清华大学等国内高校开展学习交流。团队荣获2022年全国文化科技卫生"三下乡"国家级优秀团队，受到人民网、央广网等多家主流媒体报道。团队积极响应国家"使菌草技术成为造福广大人民的幸福草"的号召，一心书写"发展菌草业，造福全人类"的新篇章。

3. 创新点

①团队参与了全球首个菌草种植资源库的构建，拥有125种菌草品种使用权。掌握多种菌草种苗快繁技术，其繁殖系数达1∶10000。

②团队熟悉掌握荒漠化、水土流失、盐碱地等多种菌草生态治理技术模式，已在16个生态脆弱区成功应用。其一体化解决方案可有效缩短25%～30%的治理周期，降低20%～50%的治理成本。

③团队将"科研、帮扶、助创"三大方位进行融合，充分发挥大学生科学研究、宣介推广、自主创业、技术服务的角色。

④团队以让农民一看就懂、一学就会、一做就成功为目标，发明菌草免灭菌栽培食药用菌等技术，简化操作，使其便于在农村以及非洲贫困地区推广。

⑤团队成员上山下乡出海，走进我国6省9市25个农村地区和卢旺达、中非、墨西哥、斐济等国家进行实地调研，因地制宜推广菌草产业发展模式。

⑥团队基于政府支持、企业合作、高校技术保障，形成一套致力于生态治理与产业振兴的发展模式。通过理论宣传、实地培训、技术指导结合新媒体传播，将农户的实际需求和地方发展相结合，积极宣传和推广菌草技术。

4. 获得荣誉

项目参加各级各类创新创业赛事，获得第九届中国国际大学生创新创业大赛青年红色筑梦之旅赛道银奖、"创青春"中航工业全国大学生创业大赛公益创业赛银奖、第四届两岸大学生公益社团活动策划大赛一等奖、第三届中国青年志愿服务项目大赛银奖、第八届中国创新创业大赛沙产业大赛成长企业组三等奖、第二届南京大学"励行杯"全球校友创新创业比赛三等奖、第九届"挑战杯"福建省大学生创业大赛公益创业赛金奖等。

案例六 智创新乡团队

1. 团队简介

团队负责人柳书常于 2017 年创立了福建省九里规划设计院有限公司，是一家集规划设计管理、专业设计服务、园林景观设计和乡村规划设计于一体的综合机构。公司成立以来，在全国各地承接了数量众多的规划设计项目和工程设计项目，许多作品已建成并投入使用，受到业主的广泛好评。公司持有福州市园林中心颁发的风景园林工程设计专项乙级资质。公司注重人才队伍培养和梯队建设，现拥有员工 20 余人，其中注册城乡规划师 2 人、二级注册建筑师 1 人，具备中高级技术职称的专业技术人员 14 人，博士 2 人，硕士 7 人，本科 10 余人，已初步形成副教授和高级专业技术带头人领衔、专业齐备、结构合理的人才梯队。公司成立以来累计完成各类规划编制、风景园林及亮化照明等设计项目。并在空间规划、乡村振兴规划、乡村建筑、环境治理等工程设计领域形成了较好的技术优势，赢得了良好的市场口碑。

2. 项目简介

公司主营业务包括规划、景观两大核心板块。规划服务板块包含：国土空间规划、村庄规划、乡村振兴规划、专项规划、经信类规划、农业园规划等；景观服务板块包括：校园景观、乡村人居环境整治、农业园及文化景观设计等。忠实服务于乡村振兴战略的美丽乡村建设，利用全国首创的规划方法和自主研发的引擎技术，以政府、企事业单位为客户对象，进行数字乡村建设规划和整治规划，主营业务为城乡规划和环境工程设计、村庄整治、乡村振兴规划、工业园及产业园规划、幸福家园规划及各类专项规划等。应用自主研发的引擎技术融合模块化规划方法，结合三维点云循环扫描系统、Real Sens 曲避障技术、ArcGIS 平台、空间规划系统和大规模城市真三维模型系统等技术，进行精准度高、定制性强的智慧规划，减少约 73% 数据导入时间、减少效果图渲染时间至 40min/张，节约 66.6% 数据整理时间，规划成本低于均价 10%~15%，缩短规划时长 6 个月。

自公司成立以来，团队规划村庄遍及福建省内 53 个县（区），省外 7 个省份；共规划 87 个项目，其中 74 个已验收。目前已与国家林业和草原局集体林业改革发展研究中心、中国城市规划协会、中国社会科学院农村发展研究所、福建省村镇建设发展中心、海峡两岸乡村振兴研究院等 20 余个单位达成战略合作关系。以招投标、展会、项目委托为主要获客方式，入驻行采家、百度爱采购等 15 个采购平台，实现多渠道获客。

3. 创新点

① "蜂巢模式"无人机进行立体勘测：前期实地考察原有人工的基础上，增加以"蜂巢模式"无人机进行立体勘测，360 度全方位高清晰度高效采集信息，精准确认地物信息，准确获取其坐标位置。其中对于"蜂巢模式"的灵感来源于蜂巢结构，蜂巢是稳固的结构，是由一个个正六角形单房对称排列组合而成的建筑物，具有结构最稳固、密度最高、所需材料最简、可使用空间最大的特点，团队成员依据其特点，旨在打造全新美丽乡村规划输入与输出模式，发挥 ArcGIS 的创新能力，运用"空中蜜蜂"无人机高空视野，集合蜂巢特点，为乡村未来发展描绘新式蓝图，打造美丽乡村规划共同体。此外，"蜂巢模式"无人机结合三维点云循环扫描系统，按照当地乡村规划的实际，精准采集统计多方位数据，充分了解当地的基本信息和相关需要管理整治的数据内容，有效解决了传统规划中盲目性大的问题，从而推动农村建设规划更加科学有序。

②一种实时数据的处理及导入规划数据库的方法：经过前期的调研，由于无人机与人工考察拍摄所收集规划所需原始数据较为庞大，并且实时数据导入较为困难，团队成员着手研究并提出一种实时数据的处理及导入规划数据库的方法——实时数据节点的数据价值存在相似性，从分析感知数据的时空相似性入手，确定数据价值较高的感知节点即数据关键节点在应用的误差范围内，采集的实时数据可以近似表示全部网络感知节点采集的数据，无人机以数据关键节点为数据采集的核心目标，显著提升数据收集的能效比，有效提高了海量数据的导入效率，解决了导入重复性工作量大、浪费资源、反复收集数据占用内存大等问题。

基于此创新性技术，团队将采集的各类数据信息统一整合到 ArcGIS 平台，把地理空间信息和非地理空间信息完美整合，实现数据管理、场景构建、空间分析三位一体。让线上系统多平台客户端展示取代效果图，解决以往图纸不清晰的问题，从而根据已有信息，深度挖掘农村当地特色，充分利用资源，发挥当地优势，结合村庄特色，更高效率解决"千村一面"的问题。

③在后期规划工作中，有机结合 ArcGIS、Lumion、PTgui、SketchUp、D5 等技术进行规划和优化修整：使用 ArcGIS 和 Lumion 双轨并行实时可视化查看，通过系统自动形成 3D 参数模型，由此实现静态到动态、粗略到详细、广域到细微。各种软件的交互使用，合理扩大了系统承载量，提高了信息数据整合效率，更高效地完成信息数据合理预估，再进一步结合田园综合体和特色小镇带动乡村振兴。同时在规划中还通过使用 BIM 模型结合 VR 技术将可视化完美呈现，最大程度地优化功能和结构设计，减少后期施工建设时的返工并实现施工环节可追溯，为工程节约大量资金和人力成本。实现美丽乡村建设成本节约最大化、规划科学化、设计更贴合实际化、服务更精准化。以科学的设计充分利用资源并减少资源的消耗，优化结构设计，减少乡村土地资源的浪费，推动土地附加价值的提升，合理规划农村用地建设。

每个村庄都有属于其自己的特色、底蕴，所以团队始终坚持"以人为本，打造乡村特色"的原则，在对每一个项目村实地勘测的同时，会通过走访、拍摄等形式收集村民意见，参观村民以往的老旧房屋，下乡进行深度调研改造，在举办村庄规划征求意见会上倾听村民村干部各方建议，希望能最大限度参照人民的意愿规划村庄，从实际出发，反复落实，能把村庄的历史文化底蕴传承下去。

4. 获得荣誉

项目参加各级各类创新创业赛事，获得第八届福建省"互联网+"大学生创新创业大赛银奖、第九届"创青春"中国青年创新创业大赛优秀奖、第九届"创青春"中国青年创新创业大赛（社会企业成长组）二等奖、第九届"创青春"中国青年创新创业大赛（数字经济成长组）优秀奖、2022 年产业融合发展——新工科创新大赛（全国移动互联创新大赛）二等奖、第九届海峡两岸暨港澳大学生创新创业成果展一等奖、第八届全国大学生生命科学竞赛（创新创业类）三等奖、第九届中国国际大学生创新大赛银奖、第十届"创青春"中国青年创新创业大赛（社会企业成长组）优秀奖等。

案例七 "小菌菇，大产业"团队

1. 团队简介

"小菌菇，大产业"团队即福州嘉澍生物科技有限公司（以下简称"嘉澍生物"），创建于 2020 年 9 月，技术指导单位有福建农林大学（古田）菌业研究院、福建农林大学生命科学学院等。主要技术包含食用菌优质新菌种、食用菌深加工技术、菌草种植等。

嘉澍生物秉承"集中优势，重大突破，科技引领，面向产业"的宗旨不断克服食用菌技术瓶颈。现集成或收集优势野生种质资源100余份，自主选育金福菇"JSJF01"品种，申请各类专利10项，拥有版权2项，商标7个。

公司定位：一家专注于微生物菌种研发与产业化应用的创新型企业。

经营范围：食用菌技术开发与服务、技术咨询、技术交流、技术转让、技术推广、发酵过程优化技术研发；食用菌种植、农产品的生产、销售等。

主要业务：食用菌菌种销售、技术服务、科技成果转化、项目辅导、产品销售等。

企业文化精髓：创新驱动、科学管理。

企业使命：专注微生物种质资源挖掘，努力选育好一朵菇，为食用菌产业快速发展提供新动能。

企业文化核心：树立"诚实守信"的价值观、坚持创新发展、以团队合作为基石、以客户满意为导向、追求卓越品质。

企业精髓：团结、合作、专注品质、创新发展。秉承"绿色、有机、健康"的发展理念，坚持致力于提升食用菌生产相关技术及产品，不断探索品种改良和新的培育技术，以满足市场的需求。

2. 项目简介

项目主要涵盖生物育种和产业化应用。目前嘉澍生物已完成种质资源库工作的1/3，总共有150余株，包含3株金针菇新菌株，分别为金黄色、茶褐色和纯白色，现已进入中试阶段；另外，项目主要涉及新品种栽培技术研究和技术应用转化，涵盖海鲜菇、金针菇、银耳、平菇、茶树菇、灵芝等。此外随着发展需求，公司先后在福建和甘肃分别建设了小型食用菌生产基地和菌草种植基地。

3. 创新点

①建立自主菌株资源库：种业是农业生产的根本所在，由于众多工厂化生产优势菌种大多产自国外，所以嘉澍生物作为新时代背景下一所产学研背景孕育而生的创新型企业，立志要做好中国蘑菇"芯"，在发展过程中将菌种选育作为战略目标，逐年加大投入，目前已初步选育出金福菇、金针菇等部分优质菌种，预计在2026年建库完成，这将加快后期生物育种工作进程。

②建立使用生产管理监测系统：嘉澍生物致力于食用菌智能设施设备软硬件研发，首次将Transform神经网络使用在菌菇特征提取上，并将相关菌菇异常判断技术迭代学习500次，构建出独有的一套判断体系及标准。通过Swin Transform识别得到菌菇分类，再通过与数据库的联动，将图像分类模型嵌入到应用中，使其能够实时对上传图像进行分类，同时，将图像特征、异常处理方案储存在数据库中，实现快速准确特征判断及异常提醒。

③建立自主品牌：目前公司在品牌方面主要布局了食用菌干货、鲜货以及正在研发的菌菇饮料，主要包含蘑力康、益点菇、君颜悦润，在版权方面有蘑力吖等。

4. 获得荣誉

项目参加各级各类创新创业赛事，获得第八届中国国际"互联网+"大学生创新创业大赛全国总决赛铜奖、第十三届"挑战杯"中国大学生创业计划竞赛全国总决赛银奖、"植根榕城"福州市优秀创业项目资助二等奖、第五届"中国创翼"创业创新大赛甘肃省选拔赛三等奖、第七届"创青春"福建省青年创新创业大赛二等奖等。

案例八 乐龄学堂团队

1. 团队简介

乐龄学堂项目核心团队由福建农林大学师生组成,包含法学、公共事业管理、木材料学与工程、风景园林、植物保护等多学科、本硕博多层次人才,以及闽台专家顾问团队。

在核心团队基础上,设立乐龄学堂项目专委会,其最高决策机构为理事会,监事会是专委会专职监督机构,顾问团为专委会提供学术和实践的理论支持,其余各部门是专委会的日常执行机构。三者围绕"决策、执行、监督"三权分设的制衡机制,共同防范风险,通过制度建设,促进乐龄学堂团队专业透明的稳健发展。

项目以乐龄学堂核心团队作为内部支撑,以57支乐龄老年志愿者队伍和8支乐龄青年志愿者队伍作为志愿者支撑体系,与福建农林大学公共管理与法学院、福建省全民终身教育促进会、福州市福悦社会工作发展中心合作,共同保障项目可持续性发展。

2. 项目简介

乐龄学堂项目基于"以终身学习促进健康养老服务"的理念,将台湾乐龄养老经验和闽地养老特色相结合,创新出一种"以共学为主、共餐与共伴为辅"的乐龄"三共"新型养老服务模式。在让老年人通过学习新知识、获得新技能、培育新理念的方式,改善身心和精神状态,与新时代接轨的同时,搭建了老年志愿服务平台,培育老年志愿者教师并提供授课机会,让老年人在授课中获得自我认可、实现自我价值,满足其社交、尊重与价值实现的需求;同时本项目坚持以党建引领整合社会资源,引入在地党员干部力量与大学生公益力量,实现代际双向沟通交流。

不仅如此,乐龄学堂项目历经三代成员实践,总结海峡两岸经验模式,探索出以终身学习促进健康养老之路。从初代的福建省第一所乡村乐龄学堂落地古田金翼,在实践中积累金翼经验,到二代乐龄受到沙县政府出台政策全域推广,创造出"乡镇养老服务中心+农村幸福院+乡村乐龄学堂",为农村居家教育养老服务提供沙县新经验。至今,三代乐龄走入社区调研,挖掘福州市城中村现状存在的问题,创新"1+1+N"乐龄学习中心模式,在"乐龄学堂"和"长者食堂"的基础上,以"近邻党建"思想为指导,开展"书记一盏茶"等特色化服务。社区乐龄学习中心运用"五社"联动机制,整合海峡两岸资源,聚集两岸人才的"新智慧",探索出全新的社区养老模式。

团队以"共学、共餐、共伴"的乐龄"三共"模式作为服务内容,与当地政府、社区、福悦社工合作,在社区书记等基层党组织力量的支持下服务乐龄学堂。

共学方面,团队结合已出版的两本老年教学教材以及自主研发的老年益智玩具,开设"基础公共课""进阶专业课""兴趣特色课"三大类老年教学课程,内容涵盖识文写字、普通话教学、普法反诈、心理疏导、智能手机应用、膳食营养等内容,贴合"新时代"老年人发展型多元需求。

共餐方面,每周课后学堂会组织老人共同进餐,举行"一月一庆生"活动,同时每逢佳节会组织庆日聚餐。共伴方面,学堂实行"一课一陪伴""一季一游学""一年一春晚""一年一表彰"的制度,同时项目引入高校、基层党组织、社工机构等社会公益力量组建乐龄青年志愿者队伍,开展多元特色养老服务活动。

此外，团队深挖服务对象需求，基于社区长者食堂，根据各城中村社区特色，打造"1+1+N"乐龄学习中心模式，与社区基层党组织联合开展了"书记一盏茶""邻家茶馆"等活动，极大促进了老年人相互帮助、学习理解与尊重，解决了随迁老年人生活不适应等疑难杂症，为社区居民特别是随迁老人排忧解难提供了有效途径，更好地实现了"近邻党建"的功能。

团队自 2021 年 3 月起与社区对接，开展大学生进社区志愿服务活动，平均 1 月 1 次，共计开展 20 余次。目前，参与团队的志愿者总数达 80 人，拥有 3 位指导老师，平均每次活动由 1 位指导老师带队，10 余人参与。团队特色乐龄老年课程开办 7000 余节，直接受益老人超 35000 人，引导高校师生参与公益养老服务 6500 余人。活动开展地连辉社区乐龄学习中心被授予"闽台第一家园"称号，基于学堂开展的闽台交流互访达 2000 余人次。

3. 创新点

（1）社区居家养老，在地整合资源　项目首创"以共学为主、共餐与共伴为辅"的"三共"模式和"乐龄学堂+长者食堂+特色化服务"的"1+1+N"乐龄学习中心模式，以学促养，满足老人生理、心理等多方位需求。同时运营成本低，养老模式固定，政策助力推广，可持续性强。助力社区居家养老，推动城乡融合发展。

（2）闽台融合探索养老新路径　项目对接台湾养老理念，借鉴台湾"乐龄经验"孵化项目。联合闽台师资力量，设计老年特色课程，契合农村老人与乡风文明建设需求。同时与台湾高校、民间组织合作，引入台湾专家、实务者为地方学堂授课、培训乐龄青年、老年志愿者队伍，两岸携手共建第一家园。

（3）开展双向教育，激发老人服务心　学堂开展的乐龄老年课程不仅满足新时代老人"发展型需求"，而且按照城乡文化水平分类开课，同时围绕贡献意识、服务技能等方面授课，提供老年志愿服务平台，实现学习转化的双向教育。乐龄学习中心通过"乐龄自主学习团体"带领人课程，挖掘社区的长者骨干力量，鼓励长者才能展现，通过精细、系统、专业的系统培训，培育社区里有一技之长的老人当乐龄老师，为老年人互帮互助、共同学习发展提供平台，增强了社区老年人的凝聚力，实现社区服务精细化，为温暖社区奠定和谐基础。

（4）五社联动，政社校企共建　引入高校公益力量。项目发挥社区、社会组织、社工、社会资源及社区自治组织"五社"联动作用，引入高校师生公益服务队伍和党员先锋队，为学堂活动开展提供坚实保障。

4. 获得荣誉

项目参加各级各类创新创业赛事，获得 2021 年全国"终身学习品牌项目"、第十三届"挑战杯"中国大学生创业计划竞赛铜奖、第十二届"挑战杯"福建省大学生创业计划竞赛金奖、第十二届"挑战杯"福建省大学生创业计划竞赛优秀台湾创业青年项目、2020 年福建省终身教育服务中心"终身学习品牌项目"、福建省首届"善行八闽—海峡公益慈善项目大赛"最佳服务项目奖、2021 年福建省志愿服务大赛二等奖等。

案例九　蔗乡有礼团队

1. 团队简介

自中国蔗糖产业奠基人周可涌教授 1956 年主持福建省甘蔗研究所以来，福建农林大学几代甘蔗科研工作者已经走过了 70 余年的峥嵘岁月。福建农林大学"蔗乡有礼"创新创业团队也在此时应运而生，成员由本硕博三级人才网构成，涉及农学、植物保护、经济管理、乡村振兴等多个优势专业，项目指导老师由国家甘蔗工程技术研究中心专家教授担任，包括福建省高层次人才王锦达副研究员，国家甘蔗产业体系岗位科学家邓祖湖研究员，国家糖料产业技术体系岗位科学家高三基研究员在内的多位专家为团队提供指导帮助。国家领导人在福建工作时考察甘蔗所提出了"希望你们占领甘蔗科研领域的全国制高点"的殷切期望，"蔗乡有礼"创新创业团队牢记嘱托，秉承三代农学人的科研报国初心，以国家糖料产业技术体系、甘蔗科技小院为依托，5年来培育甘蔗新品种6个，发表国际高水平论文22篇，35人次获得国家奖学金等各类荣誉。同时坚持"把论文写在大地上"，常年在甘蔗生产一线进行科技创新和社会实践，5年内走过6省24县的蔗区，进行科技对接100余次，助力蔗区人民年均增收3000元。团队相关先进事迹受到了人民日报、学习强国、中青网、东南网等多家媒体的报道。

2. 项目简介

我国目前食糖自给率约为68%，是全球最大的食糖进口国之一，每年需要从国外进口食糖达500万t，蔗糖约占我国食糖总产量的90%，保障食糖供给安全已经成为国家战略。2000—2001年，福建省省长多次莅临福建农林大学调研国家甘蔗重大项目研究进展，提出"希望你们占领甘蔗科研领域全国制高点"的殷切嘱托。团队重点聚焦甘蔗育种、轻简栽培、病虫防控等重大科研问题，依托我国糖料研究领域唯一国家级科研平台——国家甘蔗工程技术研究中心，5年来培育甘蔗新品种6个，授权国家专利8项，发表国际高水平论文22篇，同时坚持"把论文写在大地上"，常年在甘蔗生产一线进行科技创新和社会实践，5年内走过6省24县的蔗区，除了在福建松溪建立甘蔗科技小院和在福建将乐建立专家工作站对接当地蔗农，还在广西、云南、广东、浙江、海南等省区进行科技对接100余次，真正将学术成果落实在祖国大地上，助力蔗区人民年均增收3000元，并减少化肥农药使用，实现人民富，产业强，生态兴的全方位发展。

本项目重点围绕科技，农业，生态等方面的需求，结合农林类高校大学生团队的优势，助力乡村振兴的同时也促进大学生开展创新创业。通过校地结合的方式实现项目长期对接，发挥甘蔗产业辐射带动作用，实现经济价值和社会价值的融合，助力农业农村现代化建设，聚焦"新农科、新农村、新农业、新农民、新生态"建设。

3. 创新点

我国甘蔗生产的发展状况总体表现为生产技术落后，单产及总产较低，高效栽培推广面积小，病虫害多发。团队提出了对应的解决方案，通过品种培育，轻简栽培，绿色防治来解决甘蔗产业发展难题。

（1）科技创新育好种　甘蔗是一种遗传背景高度复杂的多倍体作物，其狭窄的遗传背景限制导致甘蔗育种在产量、糖分和抗性等方面一直难有较大突破。团队首先进行甘蔗种质资源筛选与创新。以松溪百年蔗为例，百年蔗是我国现存最古老的甘蔗，是极其珍贵的甘蔗种质资源，团队重点筛选挖掘与强宿根、强抗逆相关联的染色体区段和基因簇，解析其传递规律。筛选多糖、多酚、类黄酮等功能物质含量高的特异种质资源，为开发高附加值的功能性产品和开发药物服务。另外进行优异甘蔗新品种选育。开展甘蔗亲本组合评价与筛选，培育突破性的高产高糖、早熟、强宿根、强抗逆、适合机械化作业的甘蔗新品种，并从基因组学、基因和基因网络等多个层面揭示重大品种、骨干亲本的形成规律，在全基因组选择、基因编辑、表型组学等育种新技术取得突破，提高甘蔗生物育种效率。

（2）轻简栽培种好蔗　进行农机与农艺融合关键技术研究。发掘甘蔗高效间套作栽培模式，开展在甘蔗机收条件下的高效种植模式研究，主要通过研究各种间套种模式，如甘蔗与花生、西瓜、南瓜、辣椒等作物间套，实现大幅提高甘蔗的种植效益。并研究开展甘蔗根系与土壤微生物的互作，解析甘蔗长期连作对甘蔗产量、品质和抗性的影响机制，筛选出有益土壤微生物，研制甘蔗专用的微生物菌剂和微生物肥。团队同时依托信息化手段，对田间进行智能化管理，推进甘蔗生产现代化。

（3）绿色防控促丰收　团队重点研究灾害性甘蔗病虫害的精准监测和预警关键技术。以我国蔗区甘蔗主要病虫害为研究对象，建立标准化的分子快速检测和监测技术体系，对甘蔗病虫害的发生动态实施精准监测预警，并建立甘蔗病虫抗药性的筛选及鉴定技术体系，开展耐药性监测，为甘蔗主要病虫害的科学精准防控提供理论依据和技术支撑。同时进行甘蔗病虫害绿色防控新产品的研发，从甘蔗植株或根际土壤中分离和筛选生防菌，提取抗菌活性物质，解析其抗性作用机制，寻找甘蔗病虫害防控新技术、新方法和新产品，结合农业防治、物理防治、生态调控等防控技术，多维度构建甘蔗病虫害绿色防控技术体系。团队从植物免疫信号通路入手，研究甘蔗与病原菌、螟虫、草地贪夜蛾互作的分子机制，解析甘蔗抗病反应的信号转导途径和网络调控机制，为病虫害防控和抗病育种提供技术支撑。

4. 获得荣誉

项目参加各级各类创新创业赛事，获得第八届中国国际"互联网+"大学生创新创业大赛银奖、第十届"创青春"中国青年创新创业大赛铜奖、全国大学生志愿者暑期文化科技卫生"三下乡"社会实践活动优秀团队、2022年全国大学生生命科学竞赛创新二等奖、2023年全国大学生生命科学竞赛创业二等奖、第八届中国（杭州）大学生创新创业大赛三等奖、第八届福建省"互联网+"大学生创新创业大赛金奖、第十六届"挑战杯"福建省大学生课外学术科技作品竞赛二等奖、第八届福建省"互联网+"大学生创新创业大赛十佳人气奖等。

第二节　毕业生创业案例

案例一　青年勇担科技兴农使命，创新赋能饲草产业发展
——中国农业大学王学凯创业事迹

王学凯，男，汉族，1993年10月生，河南焦作人，中共党员，中国农业大学兴农青年学者，现任北京中青益草科技有限公司法人、董事。

王学凯于2016—2021年先后在中国农业大学动物科学技术学院、草业科学与技术学院学习，曾任草学硕士党支部支部书记，曾获优秀党员、博士一等学业奖学金等荣誉奖励。2020年攻读博士研究生期间，王学凯与校友徐晶晶一同发起中青益草创新创业团队，在饲草加工课题组杨富裕教授等专家的指导与支持下，组织草学、畜牧学、管理学等多学科优秀青年学子投身饲草产业科技创新成果推广工作。在王学凯带领下，团队成员奔走在科技扶贫第一线、历练于创新创业赛场上，经过半年多的筹备，北京中青益草科技有限公司应运而生。截至2021年生产季结束时，公司业务已覆盖天津、河北、河南、内蒙古、山西、甘肃、江西、广

西、四川、贵州、辽宁、吉林等 10 余个省市地区，团队创制的主打产品"益青"系列菌剂也于 2021 年 10 月成功入选全国大众创业万众创新活动周与国家"十三五"科技创新成就展。

为国家做好小草里的大文章

对出生于中原小城双职工家庭的王学凯而言，2012 年高考后报考农业领域的草业科学专业绝对称得上进入了一个冷门行业。那时他对草业的全部印象，建立在初中时从新闻上看到的三聚氰胺事件相关报道之上：原来奶牛吃的是秸秆，没有好的饲草就没有好品质的牛奶，这让他产生了解草业的兴趣。随着本科阶段专业课学习的不断深入，他越来越觉得草业有价值、有意义、有意思。2015 年中央一号文件《中共中央 国务院关于加大改革创新力度加快农业现代化建设的若干意见》提出深入推进农业结构调整、支持青贮饲草料种植等指导意见，让他感到十分振奋。本科即将毕业时，他便报考了中国农业大学，攻读硕士、博士学位期间师从杨富裕教授在新型饲草料资源开发与青贮发酵机制方向开展研究，通过科研的方式深耕这个行业。

"十二五"以来，国家相继实施草原生态保护补助奖励、粮改饲、振兴奶业苜蓿发展行动等政策措施，草食畜牧业集约化高质量发展步伐加快，优质饲草产品需求快速增加。王学凯明白基础研究是产业创新的源头。2016 年入学以来，他便在导师的指导与师兄师姐们的帮助下，努力学习专业知识、积极参加调研考察，不断丰富对专业的认识。在青贮饲草料加工领域，青贮微生物与加工技术是整个工艺流程的关键所在，王学凯便在此研究方向勤奋钻研。在校期间，他主要主持 2 项、参与 6 项与青贮饲料发酵专用菌株优选与应用相关的项目，先后发表科技论文 7 篇，主导研发专利 2 项，受邀在国际会议做报告 1 次，参与《构树青贮技术规程》等 10 项标准编制工作。通过深入研究，扩充、更新了团队的青贮微生物动态菌株库，验证了多株功能型微生物在青贮饲料中的应用效果，丰富了青贮饲料品质资源数据库。他开始觉得，草业这个事情是值得干一辈子的大事，学院的院训"小草大业"，仿佛未来的道路已经明了。

在科研路上以自研菌剂投身创新创业

饲草产业的健康发展不仅需要新技术的支持，更需要形成良好的应用模式，才能具有足够的影响力。青贮技术通过微生物厌氧发酵的方式保持饲草鲜嫩多汁，解决了农牧区饲草生产和使用的时空矛盾。让家畜一年四季可以吃上青绿饲草料，保证动物每天营养均衡，可以达到提高生产性能、提升肉奶等产品品质的效果。此外，青贮技术还能使构树、桑树等木本饲料，秸秆、甘蔗尾叶等农业副产物，果树、生态林平茬枝条等成为饲草料，通过微生物发酵提高适口性与发酵品质，释放功能性成分，提高营养成分的保存率与吸收利用率，达到扩充饲草料资源来源的目的。推广青贮技术，调制出更多优质安全的青贮饲料，成为王学凯践行"把论文写在祖国大地上"号召的方向。投身于优质饲草产品加工技术推广后，王学凯的产业考察足迹遍布国内饲草料主要产区，深入广西、贵州、青海、云南、西藏等地饲草料生产一线参与指导青贮饲料加工技术。

在青贮技术推广过程中王学凯了解到，我国青贮饲料生产过程中青贮发酵菌剂普及率较低，尤其中小型生产单位要么完全不用青贮发酵剂，或是使用"三无"产品。这也就意味着近半数青贮饲料品质安全没有保障，可能造成青贮饲料在贮藏过程中滋生腐败微生物，导致饲草料腐败、霉变、发热从而增加营养成分损失，甚至在采食后危害家畜健康。同时，由于我国饲草产业起步较晚，国内青贮菌剂规模化市场基本完全被国外品牌产品主导，其核心微生物对外国当地主要饲草品类和发酵条件的适配性较好，但并不完全适合我国多元化的饲草供给体系与生产环境，造成应用成本高、发酵效果良莠不齐等一系列问题。

为中国饲草量身定制的青贮专用微生物并非没有，只是还待在实验室和论文里，尚未投入市场。在课题组团队近20年的研究中，王学凯以及师兄师姐们的成果里，他亲眼见到了许多效果绝佳的青贮专用微生物。为了突破国内青贮菌剂市场被海外垄断的现象，王学凯在课题组老师、同仁的支持下牵头组建了中青益草创新创业团队，带领团队成员先后创制了"益青1号木本饲料专用青贮发酵剂""益青2号豆科饲草专用青贮发酵剂""益青3号禾本饲草专用青贮发酵剂"等产品。在学校科技成果转化政策的扶持下，核心菌株与应用技术免费授权给学生创新创业团队进行应用转化与示范推广。中试产品经过2019年的示范推广与配方优化，获得了应用单位的一致好评。

以科技兴农共谋乡村振兴

中青益草创新创业团队2012年底成功注册北京中青益草科技有限公司后，团队以青贮微生物发酵剂研发销售为切入点进入饲草产业，同时提供青贮全产业链菜单式标准化生产技术服务。

创业总是带着美好的设想与宏大的志愿，真正进入市场后才会迎接社会的第一课。按《"十四五"全国饲草产业发展规划》，要确保牛羊肉和奶源自给率的目标，我国对优质饲草的需求总量将超过1.2亿t，尚有近5000万t的缺口。在巨大的需求之下，王学凯和团队成员信心满满地认为物美价廉的产品肯定是不愁销路，但市场迎头便浇来一盆凉水。农牧民对应用菌剂的长效收益认识不足、"三无产品"低价营销、企业客户对外国货的"迷信"以及改用新产品与新产品可能存在的风险，即使有赛事奖励、高校科研成果背书，产品推广过程中种种问题使得初期进展缓慢、困难重重。加之产品投产不及时错过初期生产季、运营管理与专业技术人员结构失调等内因，前几个月的路走得格外不顺。王学凯带领团队成员即时汇总问题咨询学校、园区创业导师，协调代工渠道、扩宽宣传途径、改进客户教育方案，组织团队骨干参加一系列管理技术学习、招募饲草领域资深经理人开拓市场资源。同时按照客户特征与规模差异，及时调整推广策略，开展买赠折扣、意向订单试用、附赠技术培训等活动，市场反馈渐渐好转，公司初创的下半年逐步实现盈利。

转眼已经创业好几年，成长后的王学凯与中青益草团队深知农业领域研究与推广一样，从来都不会是一蹴而就的。正如公司"中国青年，为中国草"的理念一般，他们希望能为我国草食畜牧业高质量发展作出更多的贡献，也希望有更多优秀的青年力量一道同行，接过草业创新发展的接力棒、肩负起科技兴农的使命担当，在服务乡村振兴的道路上脚踏实地、笃行致远。

案例二　小小创业种子，大大创业梦想
——记福建东讯网络科技有限公司总经理黄森坤

黄森坤，1999年从漳州漳浦一中考入福建农林大学资源与环境学院，在校期间任福建农林大学学生会主席，福建省学生联合会副主席，读书期间年年获得奖学金。

对黄森坤来讲，2007年绝对是难以忘怀的年份——这一年年底，他所执掌的福建东讯网络科技有限公司被中国中小企业协会评为"最具投资价值企业"，同时他本人也被由中央电视台经济频道、中国光彩事业促进会、中国中小企业协会共同组成的评审委员会评为2007年

"中国十大成长之星"。

校内·创业种子·播种

家境的贫寒，大一的黄森坤除了认真完成每门功课外，彼时他想得最多的就是如何利用课余时间去打工挣钱，以减轻家庭负担。开始，他和很多大一的学生一样，尝试去做家教，可是，他很快发现，家教这份工作并不适合他——他对小孩没有太多的耐心，且家教也无法充分发挥他善于销售策划的优势。于是，他开始把目光转向其他领域。

21世纪来临，经济的快速发展，老百姓的生活有了明显的改善。大城市的中国人开始讲究生活的品质，旅游成了老百姓假日生活的最好选择。大学校园也不例外，家庭条件好的大学生们，也都利用周末、节假日去旅游。黄森坤凭借他敏锐的市场嗅觉第一时间发现了这一商机。

福建农林大学地处福州西郊，紧依闽江，周边的旅游资源十分丰富。黄森坤利用了几个周末的时间，深入考察学校周边的景区，终于发现离学校20多千米的闽侯县白沙镇境内的大穆溪漂流项目非常适合开展学生旅游。于是，黄森坤便主动上门向大穆溪漂流公司介绍了联合开发榕城学生漂流市场的发展规划。在黄森坤的系统、成熟和富有创新的规划面前，景区的负责人当场便同意把整个榕城的学生市场全权委托黄森坤开发经营。于是，在福州的各大校园内开始出现了"情侣漂""冒险漂""全家漂"等各式各样的适合不同群体的漂流套餐，整个漂流市场不断红火，并且迅速从校园走向社会，这一切让黄森坤成了一位知名的校园市场开发总代理，之后一系列如"移动动感地带卡的校园代理""手机专卖合作""MP3专卖合作""电脑专卖合作"等各种各样的校园市场合作项目接踵而来，黄森坤成了名副其实的校园市场知名开发和经销人。在欣喜于自己的成功的同时，他赚到了人生中的第一个一万元、两万元……

有志者事竟成，黄森坤最成功的一个市场开拓莫过于通过策划一场海峡两岸足球棋联赛把一项新式的棋类运动引入校园。他将一种新事物——足球棋，既快又好地引入到各个高校中，引起了轰动性的效应，而海峡两岸的"融合东风"更是将它推入一个全新的高潮。借助本次赛事的影响力和相关媒体的大量报道，足球棋这一运动很快便走进了福建省的各个高校，黄森坤也因此获得了"足球棋发明人"称号。大学时期的经商实践如同一粒优质的创业种子，已经深深地埋在了黄森坤的心中。当黄森坤离开校园，来到社会这片广袤的沃土时，这粒种子能不发芽成长吗？

校外·创业种子·发芽

2003年7月，黄森坤大学毕业，他放弃了当公务员和留校的机会，选择到一家在业内很有名气的企业工作。其间他遇见了两个同毕业于武汉理工大学的湖北人杨威和杨柳。

2004年3月，福建东讯网络科技有限公司成立。这家是业务主打无线增值，以现代信息技术、通信技术应用为发展方向，集技术开发，运营于一身的综合性高科技企业。像大部分公司创业初期一样，公司创业初期面临着资金、人员、项目等尤其面临整个行业规范性经营的整顿阶段。当时公司创业金只有四处借来的50万元，为了使公司"活"下去，他们调整经营策略，立足现实，制定了短期的经营战略。在人员紧缺的情况下，他身兼数职，来节省成本，渡过难关。

就这样，他们坚持自信、奋勇拼搏、不怕吃苦，凭借团队的力量，创新学习，不断壮大自己，并突破了行业的发展困境。面对不断倒闭或转行的同行企业，他们依然执着于自己的计划、自己的梦想。也许是老天爷也被这三个年轻人的创业精神感动了，黄森坤的公司半年就实现了盈利，第一年的营业额就突破了百万元。

团队·创业种子·成长

黄森坤很爱说的一句话是："不是没有好的项目，而是苦于没有好的团队。"人们都说"80后"这群人以自我为核心，他们的价值体系是围绕"我"建立起来的，可黄森坤总和人说他的团队、他们三个人，他认为团队是他取得今天成就的法宝。他和他的创业伙伴杨威、杨柳志同道合，相互信任，这种信任不是嘴上说的，而是发自肺腑、表于行动的。他们三个人在性格、专长和知识结构上的互补性，也是这个团队具有竞争力的重要因素。黄森坤说，一个人在选择创业伙伴的时候就为创业的成功与否播下了种子。像很多公司一样，在福建东讯网络科技有限公司的初期，找一个好的团队是很困难的，创业初期人员不够稳定，为解决这个问题，除了他们三人自己努力拼搏外，和团队其他人的协同工作成为彼时最紧迫的问题。他们深知，在对待队员时，需要平等的沟通、及时的沟通、充分的沟通，营造出一个和谐的沟通协作环境，让大家都感觉自己是团队的一分子。同时公司管理层也要广泛地听取意见，采纳意见，如此才能将风险扼杀在萌芽状态，增强公司在创业期的抗风险能力，增强公司团队的稳定性和凝聚力。

就这样，他带领着他的团队向前迈进，实践着他企业家的梦想。黄森坤认为从商的群体大致可以分为3类：第一类人为生意人，唯利是图是他们的特点。第二类为普通商人，他们有所为有所不为，刻苦、执着地从事着他们合法的商业活动。第三类为企业家，是一群有社会责任感并且善于经营企业的专业性人才，这一群体越来越有影响力，他们所经营的企业往往在全国乃至全世界都很有知名度，他们在国家的经济和社会发展中扮演着举足轻重的角色。而黄森坤梦想成为的，正是这样的企业家。

企业·创业种子·收获

逝者如斯夫，当初播下的小小的创业种子如今已经长成参天大树，已经可以收获到丰硕的果实了。

黄森坤说，现在还不敢奢谈幸福，但他确实感到很快乐——因为公司的卓越成就：短短4年，东讯公司就已经发展到拥有5家控股子公司，成为拥有1000万元的注册资本的著名企业，成功实现了移动或电信全网IVR、短信、彩铃的接入运营。公司不仅与10余个省、20个运营商开展了充分合作，产品也从刚开始的短信、IVR两种简单业务不断发展到了彩铃、WAP、互动媒体游戏、短信、IVR等。公司的运营模式从单纯的业务内容供应、运营发展到了专业的内容供应、运营和业务平台、系统的建设并存的发展格局，2007年，公司又成功进入了移动电子商务这一热门而富有发展潜力的行业。目前公司的年营业额已超过千万元，并逐步成为电信增值领域、移动电子商务领域里较具有核心竞争力的企业之一。

在东讯公司3周年的聚会上，黄森坤面对公司全体员工发表的热情洋溢的讲话是对东讯发展过程的真实写照："梦想和自信点燃了东讯人创业的火把，执着和用心实现了东讯人创业之火的加速燎原，创造出东讯靓丽的今天！"东讯的发展不仅是企业自身的发展，也是大家共同的发展，更是与整个社会的协调发展，所有东讯人都愿为"开无线增值新地带，创无限快乐新生活"的企业发展使命同甘共苦、携手前行。黄森坤还告诉员工们："我们工作着，大众快乐着，我们也就幸福了！"

这就是"80后"企业家特有的激情和张扬。有理由相信，他们会成为社会发展中最充满希望的力量。

社会·创业种子·回报

自走出校门以来,黄森坤经历了创业的种种困难,这一路既有汗水,也有收获,更积累了丰富的经验。现在,他要把他创业的种子广泛地播撒,期许结出更多的果实,造福四方。他为大学生提出了以下3点宝贵的意见:

①如果想有所作为,想创造自己的事业,要懂得未雨绸缪,要先学会做人;懂得培养良好的品德,抛开以自我为中心的思维,注重团队概念,这样才能凝聚人气,带领好一个团队。当代社会需要的是有战斗力的团队,而不是个人主义的英雄。

②做拥有"四颗心"的人。"四颗心"指的是上进心、感恩的心、包容心和平常心。社会在前进,人人在进步,一个没有上进心的人就像汽车没有汽油,没有办法跟上时代的步伐;一个不会善待他人、没有感恩的心的人获得不了别人的尊重和帮助,无法打造一支富有战斗力的团队;而拥有合理的、智慧的包容才能够赢得别人更多的认可,有效化解事业发展路途中种种的风险和麻烦,给自己创造出一个安定、平稳的发展环境;最后,要拥有一颗平常心。如此才能宠辱不惊,不骄不躁,为自己能永续经营事业打好坚实的基础。

③加强实践,独立生活。现在的社会需要的是既专又博的人才,这就要求全面发展自己,而实践是检验自己、了解自己、完善自己的最好办法。同时它也可以增强自信,培养独立自主的能力,使自己可以获得更少的依赖,更多的承担,更好的磨砺,更多的收获。

他播下一颗小小的创业种子,成就了一番大大的创业梦想。

案例三 用绿色虫害防治技术振兴乡村
——南开大学李晶晶事迹

李晶晶,女,南开大学2018级植物学专业博士研究生,曾参与多个国家自然科学基金重点项目,申请专利2项,合作发表论文3篇。她曾获得南开大学优秀党员、南开大学优秀学生干部称号。她带领团队研制一种"以虫治虫"生物防控技术,开发出产品,并创立天津绿丰农业科技有限公司。目前,公司已成功防治10余种作物害虫,技术应用到国内15个城市的4600余亩田地,累计助农300余户,获得经济效益超1500万元。她多次到田间地头参加助农志愿活动,助力乡村振兴。她还作为项目负责人获得第七届中国国际"互联网+"大学生创新创业大赛青年红色筑梦之旅赛道金奖。她的创业成果曾被中青网、人民网等多家媒体报道。

心系田野,不忘初心

李晶晶来自河南农村,从小就经常跟随父母下地干活。当时,村子里的农作物经常遭受病虫害,只能大量施药,若逢灾年,颗粒无收也是常有的事。自那时起,她便立志要克服万难,探寻出一种绿色方法,彻底解决虫害问题。

为了实现心中的理想,她义无反顾报考了农学相关专业。通过学习,她了解到传统物理防治手段效率低、见效慢、局限大,化学防治虽然高效、速效,但会导致农产品农药残留超标,长期食用会致癌或致死。现有的生物防治手段存在低毒性、防控效果不稳定、价格高等缺点,而且无法解决地下害虫问题。因此她不断地学习了解更加科学、环保且高效的方法,立志解决农业害虫问题。

自从2018年走入南开大学校园,李晶晶就耳濡目染"南开三问"和"知中国,服务中国"的红色精神。在这里她还成功找到了解决虫害问题的钥匙——昆虫病原线虫。在导师的指导下，她充分发挥专业优势，研发了一种"以虫治虫"的绿色生物防治技术，有效解决了农药残留、害虫易抗药、环境污染等问题，而且此项技术可防控200多种害虫。

经过多次的田间走访，李晶晶注意到韭菜因根部的韭蛆危害会导致产量降低80%，只能使用农药灌根的方式来防治，农药残留严重，农民增收困难。于是她下定决心将昆虫病原线虫应用于田间虫害防治，让老百姓用得起，让人民吃上放心蔬菜。

攻坚克难，不负使命

昆虫病原线虫可以有效防控害虫，但一种昆虫病原线虫只能防控少量害虫，那么大量害虫防控资源从哪里获得？从2018年开始，李晶晶带领团队奔赴全国各地采样，走过11个省份，300万 km^2 的土地，从最初的几十份合格样品，到如今4000份土样、200多份线虫，她建成了全国最大的昆虫病原线虫资源库，可防控200多种害虫，基本覆盖了中国人民餐桌上的食物。

线虫资源在常温条件下极易死亡，如何储存？若要将"以虫治虫"的技术应用于田间就必须扩大虫源生产。如何大批量生产虫源？李晶晶带领团队历经百余次试验，解决染菌的关键性问题，终于在2021年解决了线虫储存难和生产难的问题。

批量生产线虫之后，以什么样的方式应用到田间？如何实现大规模应用？一个个的问题引着她不断深入科研。于是她又开始了虫尸剂研究。虫尸剂就是感染线虫的昆虫尸体，它可将线虫呈百倍扩增，且能持续释放3个月。经过千余次工艺调整，2021年李晶晶和她的团队终于将次品率由70%降为0，成功解决了虫尸剂量产难的问题，将成本从3000元1亩降为30元1亩，实现了量级上的突破，相比施用农药，收益提高了5倍以上。团队创立了固体培养技术，在国际上首次实现了虫尸剂规模化生产，日产超1000亩。

释放能量，发光发热

为民造福是科技工作的根本价值追求，"以虫治虫"技术在实验室相对成熟后，李晶晶带领团队开始在山东寿光为农户提供虫尸剂并开展培训，虫尸剂施用一个月后，韭菜长势良好，农药检测零残留。

2021年5月，李晶晶带着研发出的小批量虫尸剂到"扶贫号角吹响的地方"河北省阜平县黑崖沟村用以防治番茄地下金针虫，当时番茄还是幼苗，金针虫将地下根茎咬断，出苗率不足70%。她立即带领村民施用刚研制出的黄粉虫虫尸剂；6月份得到反馈，地下金针虫的防控效率达到80%以上。2021年7月，地上烟青虫防控也取得良好效果。村民张红亮说："'以虫治虫'技术对于金针虫、烟青虫等害虫防治效果很好。现在虫害的问题得到解决，这下我就放心多了，完全有信心做好有机农业。"得到村民们的肯定和好评，团队成员们觉得即使再辛苦也是值得的。如今团队还在持续关注黑崖沟村的虫害防治，定期联系当地百姓，防止返贫，立志将"知中国，服务中国"的精神贯彻到底。

创新创业，振兴乡村

目前，李晶晶带领团队研发出了线虫粉剂和虫尸剂，以此作为产品，成立了天津绿丰农业科技有限公司，并将产品应用到国内10省16市的4600余亩试验田，在韭菜、番茄、土豆等10种农作物害虫防治方面取得了良好效果，累计助农300余户，帮助农户获得经济效益超1500万元。公司在云南玉溪，天津宝坻、蓟州、武清，河北乐亭、廊坊，甘肃庄浪等地，针对烟草害虫小地老虎、花生害虫蛴螬、番茄害虫金针虫和烟青虫等10余种作物害虫防控开始同步示范。公司的产品应用成果被中青网、人民网等媒体多次报道,后续还将推广到其他蔬菜、中草药、果树、城市林木等多个领域应用。李晶晶志在将"以虫治虫"技术大面积推广,将产品用于千家万户,让中国人吃上放心菜,带领农民走科技兴农的小康之路,带动更多的人加入创新创业的队伍,投身乡村振兴。

李晶晶做到了"产学研用"相结合,把理论和国家实际发展需要相融合,发扬爱国主义光荣传统和南开大学"允公允能,日新月异"校训,把科研成果写在中国大地上,将小我融入大我,用绿色技术为乡村振兴贡献力量。

案例四　科技助农,奏时代强音,做新时代"三农"青年
——河北农业大学魏枭雄事迹

魏枭雄,男,陕西省眉县人,2014 年考入河北农业大学食品科技学院食品科学与工程专业,2018 年 6 月毕业。毕业后,他怀着梦想与母校的寄托,用深厚的乡土情结,在发展农业的道路上笃定前行,创办了唐农耕种集团。唐农耕种集团现已成为一家集品牌打造、种植、标准化分装、标准化分拨、服务配送为一体的全线供应链服务公司,在陕西黄金产区拥有自己的猕猴桃种植基地,单季产量超过 25 万 kg,日销售超过 1000kg。

立志学农,与勤奋和学习为伴

2014 年,魏枭雄怀着激动的心情步入河北农业大学的校园,开启了自己的大学生活。泰戈尔说:"命运的主宰者是自己,而自己的主宰者是意识。"魏枭雄一直把这句话作为座右铭激励自己勤学奋进。大学期间,他紧抓学业,一直保持着积极认真的学习态度,夯实专业基础知识,掌握实验技能,与图书馆为伴,与纸笔为友。图书馆里常见他学习的身影,他也会主动提出各种专业问题,通过查阅相关资料、积极与同学们讨论、向老师请教等各种方法把疑难点解决,坚持不留下知识的漏洞。正是这样的不懈努力和对自己的严格要求,使他坚定信念、逐梦理想,一步步接近他的既定目标。

在魏枭雄看来,拼搏的青春更有活力,必须树立自己的目标,并朝着它不断努力前进。他的家乡陕西省眉县是猕猴桃最佳优生区之一,野生猕猴桃资源丰富,而且果肉细腻,浓香多汁,却被外地果贩大量压价收购,由此,他便立志要用科技改变家乡的现状,所以高考他选择了食品科学与工程专业。上学期间,在认真学习专业知识的同时,他主动地把所学知识与生产实际相结合,向老师说明自己的想法后,老师们给予了他肯定和悉心的指导。他也经常与学校的老师们探讨,研究如何提高猕猴桃品质、如何让猕猴桃更加安全可口。他从大二开始就在老师的指导下做更适合猕猴桃生长的土壤改良实验,改良第一年没有成功,但他并未放弃,而是利用食品科学与工程方面的专业知识,结合西北农林科技大学研制出的生物菌肥,最终成功改良出适合家乡猕猴桃种植的优质土壤。

奋力兴农,科技创新走向新高度

大四那年,通过与食品相关的 5 个月的工作实习经历,魏枭雄清晰地找出了传统的猕猴桃销售模式存在的问题,并利用在校期间所学知识思考解决方法。"借助新零售的运营理念,排除中间商,让水果与客户之间只隔着一个快递。这样就可以从源头严格把控每一个环节,让用户买到新鲜健康、好吃不贵的水果。""家乡的土地养育了我,家乡的发展需要我。"这是魏枭雄回乡创业时的心声。返乡后,他便带领团队开展实地考察、调研,他们并没有创业经验,完全是摸着石头过河。即使是在自己的家乡,很多村民听说这个项目是一群大学生在

做时，也都心存疑虑，不太愿意改变现状去冒险，不敢轻易跳出传统的销售链。万事开头难，他们没有丝毫怯懦，反而拿出更大的耐心，一次次地上门拜访，细致、形象地向村民们解释该项目的可实施性和广阔的发展前景，功夫不负有心人，他们最终获取了村民的信任。

从未来发展着手，魏枭雄意识到要从产销两个方面入手，充分挖掘猕猴桃产业流程各环节潜在的价值，对于"种什么""怎么种""卖给谁"三个问题的回答也日渐清晰。在生产方面、"科技+经验"实现适地生产，通过产销信息集中传播，引导种植，从而避免果农盲目生产造成的资源浪费。利用科技优势培养专业人才队伍全流程生产跟踪，进行生产技术指导，严格施用西北农林科技大学研制出的有机肥和农家肥，不使用化肥，不打膨大剂、增硬剂，全方面提升果农的猕猴桃质量与产量。销售方面，他提出"贫困户+合作社+龙头企业"的营销模式，合作社直接对接一级批发、商超和线上电商，针对市场需求进行细分销售，对不同品种的猕猴桃分别进行品牌化经营、一级批发、深加工等，做到有产必销，提升产品附加值，充分发挥猕猴桃本身的价值，让农民直接增收获益。他带领团队上山下乡，穿梭在山区果园中，运用所学知识、现代企业管理技术、现代农业生产模式和电商平台改善猕猴桃的传统销售局面。截至目前，公司已成立3个猕猴桃生产合作社，拥有良田千亩，年产量可达35万 kg，且已成功对接浙江义乌嘉创网络科技有限公司和河北石家庄金田精品果业公司，为其供货，本着诚信经营、友好合作的原则达成长期合作共识。

坚守"三农"情怀，发扬创业精神

毕业后，魏枭雄没有忘记母校的培养。他回到学院为学弟学妹们分享在校学习和创业过程中的经验和收获，对同学们如何度过充实而有意义的大学生活提出了意见和建议。他鼓励同学们积极拓展知识面，树立人生目标，积极锻炼身体，培养多方面能力和特长，为将来就业、创业、考研和职业发展打下良好的基础。"创业，不光要有热情，还要有不怕吃苦的精神，在创业过程中，难免会遇到相应的困难，但只要我们有永不言败的精神，相信胜利就会在眼前。"他鼓励同学们学好专业知识，培养创新精神，发扬创业精神，带领学弟学妹们不断创新，他希望能用坚持不懈的努力和进行到底的勇气鼓舞每一位同学。

大学四年，除了专业知识，魏枭雄也收获了一份真挚的友情，他与志同道合的同班同学秦冠群在大学期间便一起在学校进行土壤改良、品种研究工作，成了农业领域名副其实的中国合伙人。他敢于实践，勇于创新，依靠自己的专业知识和一腔热血走出了一条自主创业之路。现在，他们已经是唐农耕种猕猴桃品牌创始人，并且与深圳康康食品科技有限公司达成战略合作，创新产品，共同生产猕猴桃酒。

以农立心，彰显新农人本色

有了品牌，就代表做任何事都要更加严格与用心，不能砸了招牌。唐农耕种对品控要求极高，从种植、采摘、存储、包装到发货，都制定了严格的质量要求与操作规范，严格把控每一个生产环节，保证客户最终吃到的猕猴桃足够新鲜、足够绿色。大学时期是一个人一生中最美好的时光，四年时光一晃而过，然而无论做什么都不要虚度光阴。他坚信，在大学中找准自己的定位，找到自身的价值，才是大学真正的意义所在。

"作为农业院校的大学生，我们是'新农人'，希望能为农业发展出一份力，把所学知识用于解决农业生产的实际问题，助力乡村振兴。"生于农民、长于农村、立志终身服务于农业，魏枭雄践行着作为一名新时代新农人的责任与担当。

案例五　兴农报国作表率，不忘初心助"三农"
——湖南农业大学黄粤林事迹

黄粤林，男，1987年4月出生，湖南省常德市人，中共党员，湖南农业大学2016级农业资源与环境专业本科生，2020级湖南农业大学农业资源与环境专业硕士研究生。于2020年、2021年分别成立了湖南省兴农仁高生物工程技术有限公司和湖南省斯克农业科技发展有限公司，现担任这两家公司的总经理。公司现有员工21人，2021年度营业收入3183万元。

坚定"学农"理想信念，学以致用创新创业

马克思十七岁时就把"为人类幸福而工作"作为自己的人生梦想，而黄粤林的梦想则是"兴农报国，振兴'三农'"。农民的愿望是提质增产增收，黄粤林的愿望是把他们的愿望变成现实。

虽然黄粤林是一个从农村走出来的孩子，农民生活的不容易黄粤林从小就看在眼里，记在心里，但黄粤林最开始的志向并不在农业。黄粤林的爷爷曾是一名抗美援朝的营长，因此从小受爷爷熏陶的黄粤林立志要成为一名职业军人，保家卫国。然而2016年高考失利让黄粤林与理想的军校失之交臂，这令黄粤林悲痛万分，甚至萌生了辍学的想法。但有一天他顿悟："保家卫国是为国家做贡献，我去国家有需要的地方扎扎实实干事不也同是为国家做贡献吗？我是农民的儿子，正值党和国家号召'乡村振兴'，我学农一样可为国家做贡献。"因此黄粤林毅然决然地把湖南农业大学作为第一志愿，成了一名农业资源与环境专业的学生。刚入校园，黄粤林就明确了自己的奋斗目标：用科学的方法帮助农民增收。他坚定了学农爱农、强农兴农的责任意识，把精进理论知识、提升专业素养、苦练实践本领作为实现理想的第一要务。

在导师的引导下，黄粤林专心研究可以提质增产的新型肥料；同时，黄粤林走出校园，推广研发的新产品。创业初期，推广产品、出差谈合作都需要花销，资金缺乏就成了黄粤林最大的难题。但要强的黄粤林从未向父母要过一分钱，创业资金就只能靠自己筹集。怎么筹集呢？省，从生活费里省。很长一段时间，黄粤林规定自己每天花销不能超过5元，填肚子全靠吃包子、馒头。尽管如此，资金还是不够，他就自己去赚。寒暑假、节假日，黄粤林会做各种各样的兼职，他曾在快递分拣站打了半年工，每晚6点半到次日清晨7点，通宵达旦一晚120元。黄粤林说："扛不住也要扛，既然我选择了，就要坚定地走下去。"

创业以来，黄粤林遭受了无数次的拒绝和冷嘲热讽，但他始终没有放弃。一次又一次地尝试后，他终于打开了局面，慢慢地铺开了自己的事业蓝图。为了提升个人能力，黄粤林参与了2项国家重点科研课题研究，负责2项省级创业项目课题，获得国家级奖项4项，省市级奖项10项。

提升"强农"专业本领，不忘初心服务"三农"

农民身负繁重的工作，纵使汗水洒满大地，回报仍旧十分有限；加之在农业生产中盲目施肥用药，不但增加了农资成本，更为严重的是导致土地板结、盐碱化及农业面源污染等一系列问题。因此黄粤林选择了农业资源与环境专业，希望尽自己最大的努力学以致用，利用科学合理的技术与方法来帮助农民，使他们的生活变得更好。黄粤林结合自身专业特色，创建了湖南省斯克农业科技发展有限公司与湖南省兴农仁高生物工程技术有限公司，拥有7项国家发明专利授权，主攻新型肥料、病虫害生物防治技术及废弃物资源化利用技术；对土壤进行改良优化，提供精准高效的施肥方案，使作物品质更优、产量更高，达到绿色、生态、有机的种植效果；同时帮助农民解决农产品销售的问题。黄粤林不仅从根本上杜绝食品安全问题的发生，还帮助农民销售农产品，让农民获得更加可观的收入，以此来促进"三农"经济发展。

为实现这个目标，黄粤林一进入大学就着手规划自己的创业道路。从大一创建"兴农仁"创新创业团队，到大三创业项目获省级立项，再到大四项目被湘潭市委市政府引进，成立了黄粤林人生中第一家公司，落户于湖南省乡村振兴创业园，黄粤林深知先进的科学技术是实现目标的核心关键，因此本科毕业后他继续于湖南农业大学资源环境学院农业资源与环境专业进行研究生学习深造，并于研一期间又成立了第二家公司。土地污染和肥水管理不当一直都是阻碍我国农业持续发展的严峻问题，当黄粤林得知湖南湘西、益阳、常德、郴州、衡阳等部分贫困地区的土地存在此类情况后，他当即带领团队多次前往并开展科学施肥与种植管理等知识宣讲，切实解决当地农民的土地污染和肥水管理问题。

2018 年，听说一亩阳光玫瑰葡萄经济效益能达到 10 多万元，浏阳永安的唐总承包了 30 亩地，开始种植阳光玫瑰葡萄，但他不懂技术，导致葡萄产量低质量差，没有盈利反而亏损，有人向他推荐了黄粤林……黄粤林来到现场查看，发现葡萄藤叶既黄又薄，土壤板结比较严重，经过细致的检验、分析，黄粤林很快就找到了挂果不好的原因——缺少有机肥、微量元素营养，之后黄粤林帮助唐总修改了施肥方案，最终唐总愿意提供 15 亩地做试验，尝试使用一款新型叶面肥。据唐总回忆，当时他就是抱着试一试的心态，没想到效果出奇的好，不但葡萄品质得到了提升，而且每亩产量也增加了 500kg 左右。

勇挑"兴农"责任重担，科技助力乡村振兴

目前，黄粤林带领公司已在全国 23 个省份建立了项目示范基地，并进行成功展示，示范作物多达 50 余种。其技术成果广泛适用于粮食作物、果、蔬、茶、中草药、烟草等作物的种植应用，并以湖南为根据地向全国辐射，北至新疆、黑龙江，南抵广东、海南，确保农民农业生产能完全实现"高产量、高品质、高效益"的目标，同时也为广大农民能生产出营养健康、安全生态的农产品提供可靠的技术保障，服务面积超过 100000 亩，实现了农户每亩平均增收约 4000 元，有的农户效益甚至翻番了。2020 年其项目已在海南省发改委立项，并获授 8.36 亿元搭建 50000 亩海南热带水果经济作物现代化种植示范基地。在湖南郴州种出来的大米具有东北稻花香的品质和口感，批发价达到了 7.5 元/kg；安徽亳州市政府也对他在其省份的优质富硒小麦合作基地表示高度赞扬和大力支持，连续多次召开新闻发布会，由主管农业的市长牵头组织当地 200 多名农技服务站工作人员开展考察与学习活动，同时学习强国等多家主流媒体也对黄粤林的事迹进行了报道。湖南长沙望城的圣女果，每斤售价可达 35 元左右，年亩产值可达 60 万元以上；河北唐山的草莓超过丹东 99 草莓的品质，每千克能卖 29 元，亩产值达 60 万元；辽宁营口的黄瓜从 1 元/kg 提升到 4 元/kg，产量从每亩 6000kg 提升至 20000 多 kg，亩产值达 30 万元左右；安徽亳州的韭菜达到有机食品标准，安徽省农业农村厅组织专家进行品质检测，最后给出的评价是"非常好"，同时其销售价格也由 1.5 元/kg 提升 5 元/kg，亩产值增加 3 倍以上……富硒阳光玫瑰葡萄，预计每亩产值可超过 15 万元，种植面积虽然不大，仅 30 亩左右，但黄粤林希望以此为示范样板，在创造有机健康美味的葡萄原则下，带动周边的村民一同产业兴农，增收致富。

黄粤林一方面继续在农业领域进行深造，将理论知识和生产实践相结合，不断学习前沿技术，提高综合能力，致力于科技兴农，另一方面黄粤林将投身"三农"，积极响应党和国家的号召，扎根于农业，努力跑出当代青年的最好成绩。

案例六　做中国自己的共轴直升机
——南京航空航天大学葛讯事迹

葛讯，南京航空航天大学博士，南京韬讯航空科技有限公司创始人。2015 年葛讯带领团队开始中国自主品牌共轴机的研发，实现了"新型特种共轴无人机系统"项目产业化，打破了国外技术垄断，有效地为国家国防安全领域解决了难题。公司现已申请专利 100 余项，获得融资 2500 万元，多次获中国"互联网+"大赛金奖、全国首届未来飞行器设计大赛一等奖、中俄创新大赛三等奖等省部级以上奖项。

航空梦为科研创新提供不竭动力

葛讯是一位航空迷，也是一名优秀的飞行器设计师。从小就热爱航空的他，报考大学时坚定地选择了南航飞行器设计专业。他在本科学习时培养了极强的科研兴趣与能力，曾获全国首届未来飞行器设计大赛专业组唯一的一等奖。出于对航空事业的热爱，本科毕业后葛讯毅然投身祖国航空事业的建设，积累了丰富的直升机研发经验。

为了进一步提升飞机设计专业知识，2009 年 9 月葛讯重返南航攻读硕士学位，师从我国微型飞行器系统开拓者昂海松教授。研究生就读期间，葛讯对共轴直升机产生了浓厚的兴趣，并了解到相关技术一直受到国外限制，这给他埋下了一颗"一定要做国产共轴直升机"的梦想种子。

2012 年 4 月葛讯获得免试攻读博士学位资格，读博期间，他更是争分夺秒，常常以实验室为家，通宵投入科研。在导师昂海松、魏小辉等教授的指导下，葛讯和课题组成员科研攻关，顺利完成南航"远程随载微型无人机系统"等多个项目研发，获首届"南航创新奖"最高奖项、国际空中机器人大赛（亚太赛区）杰出系统设计奖等多个科技创新奖项。

自主创新让创业版图稳扎稳打

葛讯是一名筑梦师，也是一个团队的领航员。他立志要做属于中国人自己的共轴直升机产品。2015 年 1 月，葛讯开始带领博士生团队进行自主创业，依托南航学科背景和创业支持政策，创办了南京韬讯航空科技有限公司。2015 年 2 月，公司与某企业签订了 158 万元某定制型无人机订单，仅用时 4 个月即完成了定制无人机的交付，完成质量和速度获得了客户的高度好评，他也收获了人生的第一个 100 万元。

小获成功后，葛讯没有就此歇一歇，享受一下生活，而是将所有的收入都投入到了公司自主产品的研发中，因为他知道距离真正的航空梦，要走的路还很长。

2015 年 8 月，葛讯带领团队专注于"共轴无人直升机"的研发，其间他废寝忘食，不断创新、尝试、优化，2016 年 2 月，顺利攻克了关键技术难点，为共轴无人直升机的产业化奠定了可行性基础。

葛讯是团队的方向标，也是一名敏锐的融资捕手。他明白，要想加速公司的发展还需借助资本的力量。通过对外积极推介项目，2016 年 3 月，公司首次获得 300 万元天使投资，用于共轴无人直升机产品原型机的开发及试飞试验。他带领团队完成大量工程试验及飞行测试，进入产品标准化开发阶段，个人也获得"姑苏领军人才""工信创业奖学金一等奖"等荣誉。

2018 年 4 月，公司获得 2200 万元 Pre-A 轮投资和地方政策扶持，并建成了首个样板厂。

经过不懈努力，2019 年葛讯带领团队进一步创新开发了折叠型和车载型两种新型共轴直升机，并进入产品批量化生产。

赤子初心铸就领先与高质量发展

葛讯是一个实干家，他始终未曾忘记"航空报国"的使命。在产品的市场定位阶段，葛讯思索了很久，忠于"航空报国"的初心与梦想。他最终选择了将产品投放国防安全领域服务国家战略需求。

在葛讯的全局规划下，公司完成了包括 ISO9001、ISO14001、ISO45001、高新技术企业等多项资质认证，获批高新技术产业科技创新引领计划专题项目、军民融合专项资金项目、知识产权培育项目等政策支持。葛讯也荣获"湖湘高层次人才聚集工程——创业人才""湖南省 100 个科技创新人才"等称号。在创新创业道路上，葛讯从未停止前进的脚步。支撑他始终向前的是一代代航空人持续传递的红色基因与蓝色梦想。葛讯始终相信，凭借中国人的自主创新，中国的航空事业一定会迎来持续跨越式发展。通过带领团队刻苦攻关，葛讯实现了"一定要做国产共轴直升机"的梦想，他也希望他的团队未来能走得更高、更远，为国家的空天领域与国防安全事业做出一份贡献。

第三节　乡村振兴头雁计划创业案例

根据中央人才工作会议、中央一号文件精神，为加快培育乡村产业振兴人才队伍，推动农业高质量发展，自 2022 年起，农业农村部、财政部启动实施乡村产业振兴带头人培育"头雁"项目。旨在通过实施乡村产业振兴带头人培育"头雁"项目，加强对乡村产业振兴带头人的系统性培育和综合性政策扶持，将进一步增强其发展实力，激发其示范引领和辐射带动作用，进而提升乡村产业振兴人才整体素质，为全面推进乡村振兴、加快农业农村现代化提供支撑和保障。乡村产业振兴带头人培育"头雁"项目原则上每年全国培育约 2 万名"头雁"，力争用 5 年时间培育一支 10 万人规模的乡村产业振兴"头雁"队伍，带动全国 500 万新型农业经营主体形成"雁阵"。

案例一　泉州台商投资区洛阳镇前园村稻香园农场（主理人　庄荫家）

福建省稻香园农业发展有限公司位于福建省泉州台商投资区洛阳镇前园村，公司于 2014 年 4 月成立，基地先后获评第二批泉州国家农业科技园区示范基地、省市科技特派员示范基地、福建省水稻工厂化机插育供秧服务中心、泉州市科普教育基地、泉州市第十轮农业产业化市级重点龙头企业、第三批国家级星创天地、泉州台商投资区第二批中小学生研学劳动实践基地、泉州市中小学劳动教育实践基地、第二批福建省中小学劳动教育实践基地、福建省农业产业化省级重点龙头企业。

稻香园农场是一个种植加工生产融合的企业，福建省稻香园农业发展有限公司坚持一粒稻米奔小康，打造种植、生产、加工、销售为一体，力争创建农业产业化联合体（龙头企业+合作社+家庭农场+农户）。目前自有流转土地 1160 亩，建设农业智能温室大棚 27300m^2，农机装备 33 套，标准化工厂化育秧中心 1 座，300m^2 亲子采摘接待中心，300m^2 水稻全程机械化配套中心，375m^2 产销中心及 1000m^2 农产品初加工中心，1000m^3 冷库。

种植模式主要有水稻-番茄水旱轮作种植基地（800亩）和台湾优良品种芭乐、火龙果、柠檬、杨桃及台湾最新最优配套种植技术为特色的热带亚热带水果种植园（300亩）。通过当季优质稻米种植、储藏、加工、销售全产业链经营模式，以当季现碾稻米为主打产品，带动其他农产品如圣女果、千禧果、地瓜、大豆、台湾热带水果、鸡鸭鹅鱼等优选农产品的销售，实现农业一、二、三产业融合发展。

稻香园农场主要采用线上线下结合的方式。通过拍摄不同季节活动的视频，吸引外地到泉州的游客。从2014年成立至2023年，农场的知名度在泉州地区逐步抬升，消费者十分认可稻香园农场的产品。

为确保产品质量，农场主要生产资料统一购买率达100%，主要产品统一销售率达92%。与顺丰、京东、朴朴社区团购等平台合作，打造农业+教育、农业+互联网、农业+直播、农产品+社区销售合伙人同城物流配售模式。

主理人庄荫家是吃苦耐劳、励志创业的典型代表。决定创业之初，全家人都反对，不支持承包这片长期荒芜的农地。但她认定了的事情，她都会力排众议，把事情坚持下去，并一步一个脚印把农场建立起来。生产全程都是亲自督促检查，和员工们一起努力。

近年来，企业在土地流转、道路建设、水利修复、设施大棚、农业机械、田间种植、办公场所等方面累计投资5000多万元，2022年产值8000多万元，带动农户1400多户。但是庄荫家相信对于农业发展，投入多少都是不为过的。未来稻香园农场还有很长的路要走。

庄荫家给农场的经营定位是：一是泉州本土绿色健康主粮种植基地；二是闽台特色热带亚热带水果种植园；三是海上丝绸之路生态公园田园景观核心区；四是山海协作优选农产品泉州旗舰农场销售体验推广中心。未来的规划是：进一步总结和完善水稻高产栽培配套技术，发展农产品产地初加工，推动农产品加工业转型升级；打造乡村生态旅游，同时也继续推进乡村振兴，带动农户生活水平的进一步提高，带动周边经济发展。

案例二　福建新中闽园艺发展公司（法人 郑雯伟）

福建新中闽园艺发展公司成立于2008年，公司主要以市政园林工程、地产工程、水利工程、花卉进出口、苗木生产运营等核心业务。公司已从成立之初的25亩苗木基地发展到现在拥有苗木基地900多亩。

公司法人郑雯伟从小热爱花卉。他喜欢亲手种植、照料花卉，从选择合适的土壤、施肥到浇水，每一个步骤都让他感到工作的意义。他希望更多的人能喜欢上园艺花卉。始于对花卉深厚的感情，在创业的过程中，他发现并抓住了园艺领域的发展机会。他认为每个创业者一定要勇往直前，不断努力，不忘初心，砥砺前行。在面对困难和挑战时，要始终保持坚定的信念和决心，勇敢地迎接挑战，敢于担当，不退缩、不放弃，始终以积极的态度去克服困难，为实现自己的目标和理想而努力奋斗。

创业并不是一帆风顺的。在创业的第3年，郑雯伟从国外引进了一批新的花卉品种，刚栽下不久就遇到了突如其来的一股强烈寒流。巨资引进的花卉全部被霜冻给冻坏了，损失惨重。但他并没有放弃，继续坚持引进，并向农科院、亚热带研究所的专家认真请教种养技能，把之前没做好的一些工作，重新布置，重新做好。最终取得不错的效益。

郑雯伟认为，虽然困难会阻挡你前进的脚步，但是它同时也是一种督促你变得更好的动力。

在创业过程中，他建立了一套完整的管理体系机制，以期激发团队成员的积极性和主动性，并经常带领核心团队到国内外进行考察，向好的企业多学习、多取经。

谈到对未来的规划，郑雯伟说未来要做好花卉国际贸易，要把更多花卉产品销售到国外，把产品做优做细，质量到位，逐步做好公司品牌，提升知名度。

对在校大学生的寄语，郑雯伟说要有一颗对事业持久热爱的心，要做好吃苦耐劳的准备。大学生正处于充满活力和创造力的年纪，应该勇敢地踏上创新创业的道路。在大学时代接触创新创业不仅能够培养创新思维、团队合作能力和解决问题的能力，更能够为未来的职业发展打下坚实的基础。大学生要相信自己的能力和创意，勇于追求梦想，努力成为引领社会进步的先锋力量。

案例三　福建省汀水瑶文旅有限公司（创始人　易小贞）

易小贞，长汀县绿之梦家庭农场负责人，长汀县河田农村电子商务服务中心负责人，中级农艺师。10多年来，她凭着不屈不挠的意志、探索创新的勇气，打造了一个产值近千万元的"绿色王国"，实现了由一个下岗女工到农村致富带头人的华丽转身。2013年创办长汀县绿之梦家庭农场，并注册"贞美牌"商标，利用垦复荒坝和抛荒地，种植绿化苗木、中药材、百香果、葡萄等优质果蔬；挖掘家乡特色文化，发展世界名鸡——河田鸡生态养殖；开设长汀第一家农村电子商务服务中心；积极响应党和国家脱贫攻坚的号召，与河田镇23户贫困户结对挂钩帮扶。整个农场实现了集种养、销售、体验、观光、农家乐为一体的综合立体经营格局。2016年4月被评为龙岩市劳动模范，2017年当选为长汀县第十七届人大代表，2018年4月被评为福建省劳动模范，2018年11月当选为中华全国妇女联合会第十二届代表，2019年5月被评为全国最美家庭，2020年4月被评为全国科技助力精准扶贫先进个人、全国扶贫扶志典型先进个人。

"绿之梦"家庭农场承接园林绿化、养护工程，种植果蔬、花卉、中药材，进行特色养殖，发展农业休闲观光、果园采摘、亲子植树、果蔬种植体验、农家乐等服务项目，形成综合立体经营格局，实现良性循环发展。农场垦复荒坝和抛荒地230亩，用于发展特色现代农业，其中种植绿化苗木150亩，百香果、葡萄等优质果蔬50亩，中药材30亩。同时发挥当地名优特产品优势，发展世界名鸡河田鸡生态养殖，年出栏8000多羽。

创业之前，易小贞有一份稳定的工作。当她看到家乡荒掉的地以及乡亲生活的现状，她想要改变这种贫困的景象，要让绿色赶走贫穷，让农村的土地种出黄金、溢出珍珠。她在报纸上看到这样的一句话——让绿色赶走贫穷。她决定返乡创业。"让绿色赶走贫穷"这句话她一直都记得，也被她当作自己的创业初心。

创业路上，总是坎坷伴随着喜悦。创业之初，易小贞选择了苗木产业。最先从事的是繁育杨树苗。初期种杨树时，由于不懂技术，上午苗一种下去，因为泥土板结，不保肥不保水，水一浇下去，就马上流走了。早上刚浇的水，一到傍晚的时候，那个苗就蔫掉了。后来，易小贞试着用稻草来覆盖种苗，并将稻草灰掺进泥土中。通过反复的试验，杨树苗终于成活。到了冬天的时候，杨树苗长成，易小贞就开始售卖种苗，赚到了创业过程中的第一桶金。后来，就有乡亲追随易小贞一起创业，她发起成立了合作社。

易小贞善于整合资源，她把村里闲置的土地和民房整合起来盘活利用，把这些老旧民房进行整理美化，变成一个个小花园，把闲置的零星耕地变成一个个小菜园，既美化环境，又增加了经济收入。

谈到创业者个性特质，易小贞认为，创业者要能吃苦耐劳。她觉得做任何一件事情，不靠勤劳的双手是做不成的。易小贞注册的商标头像——贞美。"贞"是易小贞的贞，与真假的"真"是谐音，寓意生态美、健康美、质量美。商标中的绿叶代表了易小贞的创业初心，让绿色赶走贫穷，绿叶也寓意要珍视绿水青山。绿叶旁有一滴水，寓意易小贞所在地的长汀精神、闽南人的爱拼才会赢的精神、滴水穿石的精神。托举绿叶的勤劳的双手，寓意创业者用勤劳的双手托起一片绿洲，用滴水穿石的精神守护生态美、健康美、质量美。

对在校大学生的寄语，她特别想说，农村天地大有可为，当代大学生要抓住国家实施乡村振兴战略的时机，到农村开创事业。

案例四　泉州市南安市丰州镇西华村童年的故事生态农场（主理人　叶如发）

童年的故事生态农场地处泉州动车站附近，背靠桃园水库和九龙岭，周边有著名的九日山名胜古迹和清境桃源等景点，自然景观秀丽，环境气候宜人。农场以"山、水、果、林"为游玩主题，分为果蔬采摘、游戏体验、自助烧烤、享受农家美食、自然观光等休闲娱乐一体的生态体验。

农场始建于2005年，2019年由叶如发接手经营。农场有台湾珍珠四季芭乐1300多棵、红心火龙果10亩、木瓜300多棵以及百香果、米蕉、树葡萄、沃柑、柚子、释迦、莲雾、柠檬、草莓、圣女果、余甘、菠萝蜜、砂糖橘、猕猴桃等20种水果，同时种植当季各种有机蔬菜。在生态种植的基础上，配置亲子活动项目，如农家乐、烧烤、柴火饭，还有一些临时性的配套休闲娱乐，骑马、休闲垂钓、打水仗、泡泡机、拔河、荡秋千、穿越丛林、户外拓展训练活动等。农场目前已是南安市中小学劳动教育基地、南安市农业科技示范基地、南安市科普示范基地、南安市田间学校、泉州市高素质农民实训基地。主理人叶如发也被评为2023年泉州市优秀农村实用人才、2023年度福建省高素质农民乡村振兴标兵。

叶如发性格乐观开朗，擅长与人沟通，同时具有全局观与领导能力，管理能力强，能够协调好创业时的各种问题。他曾在某国企工作了12年，因无法割舍对农村农业的热爱，2019年8月从国企的中层领导毅然辞职，全身心地投入农业事业中，创办了"童年的故事生态农场"，从农业的"小白"到现在的"大师"，一步一个脚印，走到今天。

他对农业有着深沉的热爱，希望为中国生态农业贡献自己的一份力量，同时也是响应乡村振兴战略，打造生态宜居的美丽农场；并且他对美丽的乡村田园生活充满向往，想打造种植出更好的农产品，使中国人吃得更好、更健康。

谈到对在校大学生提出创业或择业的建议，叶如发说要不忘初心，确立好自己的目标并不断前行，并且在校期间要提升自己的专业知识与本领，多方面发展；要学会判断好与坏，善于明辨是非，选择国家和社会所需要的工作；善于实践，要多进行实地考察，多动手，多劳动。

案例五　漳州市芗城区天宝镇月岭村天润玉农业合作社（创始人　韩惠强）

今天天气十分温暖，适合松土施肥。2024年2月17日，漳州市芗城区天宝镇月岭村，韩惠强正利用旋耕机第二次对准备育种的地松土,他的工人也不时检测淮山苗长势情况。新的一年里,韩惠强信心满满,准备再大干一场,做强做大农业合作社产品。

韩惠强曾是一名空降兵,2001年应征入伍,在黄继光生前所在的英雄部队服役。12载的军旅生涯,培养了他小老虎般的热血和激情,雷厉风行和敢打敢拼的作风,在部队期间先后获得优秀士兵、嘉奖等荣誉。

放弃"铁饭碗",多次创业越挫越勇

按规定,韩惠强入伍12年可选择安排工作,这对于从农村走出来的军士来说是个不小的诱惑。谈及为何放弃"铁饭碗",选择自主就业,韩惠强说,从2013年回到地方,他就一直在思考一个问题:如何将在部队学到的技能和知识应用到实际工作生活中,为社会作出更大的贡献。实际上,选择工作也一样能奉献,但他觉得既然当过兵就要敢闯敢拼,不怕失败。

起初,韩惠强在芗城区环境卫生管理处当一名洒水车司机,每天早上5点上班,7点下班。同龄人一般是下班就回家休息,但他下班后又开始担任汽车教练员的工作,教练员工作结束后又开始跑客运一直到半夜。每天3份工作虽然有些累,但对于韩惠强,这点累不算什么,用他自己的话来讲:先谋生再发展。在历经3年的努力后,新能源汽车和网约车开始盛行起来,韩惠强抓住发展机遇,和朋友合作开了一家力帆新能源汽车专卖店,卖出去的新能源汽车可以上网约车运输证,司机购买新能源车就可以上岗就业。

看着即将奔喜的日子越来越近,韩惠强信心十足。让他没有预料到的是,2016年年底还在装修的时候,国家出台新的政策,从2017年开始以双积分制过渡,在专卖店装修完即将开业的时候,力帆因为没有国六的车型,不适应时代发展,专卖店只能宣布倒闭,韩惠强所有的努力和积蓄瞬间化为泡影。

"第一次创业失败对我的打击太大了,我把3年的积蓄全部压在店里面,渴望着能为家庭减轻点负担"。韩惠强介绍,失败其实并不可怕,但确实因为经费问题自己曾一度怀疑退役时的选择。在经过一个多月的冷静思考后,韩惠强带着7台力帆新能源汽车,再次成立一家客运公司,第二次创业。

但好景不长,随着疫情的到来,各地开始落实新冠肺炎疫情防控,严格控制车辆、人员外出,这样一来他的客运公司也就没有了客源,生意十分艰难。最后客运公司也面临倒闭,车只能以最低价处理,连续两次创业失败,再加上疫情近3年的时间里,让韩惠强更加明白健康才是最大的财富。

选择农产品,几经周折越干越强

韩惠强的家乡天宝镇四季气候平稳,土地肥沃,是种植各种蔬菜、水果的理想之地,天宝香蕉远销全国各大中城市,十分有名。

何不利用家乡优势,做不一样的农产品呢?

经过一段时间的思考和调研,2023年初春暖花开后,韩惠强决定第3次创业选择投身农业领域。因为他知道,一切健康食品的源头都来自农产品加工的原料,但如果只是种植单一或同样品种,很难在市场上立足,把产品做成具有延伸性,附加值比较高的农产品是他选择农业领域的最初想法。

据《本草纲目》药书的记载,紫山药(紫淮山)又称"紫人参""紫玉淮山",有"蔬菜之王"之美誉,紫玉淮山是一种营养价值和保健价值较高的农产品,符合现代人追求健康、养生的饮食理念。2023年6月，他与另外两位战友及两位朋友成立芗城区天润玉农业专业合作社，并将紫玉淮山作为合作社主打农产品，采用现代技术对育苗、种植、加工和销售实现产业链服务。

创业初期，韩惠强也遇到不少困难和挑战。资金、技术和人才等方面的短缺，种植、加工、销售和物流等如何构建产业链，市场竞争和消费者的需求变化等。

为了克服这些困难，韩惠强和战友们采取了一系列措施。除积极寻找投资和合作伙伴，整合资源，提高生产效率和产品质量外，漳州市退役军人事务局为他提供了强有力的帮助，得知韩惠强的创业经历后，局领导十分重视，经常指导帮带他如何更好经营出效益。在获悉出现资金困难时，漳州市退役军人事务局同当地农业银行协商，最终同意为他提供20万元的创业贷款，解决了创业资金短缺一大难题。

在人才技术培养上，实际上，韩惠强在退伍几年内，抓住高职扩招的机遇，不仅获得大专毕业奖学金、优秀学员，毕业后又选择专升本到闽南师范大学。此外，他在发展紫玉淮山产业的同时，积极参加福建农林大学乡村振兴学院、省供销社组织的高素质农民培训，到浙江省农林大学参观学习等。还到德化和安溪参观同行业国家级淮山企业，这些能力素质的提升更加坚定了他对紫玉淮山产业的发展信心。

在提升自己能力的同时，韩惠强还不断提高团队合作的专业水平和管理能力。目前他们的种植规模已经达到了近百亩，按计算，亩产近5000kg，并开发了紫玉淮山面、紫玉淮山净菜等附加值高的产品，产品销往全国各地。从幼儿辅食到成人饮料再到老年人营养早餐，均能看到紫玉淮山的影子，真正实现了人生全过程服务目标。

着眼现代化，智慧农业越种越新

5个人为何能管理上百亩地？以前松土、喷洒营养剂至少要请10余个农民，如今只要1台旋耕机、冷雾机就能解决所有问题。这主要得益于韩惠强团队采取的现代农业思维，开发智慧农业的思路。

"今年开始我们准备以有机种植为导向，智慧农业机械设备操作为中心，建设高效规范种植，以低投入成本为基础，帮忙农民创收为目标"。谈起新年目标，韩惠强越说越有劲。在月岭村育苗地，韩惠强向笔者展示了手机土壤传感器App的操作方法，只要将喷洒管接好，利用仪器测试土壤后，在手机上就能控制土壤温度、湿度、氮含量、电导率、肥力等功能。

在福建农林大学培训时，老师为韩惠强提供了不少思路。"起初上百亩土地确实让我觉得有力无处使，还在愁如何找到这么多农民施肥"。韩惠强说，在农村待了一段时间后，他发现留守老人较多且年龄偏大，难以在农业发展中发挥作用，于是他根据老师的建议，利用现代科技技术实现一个人管几十亩的成效。

这些苗发芽后，田间管理还可利用冷雾机喷洒微生物菌剂，确保农产品零农残，实现产品从出生到成长的营养健康。韩惠强坦言，虽然如此，但他还是要每天到农田里查看长势情况，根据季节调整育种育苗数量。

功夫不负有心人，韩惠强的努力也得到不少回报。2023年，他所在的公司被漳州市退役军人事务局授予"漳州市退役军人就业创业基地"。未来，他们将继续加强技术创新和品牌建设，不断提高产品的附加值和市场竞争力。他们还想在当地成立一个产业园，积极拓展国内外市场，将紫玉淮山产业做强做大。

本章小结

本章从学生创新创业赛事获奖案例、毕业生创业案例、头雁班乡村振兴创业案例三个方面为读者提供了不同的学习视角。通过学生创新创业赛事获奖案例，有助于学生了解参加创新创业赛事的选题方向、优质项目的呈现方式。通过毕业生创业案例，强化对课程理论部分的理解，实现理论结合实践的可能。通过头雁班乡村振兴创业案例，引导读者关注乡村振兴战略，思考产业振兴在乡村振兴中的重要意义。

思考题

1. 大学生参加创新创业赛事应注意的问题是什么？
2. 尝试采访身边的创业者，了解他们的创业路程。
3. 谈谈你所了解的乡村振兴国家政策，以及身边有哪些产业和乡村振兴有关。

延伸课堂

访谈实践总结

参考文献

[1] 陈龙春，杨敏．大学生创业基础［M］．杭州：浙江大学出版社，2007．
[2] 董青春．大学生创业基础［M］．北京：经济管理出版社，2012．
[3] 李时椿．创业基础［M］．北京：清华大学出版社，2013．
[4] 郭占元．创业基础理论应用与实训实练［M］．北京：北京大学出版社，2014．
[5] 郑晓燕．创业基础案例与实训［M］．成都：西南财经大学出版社，2014．
[6] 陈倩．大学生创新创业案例［M］．北京：旅游教育出版社，2013．
[7] 弗·阿尔斯特伦．有的放矢：NISI 创业指南［M］．七印部落，译．武汉：华中科技大学出版社，2014．
[8] 沃瑟曼．创业者的窘境［M］．七印部落，译．武汉：华中科技大学出版社，2017．
[9] 布兰克．四步创业法［M］．七印部落，译．武汉：华中科技大学出版社，2012．
[10] 毕海德．新企业的起源与演进［M］．魏如山，译．北京：中国人民大学出版社，2004．
[11] 莱斯．精益创业：新创企业的成长思维［M］．吴彤，译．北京：中信出版社，2012．
[12] 施密特等．重新定义公司：谷歌是如何运营的［M］．靳婷婷，译．北京：中信出版社，2015．
[13] 王德禄．与创业者谈心：26 年来我对创业的思考［M］．北京：金城出版社，2019．
[14] 保罗·梅森．新经济的逻辑：个人、企业和国家如何应对未来［M］．熊海虹，译．北京：中信出版社，2017．
[15] 彼得·蒂尔、布莱克·马斯特斯．从 0 到 1：开启商业与未来的秘密［M］．高玉芳，译．北京：中信出版社，2015．
[16] 蔡翠红，戴丽婷．第四次工业革命与外交变革探究［J］．国际政治科学，2021（2）：122-151．
[17] 曹顺妮．人为本：中国制造下半场全球突围的密钥［M］．北京：机械工业出版社，2022．
[18] 陈光锋．互联网思维的商业实战［M］．台北：天下杂志股份有限公司，2014．
[19] 陈镜如．共享经济的发展与管理创新研究［J］．中国集体经济，2021（34）：42-43．
[20] 霍洛茨基．创业维艰：如何完成比难更难的事［M］．杨晓红，钟丽婷，译．北京：中信出版社，2015．
[21] 施拉姆．烧掉你的商业计划书：不按常理出牌的创业者才能让企业活下去［M］．李文远，译．杭州：浙江大学出版社，2018．
[22] 白德．推动员工关系管理，实现企业现代化经营［J］．人力资源，2021（14）：48-49．
[23] 陈一明．数字经济与乡村产业融合发展的机制创新［J］．农业经济问题，2021（12）：81-91．
[24] 吴晓义．创业基础：理论、案例与实训［M］．北京：中国人民大学出版社，2013．
[25] 张汝山，张林．大学生创业案例解析［M］．南京：南京大学出版社，2013．
[26] 张圣兵．企业为什么应承担社会责任［N］．人民日报，2012-07-19．
[27] 冯林．创造性思维与创新方法［M］．大连：大连理工大学出版社，2008．
[28] 胡飞雪．创新思维训练与方法［M］．北京：机械工业出版社，2009．
[29] 马峥，郑碧莹，李德佳，等．国家现代农业产业园产业集聚发展特点与展望［J］．农业展望，2022，18（01）：109-113．
[30] 陈寅雅．国家现代农业产业园建设运行规律分析［J］．中国集体经济，2020（26）：9-10．
[31] 周志兰．现代农业产业园建设与示范效应研究［J］．农村实用技术，2019（02）：1-5，9．
[32] 何姣，刘建村，王桦，等．广东省国家现代农业产业园创建中存在的问题与对策研究［J］．中国产经，2024（01）：158-160．
[33] 余林．大学生创业与创业管理［M］．北京：人民邮电出版社，2021．
[34] 宁佳英．大学生创业管理［M］．广州：华南理工大学出版社，2012．
[35] 龚荒．创业管理：理论·实训·案例［M］．北京：机械工业出版社，2013．
[36] 葛海燕．大学生创业教育与指导［M］．北京：清华大学出版社，2013．

[37] 唐德淼. 创业管理 [M]. 北京：中国财政经济出版社，2022.
[38] 赵波，焦永纪. 创业管理理论与实践 [M]. 北京：高等教育出版社，2018.
[39] 徐明. 创新与创业管理学：理论与实践 [M]. 大连：东北财经大学出版社，2016.
[40] 杨哲旗，林海春，申珊珊. 创业基础：理念·原理·技巧 [M]. 北京：清华大学出版社，2020.
[41] 杨明海，蒲健，周正军. 新手小白开公司：全流程版 [M]. 北京：电子工业出版社，2022.
[42] 艾欧，张家庆，李建华. 开公司全流程手册：从注册，财务管理，融资到运营 [M]. 北京：中国铁道出版社，2022.
[43] 明道. 如何开公司：实用操作版 [M]. 北京：中国法制出版社，2015.
[44] 吕爽，李欣怡，蒋超，等. 创业基础 [M]. 北京：清华大学出版社，2022.
[45] 朱建新，韩芳. 创业基础教程 [M]. 上海：上海教育出版社，2017.
[46] 余林. 大学生创业与创业管理 [M]. 北京：人民邮电出版社，2021.
[47] 晏文胜. 创业融资的机理研究 [D]. 武汉：武汉理工大学，2004.
[48] 王先. 如何在中国"找钱"（一）[J]. 中国科技信息，2002（13）：33-36.
[49] 卢金东. 中小企业融资实务研究 [D]. 呼和浩特：内蒙古大学，2004.
[50] 肖志伟. 中国私募股权投资基金的运作模式研究 [D]. 天津：天津财经大学，2010.
[51] 孔静. 风险视角下新浪微博融资行为研究 [D]. 兰州：兰州大学，2011.
[52] 何美生，钟桂宏，肖四喜. 创新创业基础 [M]. 武汉：华中科技大学出版社，2022.
[53] 芮正云，马喜芳. 创业者跨界能力与创业质量关系研究 [J]. 科学学研究，2021，39（07）：1277-1284.
[54] 宁佳英. 大学生创业管理 [M]. 广州：华南理工大学出版社，2012.
[55] 邓向荣，刘燕玲. 大学生创新创业 [M]. 北京：北京理工大学出版社，2020.
[56] 邓汉慧. 创业风险识别与规避 [M]. 北京：高等教育出版社，2020.
[57] 张小红. "互联网+"时代大学生创业风险及应对策略 [J]. 安阳工学院学报，2020，19（01）：113-115.
[58] 吕际荣. 大学生创业风险分析及防范 [J]. 现代营销，2018（10）：122-123.
[59] 于瑶，吴学良. 大数据时代高校大学生创业风险的防范研究 [J]. 北极光，2019（09）：154-155.
[60] 王萌. 大学生创业风险防范机制研究 [J]. 创业实践，2019，4（08）：193-194.
[61] 何应林，陈丹. 大学生创业失败的类型与原因——基于创业失败案例的分析 [J]. 当代教育科学，2013（05）：52-54.
[62] 张蕊香. 创业失败归因、学习模式与再创业绩效的关系研究 [D]. 衡阳：南华大学，2015.
[63] 安宁. 创业失败归因对大学生再创业意愿的影响机制研究 [D]. 南京：南京航空航天大学，2018.
[64] 陈万明，钱梦烨，安宁. 大学生创业失败归因、失败学习方式与后续创业意愿的关系——基于风险容忍力的调节作用 [J]. 数学的实践与认识，2019，49（21）：64-73.
[65] 唐朝永，师永志. 高校大学生创业失败学习教育研究 [J]. 继续教育研究，2023（2）：74-78.
[66] 周恬慧. 创业失败学习、创业能力与连续创业绩效的关系研究 [J]. 商展经济，2022（23）：106-110.
[67] 周瑛，房钰君，李元旭. 创业失败态度、创业失败学习与连续创业 [J]. 技术经济，2021，40（12）：51-60.
[68] 张秀娥，王超. 创业失败经验对连续创业意愿的影响——创业失败学习与市场动荡性的作用 [J]. 2020，37（20）：1-9.
[69] 李慧. 新创企业失败归因、失败学习与大学生创业能力关系研究 [D]. 镇江：江苏大学，2020.
[70] 苏艳林. 市场营销学 [M]. 秦皇岛：燕山大学出版社，2022.
[71] 杨佳利. 市场营销学 [M]. 北京：企业管理出版社，2023.
[72] 杨学儒. 农业创业管理 [M]. 北京：中国农业出版社，2017.
[73] 马春紫. 新时代背景下绿色营销的创新 [M]. 长春：吉林人民出版社．2019.
[74] 杨佩. 服务营销学 [M]. 天津：南开大学出版社．2015.
[75] 王同岭. 组建大学生创业团队的研究 [J]. 无线互联科技，2014（2），153-153.
[76] 高艺. 初探创业团队的组建原则 [J]. 劳动保障世界，2018（18），11.
[77] 伍婵提. 大学生创业团队理论构建与绩效创新研究 [M]. 北京：经济科学出版社，2019.

[78] 陶陶. 创业团队管理实战 [M]. 北京：化学工业出版社，2018.
[79] 曾璇. 现代农业创业管理 [M]. 北京：中国农业大学出版社，2019.
[80] 刘知鑫. 商业模式是设计出来的 [M]. 北京：中国商业出版社，2020.
[81] 李亚员，刘海滨，孔洁珺. 高校创新创业教育生态系统建设的理想样态——基于4个国家8所典型高校的跨案例比较分析 [J]. 高校教育管理，2022，16（2）：32-46.
[82] 李炳安，苏晓纯. 发达国家大学生创业促进的责任主体制度探讨 [J]. 福建政法管理干部学院学报，2009（4）：5-11.
[83] 张秀娥，马天女. 国外促进大学生创新创业的做法及启示 [J]. 经济纵横，2016（10）：98-101.
[84] 苏晓纯. 发达国家大学生创业精神培养体制及对我国的启示 [J]. 湖北经济学院学报，2011，8（10）：159-161.
[85] 张原，刘婧，何颖. 全球典型发达国家制造业创新政策研究 [J]. 机器人产业，2021（2）：82-102.
[86] 陈桂芝. 构建多元化的大学生创业教育保障机制研究 [J]. 企业改革与管理，2016（14）：197.
[87] 赵庆年，曾浩泓. 工具理性向价值理性的回归：大学生创业教育政策的价值冲突与平衡 [J]. 现代教育管理，2022（5）：36-45.
[88] 卞军凯，陈建銮，林若野. 连闯创业三道关 [N]. 福建日报，2018-11-01（12）.
[89] 教育部学生服务与素质发展中心. 大学生创新创业典型人物事迹 [M]. 北京：北京航空航天大学出版社，2022.